DIREITO FUNDAMENTAL
AO AMBIENTE

G283d   Gavião Filho, Anizio Pires
         Direito fundamental ao ambiente / Anizio Pires Gavião Filho.
         – Porto Alegre: Livraria do Advogado Ed., 2005.
         206 p.; 16 x 23 cm.

         ISBN 85-7348-366-0

         1. Direito Ambiental. 2. Meio ambiente. 3. Proteção ambiental.
         I. Título.

                                        CDU – 34:504

         Índices para o catálogo sistemático:

         Direito Ambiental
         Meio ambiente
         Proteção ambiental

         (Bibliotecária responsável: Marta Roberto, CRB-10/652)

ANIZIO PIRES GAVIÃO FILHO

Direito Fundamental ao Ambiente

livraria
DO ADVOGADO
editora

Porto Alegre, 2005

© Anizio Pires Gavião Filho, 2005

Capa, projeto gráfico e diagramação
Livraria do Advogado Editora

Revisão
Rosane Marques Borba

Direitos desta edição reservados por
Livraria do Advogado Editora Ltda.
Rua Riachuelo, 1338
90010-273 Porto Alegre RS
Fone/fax: 0800-51-7522
editora@livrariadoadvogado.com.br
www.doadvogado.com.br

Impresso no Brasil / Printed in Brazil

Este livro é uma versão da Dissertação de Mestrado que apresentei no Programa de Pós-Graduação *stricto sensu* da Faculdade de Direito da Universidade Federal do Rio Grande do Sul, defendida perante banca composta pelo Professor Doutor José Rubens Morato Leite, Professor Doutor Luís Afonso Heck, Professor Doutor Roger Raupp Rios e Professora Doutora Vera Maria Jacob de Fradera, em maio de 2004.

Utilizo-me destas linhas para, em primeiro lugar, tornar público sincero agradecimento ao meu orientador, Professor Doutor Luís Afonso Heck. Neste momento, impõe-se reconhecer que, sem as suas sempre corretas observações e sugestões, a minha investigação teria se desviado de maneira definitiva dos objetivos originariamente estabelecidos. O que quero dizer, de forma clara, é que a orientação firme e franca recebida foi indispensável para que as minhas leituras pudessem conduzir a uma Dissertação capaz de responder ao nível de exigência do Programa de Pós-Graduação *stricto sensu* da Universidade Federal do Rio Grande do Sul.

É meu desejo, também, ocupar este espaço para agradecer ao meu amigo José Guilherme Giacomuzzi, pelo inestimável estímulo para que me lançasse nesta empreitada. Seu entusiasmo foi contagiante e fundamental para o desenvolvimento dos meus estudos.

Este trabalho vai dedicado à memória de meus pais, Julieta e Anizio, e à memória de meu irmão África. Sinto-me eterno devedor de tudo o que aprendi com eles. Dedico este livro, também, a minha amada esposa, Juliana, companheira de vida e de muitas horas de estudos, ao meu filho, Tiago, e ao meu irmão, Júlio.

Prefácio

A visão para a necessidade da proteção do ambiente ainda não é muito antiga. Durante milênios, a natureza foi considerada sob o ponto de vista da inesgotabilidade e da regenerabilidade. Mesmo em intervenções irreversíveis como, por exemplo, a do desmatamento na região mediterrânea, as conexões e conseqüências ecológicas, disso resultantes, não foram acompanhadas de reflexões correspondentes. Somente na esteira das tentativas da ciência da natureza moderna, de tornar progressivamente o homem senhor e mestre da natureza, produziu-se uma outra contraposição entre o homem e a natureza daquela que, até então, estava no primeiro plano, ou seja, a do rechaço de perigos naturais. Essa outra contraposição está caracterizada pelo crescimento populacional, pela expansão, durante decênios, de uma tecnologia não-conforme a natureza e pelo desconhecimento ou desprezo de conexões ecológicas. Isso conduziu a problemas, que colocam grandes desafios culturais e políticos, certamente também os mais significativos atualmente. Aqui podem ser mencionados: o esgotamento visível de matéria-prima não-regenerável, a afetação de águas, solo e atmosfera, o tempo da extinção de espécies naturais e sistemas ecológicos, a contaminação de alimentos e o aumento de doenças em seres viventes diferentes.

A Constituição Federal de 1988 não está a cavaleiro desse estado de coisas. Assim, parece justificada a colocação de uma série de questões acerca do ambiente, a saber:

1. No âmbito dos direitos do homem encontram-se marcas que os distinguem de outros direitos. Uma dessas marcas caracteriza os direitos do homem como direitos fundamentais. Aqui se trata, então, dos conteúdos que os direitos do homem têm, isto é, do seu objeto. Pois bem. Nos objetos dos direitos do homem deve tratar-se, por um lado, de interesses e carências que, em geral, podem e devem ser protegidos e fomentados pelo direito. Por outro, o interesse e a carência devem ser tão fundamentais que a necessidade de seu respeito, sua proteção ou seu fomento deixe-se fundamentar pelo direito. E um interesse ou carência é, nesse sentido, fundamental quando sua violação ou não-satisfação significa ou a morte ou sofrimento grave ou

toca no núcleo essencial da autonomia.[1] O ambiente pode, assim, ser visto como um direito do homem;

2. No plano jurídico-constitucional poder-se-ia, contudo, objetar que o ambiente não se encontra previsto no Título II da Constituição Federal de 1988. Ele não seria, portanto, uma norma de direito fundamental. Diante disso, deixa-se dizer o seguinte:

2.1. Se se considera o critério formal, que dirige para o modo de positivação, para fundar o conceito de norma de direito fundamental, então, sem dúvida, as frases formuladas sob o Título II da Constituição Federal de 1988 são determinações de direitos fundamentais;

2.2. Se se segue, todavia, o critério formal, então, a ação popular, prevista no artigo 5°, inciso LXXIII, da Constituição Federal de 1988, como norma de direito fundamental, está dada ao cidadão como meio processual de defesa do ambiente. Com isso, pode-se dizer que as frases formuladas nos artigos 5°, inciso LXXIII, e 225, ambos da Constituição Federal de 1988, são determinações de direitos fundamentais e normas de direitos fundamentais são as normas imediatamente expressas por essas frases.[2] O artigo 5°, inciso LXXIII, da Constituição Federal de 1988, é complementado pelo artigo 129, inciso III, da Constituição Federal de 1988;

4. Como próxima questão, coloca-se aquela das normas de direitos fundamentais associadas. Uma norma associada vale como e é uma norma de direito fundamental se para a sua associação a uma norma de direito fundamental imediatamente estatuída é possível uma fundamentação jurídico-fundamental correta.[3] Isso aponta para os direitos fundamentais como princípios, e, com isso, para a ponderação, para o princípio da proporcionalidade e para a argumentação jurídica;[4]

---

[1] Ver, para isso ALEXY, Robert. *Direitos fundamentais no estado constitucional democrático*. Tradução de Luís Afonso Heck. Título original: Grundrechte im demokratischen Verfassungsstaat. *Revista da faculdade de direito da UFRGS*, Porto Alegre, v. 16, p. 203 e ss., 206, 209. Também impresso na *Revista de direito administrativo*, Rio de Janeiro, v. 217, p. 55 e ss., jul./set. 1999.

[2] Para questões jurídico-fundamentais semelhantes na Lei Fundamental, ver ALEXY, Robert. *Theorie der Grundrechte*, 2. Aufl. Frankfurt am Main: Suhrkamp, 1994, S. 54 ff. Na versão espanhola (Teoria de los derechos fundamentales, Madrid: Centro de Estudios Constitucionales, 1997. Tradução de Ernesto Garzón Valdés), p. 63 e ss.

[3] Ver ALEXY, R. (nota 2), S. 61, p. 71.

[4] Seja aqui somente lembrado o livro de Robert Alexy intitulado *Theorie der juristischen Argumentation*, Frankfurt am Main: Suhrkamp, 1983. Versão espanhola: *Teoria de la argumentacion juridica*. Madrid: Centro de Estudios Constitucionales, 1997. Tradução de Manuel Atienza e Isabel Espejo.

5. Tudo isso tem o seu fundamento nisto, que o ambiente, como direito fundamental, pode entrar em colisão com outros direitos fundamentais, como, por exemplo, com o direito fundamental da liberdade do exercício de qualquer trabalho, ofício ou profissão, do artigo 5º, inciso XIII, complementado pelo artigo 170, inciso VI, ambos da Constituição Federal de 1988, ou com o direito fundamental da propriedade, do artigo 5º, inciso XXII, complementado, no tocante à propriedade rural, pelo artigo 186, inciso II, ambos da Constituição Federal de 1988. Na solução da colisão desses princípios, não se trata de despedir um deles do ordenamento jurídico, mas de otimizá-los. E a solução dará um bom resultado somente pela fixação de relações de primazia, mais ou menos concretas, definitivas, condicionadas, assim como pela determinação de primazias-*prima facie*. Somente assim pode ser contido o perigo que o ordenamento jurídico seja empregado para fundamentação de decisões que, sem dúvida, não se contradizem, mas em sua relação uma com a outra são arbitrárias e, nesse sentido, incoerentes.[5]

Essas questões estão em conexão com algumas das que compõem o fio vermelho do presente trabalho. Ele foi apresentado como dissertação de mestrado na UFRGS, diante da banca examinadora composta pelos professores José Rubens Morato Leite, Luís Afonso Heck, Roger Raupp Rios e Vera Maria Jacob de Fradera, e obteve a nota máxima. Na primeira parte, trata do direito fundamental ao ambiente; na segunda, do direito à proteção do ambiente; na terceira, dos direitos à organização e ao procedimento e, na quarta, do direito a prestações em sentido amplo. O valor jurídico-constitucional e o significado jurídico-fundamental deste trabalho situa-se, fundamentalmente, em dois pontos: o primeiro reside em tratar o ambiente como direito fundamental no plano dogmático, porque, com isso, o ambiente pode e quer ser compreendido dentro de uma teoria jurídica de direitos fundamentais[6] conseqüentemente; o segundo, no tratamento do ambiente como princípio, porque, com isso, está dado o caminho jurídico que conduz à Constituição Federal de 1988 como uma Constituição, cuja vinculatividade pode ser feita valer argumentativamente também por cada cidadão.

Porto Alegre, verão de 2005.

Luís Afonso Heck
Prof. da UFRGS

---

[5] Sobre a questão da coerência, ver ALEXY, Robert. Juristische Begründung, System und Kohärenz. *Staatspolitik und Rechtspolitik*. Festschrift für Martin Kriele zum 65. Geburtstag. München: Beck Verlag, 1997, S. 101. Tradução para a língua portuguesa: no prelo.

[6] Para as outras teorias sobre os direitos fundamentais, ver ALEXY, R. (nota 2), S. 21, p. 27, com indicação bibliográfica.

Sumário

Introdução 13

1. Direito fundamental ao ambiente 21

    1.1. A constitucionalização do ambiente 21

    1.2. O direito ao ambiente como direito fundamental 25

        1.2.1. A vinculação jurídica das normas do direito fundamental ao ambiente .. 28

        1.2.2. Uma justificação para o direito fundamental ao ambiente 32

    1.3. O direito fundamental ao ambiente: direito subjetivo ou dever jurídico objetivo 38

    1.4. O direito ao ambiente como um direito fundamental como um todo 43

    1.5. O direito ao ambiente como direito a algo 48

    1.6. A tríplice divisão dos direitos a prestações 51

2. O direito à proteção do ambiente 53

    2.1. O direito à proteção do ambiente 53

    2.2. O Direito penal ambiental 54

    2.3. O Direito administrativo sancionador ambiental 60

    2.4. O direito à proteção do ambiente e a limitação do direito de propriedade .. 65

3. Os direitos à organização e ao procedimento 75

    3.1. Os direitos à organização e ao procedimento 75

    3.2. A competência ambiental 79

        3.2.1. A competência legislativa 80

        3.2.2. A competência político-administrativa 86

    3.3. A organização em sentido estrito 87

    3.4. O procedimento em sentido estrito 92

        3.4.1. O procedimento administrativo de estudo de impacto ambiental 93

            3.4.1.1. O objeto do estudo de impacto ambiental 94

            3.4.1.2. A repartição de competência 96

            3.4.1.3. A significativa degradação ambiental e a obrigatoriedade do procedimento 97

            3.4.1.4. A marcha do procedimento 102

            3.4.1.5. A discricionariedade reduzida a zero 107

        3.4.2. O procedimento administrativo de licenciamento ambiental 117

            3.4.2.1. A repartição de competência 118

3.4.2.2. A marcha do procedimento 121

3.4.2.3. A licença ambiental 124

3.4.3. O direito ao procedimento judicial 129

3.4.3.1. A ação civil pública ambiental 130

3.4.3.1.1. O modelo de legitimidade ativa coletiva 131

3.4.3.1.2. A tutela jurisdicional de realização do direito fundamental
ao ambiente 132

3.4.3.2. A ação popular ambiental 141

4. O direito a prestações em sentido estrito 149

4.1. O direito ao ambiente como direito a prestações em sentido estrito 149

4.2. As objeções aos direitos a prestações em sentido estrito 152

4.2.1. As objeções de Böckenförde 152

4.2.2. Os direitos a prestações como determinações de objetivos estatais . . . 153

4.2.3. O custo dos direitos 155

4.2.4. O problema da indeterminação da conduta devida 160

4.2.5. A delimitação de competência das funções legislativa, executiva e
jurisdicional 163

4.3. O modelo da ponderação de princípios 171

4.3.1. Os princípios e regras 171

4.3.2. Os direitos fundamentais a prestações como uma questão de ponderação
de princípios 176

Conclusão 197

Referências 199

Introdução

Uma nova perspectiva da relação entre o homem e a natureza fez ingressar na pauta do discurso jurídico a problemática das questões do ambiente. Os movimentos políticos dirigidos às causas ambientais desenvolvidos a partir dos anos sessenta resultaram, primeiro, na produção de documentos internacionais como a Declaração de Estocolmo de 1972 e, segundo, na constitucionalização do ambiente. Dos anos setenta em diante, assistiu-se, na grande maioria dos Estados, à inserção de normalizações constitucionais relacionadas ao ambiente. Esse fenômeno foi seguido por outro, não menos significativo, que correspondeu à abundante produção legislativa infraconstitucional sobre a matéria.

É nesse contexto que se insere a discussão a respeito da configuração do direito fundamental ao ambiente,[1] e que constitui o objeto desta investigação.

---

[1] Em que pese o termo "meio ambiente" seja corrente nas legislações constitucional e infraconstitucional brasileira e, por isso mesmo, na doutrina e jurisprudência nacionais, aqui, preferiu-se a correção terminológica do termo "ambiente" sem a precedência do termo "meio". Isso porque os termos "meio" e "ambiente", em português, bem como em espanhol, são redundantes [Cf. FERRANDO, Javier Domper. *El medio ambiente y la intervención administrativa en las actividades clasificadas*. Madrid: Civitas, 1992, p. 65; MARTÍN MATEO, Ramon. *Derecho ambiental*. Madrid: Editorial Trivium, 1991, v.1, p. 80]. Essa também é a opção da doutrina italiana [Cf. D'IGNAZIO, Guerino. La protezione della natura nell'ordinamento italiano. In: MEZZETTI, Luca. *I diritti della natura*. Padova: Cedam, 1997, p. 32; TALLACCHINI, Mariachiara. *Diritto per la natura*. Torino: G. Giappichelli, 1996, p. 201], bem como da doutrina portuguesa [Cf. RANGEL, Paulo Castro. *Concertação, programação e direito do ambiente*. Coimbra: Coimbra, 1994, p. 24; AMARAL, Diogo Freitas do Amaral. Lei de bases do ambiente e lei das associações de defesa do ambiente. In: AMARAL, Diogo Freitas do; ALMEIDA, Marta Tavares de (Coord.). *Direito do ambiente*. Oeiras: Instituto Nacional de Administração, 1994, p. 367]. No mesmo sentido, também, Canotilho que se refere à "positivação normativo-constitucional do ambiente" [Cf. CANOTILHO, José Joaquim Gomes. Estado constitucional ecológico e democracia sustentada. In: SARLET, Ingo Wolfang (Org.) *Direitos fundamentais sociais*: estudos de direito constitucional, internacional e comparado. Rio de Janeiro: Renovar, 2003, p. 494] e não do "meio ambiente". Segundo Zsögön, a palavra "ambiente" corresponde à expressão inglesa *environment* e à francesa *environnement*, cuja tradução para o castelhano é *"entorno"* [Cf. ZSÖGÖN, Silvia Jaquenod. *El derecho ambiental y sus principios rectores*. Madrid: Dykinson, 1991, p. 37]. Assim, não há justificativa racional para sustentar a necessidade de que o termo "ambiente" seja precedido do termo "meio". Se a expressão "meio ambiente" contém termos que são redundantes, e se o termo "ambiente" é suficiente para o significado que se deseja alcançar, então, o termo precedente "meio" deve ser desprezado.

Uma importante advertência é que a esta investigação interessa apenas a configuração jurídica do direito fundamental ao ambiente que pode ser retirada da normalização constitucional do art. 225 da Constituição, disso resultando tratar-se de uma teoria dogmática que deve ser tomada nas suas três dimensões: *i*) *analítica*, porque pretende proceder a uma análise sistemática do direito fundamental ao ambiente, relacionando-o com os demais princípios, especialmente àqueles em face dos quais deve ser ponderado; *ii*) *empírica*, pois busca a compreensão do Direito positivamente válido a partir da descrição do Direito legislado e do próprio Direito produzido pela jurisprudência, devendo-se observar ser exatamente no campo dos direitos fundamentais que se verifica a impossibilidade da compreensão do Direito positivo tão-somente a partir do Direito posto pelo legislador; *iii*) *normativa*, porque é objetivo da investigação encontrar a "resposta correta" que consiste na solução dotada de fundamentação racional perante o dever-ser posto pela Constituição.[2]

Esta investigação pretende demonstrar a configuração jurídica do direito fundamental ao ambiente, pressupondo, primeiro, a constitucionalização do ambiente e, segundo, o reconhecimento do direito ao ambiente como direito fundamental.

A constitucionalização do ambiente no ordenamento jurídico do Estado constitucional brasileiro encontra justificação racional a partir das normas que podem ser extraídas da disposição do art. 225 da Constituição.

A justificação do direito ao ambiente com direito fundamental tem como objetivo apresentar os elementos mínimos necessários para uma resposta à pergunta que indaga sobre as conseqüências jurídicas da constitucionalização do ambiente. A caracterização do direito ao ambiente como direito fundamental pode ser racionalmente justificada se for considerado que: *i*) as normas que se referem ao ambiente, longe de serem meramente "normas programáticas", vinculam juridicamente a atuação das funções legislativa, executiva e jurisdicional, especificamente porque são normas do tipo *ia*) vinculante, constitutiva de direito subjetivo definitivo; *ib*) vinculante, constitutiva de direito subjetivo *prima facie*; *ic*) vinculante, constitutiva de dever objetivo do Estado definitivo; *id*) vinculante, constitutiva de dever objetivo do Estado *prima facie*; *ii*) o direito ao ambiente é direito formal e materialmente fundamental.

Reconhecer o direito ao ambiente como direito fundamental propõe, também, a indagação a respeito da conseqüência jurídica desse reconhecimento em relação à configuração de posições jurídicas no sistema de posições fundamentais jurídicas. O que deve ser respondido é se as normas do

---

[2] Cf. ALEXY, Robert. *Teoría de los derechos fundamentales*. Traducción Ernesto Garzón Valdez. Madrid: Centro de Estudios Políticos y Constitucionales, 2001, p. 29-34.

direito fundamental ao ambiente configuram posições fundamentais jurídicas definitivas. O problema é que, se a configuração do direito fundamental ao ambiente como dever objetivo do Estado se deixa justificar sem mais, o mesmo não acontece quando o propósito é o de que o direito fundamental ao ambiente seja configurado como posição fundamental jurídica definitiva. Para a solução dessa questão, a compreensão do conceito de direito fundamental como todo é decisiva.

A compreensão do conceito de direito fundamental como um todo pressupõe, em primeiro lugar, que os direitos fundamentais sejam reconhecidos como direitos subjetivos dispostos analiticamente em um sistema de posições fundamentais jurídicas e, em segundo lugar, a distinção entre posição fundamental jurídica e norma de direito fundamental. Isso compreendido, direito fundamental como um todo configura um feixe de posições fundamentais jurídicas reunidas por uma disposição de direito fundamental em um direito fundamental. A norma do direito fundamental ao ambiente do art. 225 da Constituição reúne um conjunto de posições fundamentais jurídicas que configuram o direito fundamental ao ambiente como um todo. Assim, do direito fundamental ao ambiente como um todo, podem ser retiradas posições fundamentais jurídicas definitivas ou *prima facie*, conforme a norma do direito fundamental ao ambiente tenha o caráter de regra ou de princípio. Do que se cuida nesta investigação é demonstrar que isso pode ser racionalmente fundamentado.

Com base na teoria analítica da tríplice divisão das posições fundamentais jurídicas em direito a algo, liberdade e competência,[3] pode-se formular o enunciado de que o direito fundamental ao ambiente é um direito a algo que tem por objeto ações negativas ou ações positivas (fácticas e/ou normativas). Assim, do direito fundamental ao ambiente podem ser imaginadas ações no sentido de que o Estado não impeça ou crie obstáculos à execução de determinados comportamentos de preservação do ambiente, não atue de modo a causar danos ao ambiente, não elimine posições fundamentais jurídicas já existentes, produza normas de organização e de procedimento necessárias ao ambiente ou realize atos materiais de prevenção e reparação dos danos causados ao ambiente. Assim postas as coisas, o que interessa realmente é a vertente positiva de ações estatais que podem ser apresentadas em ações que vão desde a adoção de medidas necessárias à proteção do ambiente frente ao comportamento dos outros indivíduos, passa pela edição de normas de organização e de procedimento e chega até as prestações materiais ou fácticas. Trata-se da concepção que pressupõe a tríplice divisão das prestações, configurando direito à proteção, à organização e ao procedimento e direito a prestações em sentido estrito. O deci-

---

[3] Cf. ALEXY, *Teoria de...,* p. 186.

Direito Fundamental ao Ambiente

sivo disso é que o direito fundamental ao ambiente pode ser apresentado como um direito a algo e, assim, como um direito a prestações em sentido amplo. A partir dessa estrutura, o direito fundamental ao ambiente pode ser configurado como direito à proteção, direito à organização e ao procedimento e direito a prestações em sentido estrito.

O direito à proteção do ambiente pode ser configurado como o direito do qual são titulares todos aqueles que têm direito ao ambiente são e ecologicamente equilibrado a que o Estado realize ações fácticas e/ou normativas para impedir que terceiros causem lesão ao ambiente. O direito fundamental ao ambiente configura posições fundamentais jurídicas definitivas e *prima facie* a que o Estado atue positivamente, seja no sentido de dar a normalização que se fizer necessária para a proteção do ambiente, seja executando ações materiais para a proteção do ambiente contra aqueles comportamentos de terceiros lesivos ao ambiente.

O direito à proteção do ambiente realiza-se quando o Estado, por intermédio de normas de Direito penal, proíbe certas condutas e restringe comportamentos. Valendo-se da tipificação de condutas como crimes ambientais e das correspondentes sanções penais, o Estado comunica a todos que não são toleradas as frustrações das expectativas normativas, isso significando que todos devem continuar confiando na vigência das normas penais como modelos de contato social e de proteção do ambiente. Outro modo de realização do direito fundamental ao ambiente pela via do direito à proteção se dá por intermédio do Direito administrativo sancionador. Do mesmo modo, configura manifestação do direito fundamental ao ambiente a redefinição do conteúdo dogmático da propriedade na medida em que se lhe atribuiu função ambiental. Isso não significa apenas limitação ao exercício do direito de propriedade, mas a imposição de comportamentos positivos e negativos no sentido da proteção do ambiente. Essas três alternativas – Direito penal, Direito administrativo sancionador e função ambiental da propriedade – justificam racionalmente a realização do direito à proteção do ambiente, configurando uma das três vertentes do direito fundamental ao ambiente a prestações em sentido amplo. O mais significativo é que isso transforma as questões do Direito penal ambiental, do Direito administrativo sancionador ambiental e da função ambiental da propriedade em assunto que se insere na órbita dos direitos fundamentais. As decisões administrativas e judiciais concernentes a essas questões dizem respeito às posições fundamentais jurídicas integrantes do feixe de posições fundamentais do direito fundamental ao ambiente.

O direito fundamental ao ambiente configura posições fundamentais jurídicas definitivas e *prima facie* no sentido de que o Estado atue positivamente, seja para criar organizações em sentido estrito, seja estabelecendo procedimentos administrativos e judiciais. O direito à organização em sentido estrito e o direito ao procedimento em sentido estrito integram o conjunto de posições jurídicas fundamentais do direito fundamental ao ambiente. Sob a perspectiva do direito à organização em sentido estrito, todos os titulares do direito fundamental detêm posições fundamentais jurídicas a que o Estado crie estruturas de organização para a atuação estatal em favor à realização do direito fundamental ao ambiente. As posições fundamentais jurídicas definitivas e *prima facie* a procedimentos em sentido estrito têm por objeto a atuação positiva do Estado não apenas para a criação de procedimentos administrativos e judiciais, mas também para que o resultado dos procedimentos seja conforme o direito fundamental ao ambiente. Os procedimentos administrativos de estudo de impacto ambiental e de licenciamento ambiental servem para justificar racionalmente como ocorre a interação entre o direito fundamental ao ambiente e o procedimento em sentido estrito. O decisivo disso é que esses dois procedimentos configuram posições fundamentais jurídicas definitivas e *prima facie* do direito fundamental ao ambiente. O mesmo pode ser afirmado em relação ao procedimento judicial da ação civil pública e da ação popular, além de outros, como os procedimentos da ação de mandado de segurança, da ação direta de inconstitucionalidade ou da ação de inconstitucionalidade por omissão. O direito ao procedimento judicial da ação civil pública e ao procedimento judicial da ação popular integra o feixe de posições jurídicas definitivas e *prima facie* do conjunto de posições fundamentais jurídicas do direito fundamental ao ambiente. O importante disso é que se a organização em sentido estrito e os procedimentos administrativos e judiciais integram o feixe das posições fundamentais jurídicas do direito fundamental ao ambiente, a atuação da organização estatal ambiental, o ato administrativo produzido ao final do procedimento e a decisão judicial que resultar da ação civil pública, da ação popular ou de qualquer outro procedimento judicial constituirão sempre uma questão de direito fundamental.

O direito fundamental ao ambiente configura posições fundamentais jurídicas definitivas e *prima facie* a fim de que o Estado atue positivamente no sentido de realizar ações fácticas, isso caracterizando direito a prestações em sentido estrito. Todos os titulares do direito fundamental ao ambiente podem exigir do Estado algo correspondente a prestações fácticas ou materiais. A mais importante indagação sobre as prestações em sentido estrito diz respeito ao seguinte questionamento: a disposição que consubstancia a norma do direito fundamental ao ambiente pode configurar posição fundamental jurídica passível de exigibilidade judicial, é dizer, posição fundamental jurídica definitiva? Assim, o que deve ser respondido é se a partir da norma do art. 225 da Constituição podem ser retiradas posições fundamentais jurídicas definitivas no sentido de que o Estado realize ações fácticas. Esse questionamento poderá ser respondido positiva ou negativamente, confor-

Direito Fundamental ao Ambiente

me sejam superadas ou não as objeções normalmente apresentadas à realização do direito fundamental ao ambiente pela alternativa de prestações em sentido estrito.

A resposta ao questionamento proposto deverá ser negativa, porque a normalização constitucional do direito fundamental ao ambiente é um mandamento constitucional dirigido ao legislador e ao administrador, não podendo configurar posições fundamentais jurídicas definitivas passíveis de exigibilidade judicial. A resposta deverá ser negativa, também, porque a norma do direito fundamental ao ambiente constitui uma determinação de um objetivo estatal ou de um fim a ser perseguido pelo Estado, somente podendo configurar uma posição jurídica definitiva após a conformação do legislador ordinário. A resposta deverá ser negativa, igualmente, porque a execução de prestações fácticas ou materiais onera em demasia a disponibilidade orçamentária do Estado. Do mesmo modo, a resposta deverá ser negativa porque a norma do direito fundamental ao ambiente é semanticamente vaga e imprecisa, não estabelecendo a conduta específica devida pelo Estado. Finalmente, e mais importante, a resposta deverá ser negativa porque o contrário implica violação ao princípio da divisão dos poderes. O reconhecimento de posição fundamental jurídica definitiva do direito fundamental ao ambiente a prestações em sentido estrito teria o significado de deslocar para o âmbito da competência da função jurisdicional o exercício de uma atividade que é própria da competência da função executiva.

Uma resposta positiva a essa questão somente poderá ser obtida a partir de uma ponderação, construída com base na distinção entre regras e princípios. O pressuposto para isso é aceitar que a norma do direito fundamental ao ambiente apresenta o caráter de regra ou princípio, configurando posições fundamentais jurídicas definitivas ou *prima facie*, conforme as circunstâncias do caso concreto. Não se deve, *a priori*, defender a configuração de posição fundamental definitiva a prestações em sentido estrito, pois disso somente se pode cogitar após uma ponderação de princípios. O princípio do direito fundamental ao ambiente deverá ser objeto de ponderação com os outros princípios que lhe são contrapostos normalmente, como o princípio da disponibilidade orçamentária ou o princípio da divisão das funções estatais. Por isso mesmo, a solução do questionamento proposto não terá uma resposta antes que seja superada a necessária ponderação entre os princípios em jogo, conforme as circunstâncias do caso concreto e segundo o princípio da proporcionalidade.

O propósito da investigação é encontrar justificação racionalmente rastreável para a configuração jurídica do direito fundamental ao ambiente como um direito a prestações em sentido amplo. Para que isso seja alcançado, também os pressupostos dessa configuração do direito fundamental ao ambiente devem ser justificados.

Assim, as questões que esta investigação propõe dizem respeito, fundamentalmente, às conseqüências jurídicas da constitucionalização do ambiente. O que será analisado é a vinculação jurídica produzida pela norma do direito fundamental ao ambiente e o próprio reconhecimento do ambiente como direito fundamental com o caráter de regra ou de princípio. Nesse sentido, esta investigação deverá responder como se dá, analiticamente, a configuração do direito fundamental ao ambiente em um conjunto de posições fundamentais jurídicas definitivas e *prima facie*. Será decisivo, para isso, analisar o conceito de direito fundamental ao ambiente como todo e como direito a algo, porque tal permite a sua configuração como um direito a prestações em sentido amplo, desdobrado em direito à proteção, à organização e ao procedimento e a prestações em sentido estrito. Portanto, as questões que serão analisadas dizem respeito à possibilidade de configuração de posições fundamentais jurídicas definitivas e *prima facie* a que o Estado realize ações fácticas e normativas para proteção ao ambiente, a que o Estado crie organizações e procedimentos em sentido estrito para a realização do direito ao ambiente e a que o Estado realize prestações em sentido estrito.

1. Direito fundamental ao ambiente

1.1. A CONSTITUCIONALIZAÇÃO DO AMBIENTE

O primeiro passo efetivamente institucional e global[4] relativo à preocupação com o ambiente deu-se com a Declaração de Estocolmo sobre o Meio Ambiente Humano de 1972, na qual se proclamava ser a proteção do ambiente uma questão fundamental que afeta o bem-estar de todos os povos e o desenvolvimento econômico do mundo inteiro, constituindo-se em um desejo urgente dos povos e um dever de todos os governos. Nessa Declaração, foram assentados, entre outros, o princípio de que "o homem tem direito fundamental à liberdade, à igualdade e ao desfrute de condições de vida adequadas em um meio ambiente de qualidade tal que lhe permita levar uma vida digna e gozar de bem-estar, e tem a solene obrigação de proteger e melhorar o meio ambiente para as gerações presentes e futuras",[5] bem como o princípio de que "os recursos naturais da terra, incluídos o ar, a água, a terra, a flora, a fauna e especialmente mostras representativas dos ecossistemas naturais, devem preservar-se em benefício das gerações presentes e futuras, mediante uma cuidadosa planificação ou ordenação, segundo convenha".[6]

---

[4] No plano da normalização infraconstitucional interna dos Estados, talvez o primeiro exemplo de atenção à necessidade de proteção ao ambiente tenha sido a iniciativa dos Estados Unidos de editar o *Clean Water Act* de 1948, redigido na administração de Truman, que tinha em mira a notória poluição dos rios. Mais recentemente, foi editado *The National Environmental Policy Act* de 1970, que se constitui na Lei Fundamental do Ambiente nos Estados Unidos [Cf. ZSÖGÖN, *El derecho ambiental...* p. 162]. Entretanto, a primeira metade do século XX já registrava reuniões internacionais cujo objetivo era a proteção da natureza, como a I Conferência Internacional de Proteção da Natureza de 1910, organizada pelo suíço Paul Sarasin, cuja mais interessante conclusão crítica foi declarar o capitalismo como principal inimigo da natureza. Em Bruxelas, em 1928, instalou-se a Oficina Internacional para a Proteção da Natureza, publicando-se a revista *The International Review for the Protection of the Nature*. Após a II Guerra Mundial, realizou-se outra Conferência para a Proteção Internacional da Natureza, criando-se, em 1948, a União Internacional para a Conservação da Natureza e dos Recursos [Cf. CAPELLA, Vicente Bellver. *Ecología:* de las razones a los derechos. Granada: Comares, 1994, p. 190].

[5] Cf. o princípio 1º da Declaração de Estocolmo sobre o Meio Ambiente Humano, Conferência das Nações Unidas sobre o Meio Ambiente, reunião de Estocolmo, de 5 a 16 de junho de 1972, doravante denominada Declaração de Estocolmo de 1972.

[6] Cf. o princípio 2º da Declaração de Estocolmo de 1972.

O grande mérito da Declaração de Estocolmo de 1972 foi o de proclamar, pela primeira vez, o "direito humano ao meio ambiente", ali se encontrando todos os elementos para se reconhecer o direito fundamental ao ambiente, é dizer, "a equiparação do meio ambiente à liberdade e à igualdade, como os três direitos fundamentais de todo o ser humano; a consideração de direito inalienável no sentido de que não cabe uma absoluta disposição sobre o mesmo e que sua titularidade comporta deveres; e a atenção às gerações futuras, como beneficiárias de tal direito".[7] Aliás, o Relatório de Bruntland, como ficaram conhecidas as conclusões da Comissão Mundial sobre o Meio Ambiente e Desenvolvimento das Nações Unidas, criada em 1983, começa reconhecendo o direito humano fundamental ao ambiente, dizendo que "todos os seres humanos têm o direito fundamental a um ambiente adequado para sua saúde e bem-estar". Desde então, em nível das organizações internacionais, diversas iniciativas foram levadas a efeito no sentido da proteção ao ambiente,[8] merecendo destacar-se a Declaração do Rio sobre o Meio Ambiente e Desenvolvimento de 1992, na qual se assentou, entre outros princípios, o de que os seres humanos estão no centro das preocupações com o desenvolvimento, tendo direito a uma vida saudável e produtiva em harmonia com a natureza.[9]

É a partir desse ingresso na pauta dos documentos internacionais que as questões relativas ao ambiente começam a receber normalização constitucional. Segundo Miranda, se entre os anos 40 e 50 e a primeira metade da década de 70, as referências constitucionais ao ambiente eram escassas e esparsas, a partir da Constituição de Portugal de 1976, abriu-se uma segunda fase, com a consagração de um "direito ao ambiente" vinculado a um significativo conjunto de incumbências do Estado e da sociedade.[10] Em realidade, o art. 31 da Constituição da Bulgária de 1971 já trazia norma no sentido de que a proteção e a salvaguarda da natureza e das riquezas das águas, do ar e do solo, assim como dos monumentos da cultura constituem uma obrigação para os órgãos do Estado, das empresas, das cooperativas e das organizações sociais, bem como um dever para todo cidadão. Da mesma forma, as normas dos arts. 24 e 25 da Constituição da Suíça de 1971, definiam as competências entre a Confederação e os Cantões com vistas à proteção do homem e do ambiente contra as interferências nocivas. A Cons-

---

[7] Cf. CAPELLA, *Ecología*, p. 194.

[8] Assim, por exemplo, a *Declaração Ministerial de Bergen* e a *Carta de Paris* [Cf. Ibidem, p. 196-1970].

[9] Cf. o princípio 1º da Declaração do Rio sobre o Meio Ambiente e Desenvolvimento de 1992.

[10] Cf. MIRANDA, Jorge. *Manual de direito constitucional*. 4. ed. Coimbra: Coimbra, 2000, v.2, p. 533. É interessante observar que a Constituição da Itália de 1947, em seu art. 9º, alínea 2, já estabelecia ser incumbência da República a tutela da paisagem e do patrimônio histórico e artístico da Nação. Essa norma, concebida na perspectiva de conservar as belezas da natureza, graças à hermenêutica e à jurisprudência, ganhou dimensão decisiva como princípio informador de toda a atividade para proteção ao ambiente. A legislação infraconstitucional italiana para proteção do ambiente desenvolveu-se a partir da Lei 394/91.

tituição do Panamá de 1972 apresentou um avançado ordenamento jurídico, incorporando a dimensão ambiental ao estabelecer normas como a do seu art. 110, segundo o qual é dever fundamental do Estado velar pela conservação das condições ecológicas, prevenindo a contaminação do ambiente e o equilíbrio dos ecossistemas, em harmonia com o desenvolvimento econômico e social do país. Também o art. 57, alínea 2, da Constituição da Hungria de 1972, já configurava como direito do cidadão a proteção do ambiente humano.[11] A Constituição da Grécia de 1975 já trazia uma regulação detalhada de várias questões ambientais, explicitando no seu art. 24, alínea 1, a obrigação de o Estado adotar medidas especiais, preventivas e repressivas, com o objetivo de proteção ao ambiente.[12] A Constituição de Portugal de 1976, em seu art. 66, estabeleceu que todos são titulares do direito ao ambiente são e ecologicamente equilibrado, incumbindo ao Estado prevenir e combater a contaminação do ambiente, bem como promover a exploração racional dos recursos naturais e com isso favorecer a melhora progressiva da qualidade de vida dos portugueses. A Constituição da Espanha de 1978, ao tratar dos "direitos e deveres fundamentais" e dos "princípios orientadores da política social e econômica", em seu art. 45, estabeleceu a norma segundo a qual todos têm o direito a desfrutar de um ambiente adequado para o desenvolvimento da pessoa e, ao mesmo tempo, todos têm o dever de conservá-lo. Igualmente, definiu-se que os poderes públicos devem velar pela utilização racional dos recursos naturais com o fim de proteger e melhorar a qualidade de vida, defender e restaurar o ambiente, apoiando-se na solidariedade coletiva.

A Constituição brasileira produziu a constitucionalização do ambiente por intermédio de uma normalização que não se distanciou muito dos modelos constitucionais acima referidos.[13] Ao tratar "dos direitos e garantias fundamentais" e dos "direitos e deveres coletivos", a Constituição, em seu art. 5º, LXXIII, estabeleceu que qualquer cidadão é parte legítima para propor ação popular destinada a anular ato lesivo ao ambiente. Por seu turno, a norma do art. 129, III, da Constituição dispõe que é função institucional do Ministério Público promover ação civil pública para a proteção

---

[11] Cf. ZSÖGÖN, *El derecho ambiental...* p. 167-169.

[12] Cf. LUÑO, Antonio Enrique Pérez. *Derechos humanos, estado de derecho y constitución.* 6 ed. Madrid: Tecnos, 1999, p. 461. Dentre as Constituições que tratam da proteção do ambiente, podem ser destacadas também as seguintes: indiana (art. 48-A, art. 51, alínea *g*); equatoriana (art. 50); chinesa (art. 9º e art. 26); holandesa (art. 21); iraniana (art. 50); filipina (seção 16, art. II); namibiana (art. 11); moçambicana (art. 36 e art. 37); romena (art. 14, nº 2, alínea *e*); cabo-verdiana (art. 70); angolana (art. 24º); russa (art. 58º); alemã (art. 20-A, aditado em 1994) e sul-africana (art. 24) [Cf. MIRANDA, *Manual de direito...,* p. 533]. Contudo, nos Estados anglo-saxãos, parece haver uma certa resistência à constitucionalização de um direito de difícil delimitação como o direito ao ambiente. Tanto isso é correto que nas recentes Constituições da Nova Zelândia e do Canadá não há referência ao direito ao ambiente.

[13] A normalização dada ao ambiente pela Constituição brasileira parece ter recebido forte influência do conteúdo do Relatório de Bruntland, que foi o resultado das conclusões da Comissão Mundial sobre o Meio Ambiente e Desenvolvimento das Nações Unidas de 1983.

Direito Fundamental ao Ambiente

do ambiente. Contudo, o núcleo essencial da normalização constitucional do ambiente na Constituição está no art. 225, segundo o qual todos têm direito ao ambiente ecologicamente equilibrado, bem que é de uso comum do povo e essencial à sadia qualidade de vida, impondo-se ao poder público e à coletividade o dever de defendê-lo e preservá-lo para as presentes e futuras gerações. Conforme as normas contidas no art. 225, § 1º, da Constituição, para assegurar efetividade ao direito ao ambiente, incumbe ao poder público: *i*) preservar e restaurar os processos ecológicos essenciais e promover o manejo ecológico das espécies e ecossistemas; *ii*) preservar a diversidade e a integridade do patrimônio genético brasileiro e fiscalizar as entidades dedicadas à pesquisa e manipulação do material genético; *iii*) definir, em todas as unidades da Federação, espaços territoriais e seus componentes a serem especialmente protegidos, sendo a alteração e a supressão permitidas somente por meio de lei, vedada qualquer utilização que comprometa a integridade dos atributos que justifiquem sua proteção; *iv*) exigir, na forma da lei, para instalação de obra ou atividade potencialmente causadora de significativa degradação do ambiente, estudo prévio de impacto ambiental, dando publicidade; *v*) controlar a produção, a comercialização e o emprego de técnicas, métodos e substâncias que comportem risco para a vida, a qualidade de vida e o ambiente; *vi*) promover a educação ambiental em todos os níveis de ensino e a conscientização pública para a preservação do ambiente; e *vii*) proteger a fauna e a flora, vedadas, na forma lei, as práticas que coloquem em risco sua função ecológica, provoquem a extinção de espécies ou submetam os animais a crueldade.

Esse modelo pressupõe uma delimitação negativa e outra positiva da atuação estatal.[14] A delimitação negativa significa: *i*) a recusa da estatização, no sentido de que a tutela do ambiente é uma função de todos, e não apenas do Estado; *ii*) a insuficiência da visão liberal no sentido de que o Estado não se resume a um mero Estado de polícia, confiante na obtenção da ordem jurídica ambiental pelo livre jogo de forças contrapostas. Por seu turno, a delimitação positiva significa: *i*) a abertura ambiental no sentido de que os indivíduos possam obter do poder público todas as informações sobre o ambiente;[15] *ii*) a participação dos indivíduos nas questões relativas à defesa e proteção do ambiente, notadamente no âmbito dos procedimentos administrativos que tratam das questões ambientais;[16] *iii*) o associacionis-

---

[14] Cf. CANOTILHO, José Joaquim Gomes. *Acesso à justiça em matéria de ambiente e de consumo.* privatismo, associacionismo e publicismo no direito do ambiente. Disponível em: http://www.diramb.gov.pt. Acesso em 22 out. 2003.

[15] O princípio da informação em matéria ambiental consta da Diretiva 90/313 da Comunidade Européia.

[16] A Resolução 01/1986 do Conselho Nacional do Meio Ambiente, que trata do estudo prévio de impacto ambiental e do relatório de impacto ambiental, em seu art. 11, assegura aos interessados a possibilidade de participação no procedimento administrativo de licenciamento ambiental, inclusive pela realização de audiências públicas, conforme regulação da Resolução 09/1987 do mesmo Conselho Nacional do Meio Ambiente.

mo ambiental no sentido de que a sociedade, regularmente organizada, possa valer-se dos instrumentos da democracia para exercitar pressão sobre o legislador e o administrador em relação às questões ambientes, inclusive exercer a dedução de pretensão de prestação jurisdicional por intermédio de ações para a preservação e reparação de ações ou omissões estatais ou privadas lesivas ao ambiente.[17]

Por isso mesmo, os valores ambientais e de qualidade de vida não encontram prevalência absoluta a ponto de excluírem aqueles objetivos fundamentais do Estado positivados na ordem constitucional. As normas constitucionais ambientais integram-se no âmbito constitucional no mesmo plano horizontal que as demais normas constitucionais, consubstanciando princípios que se submeterão a uma ponderação.[18] Se pensadas como novas tarefas estatais, a proteção do ambiente e a promoção da qualidade de vida, longe de representarem apenas um incremento quantitativo das finalidades do Estado, significam também um aumento qualitativo e em certa medida conflitante com outros objetivos estatais já assentados. Em determinadas situações, em razão da escassez dos recursos econômicos necessários à implementação das políticas públicas, a realização de melhor "qualidade de vida" pode representar pior "nível de vida". Na medida em que o Estado contemporâneo deve atuar não apenas para realizar finalidade de bem-estar social, mas também o desenvolvimento econômico compatível com a qualidade de vida, essa mesma resulta em perigo pelos próprios processos produtivos que deveriam assegurar o bem-estar e o desenvolvimento da sociedade.[19]

Assim, dada a constitucionalização do ambiente, o que segue tem o objetivo de demonstrar a justificação do direito ao ambiente como direito fundamental a partir da verificação da densidade normativa das próprias normas do direito fundamental ao ambiente.

1.2. O DIREITO AO AMBIENTE COMO DIREITO FUNDAMENTAL

A conseqüente constitucionalização do ambiente tem seu ponto decisivo na discussão em torno da natureza jurídica do direito ao ambiente. É exatamente isso que se pretende examinar quando a análise tem em conta o direito ao ambiente como um direito fundamental. Qual é a conseqüência

---

[17] A lei da ação civil pública, Lei 7.347/85, conforme interpretação sistemática decorrente da combinação do art. 1º, I, com o art. 5º, II, estabelece a legitimidade processual de associações – criadas com a finalidade institucional de proteção ao ambiente e que tenha um ano de existência legal – para a promoção de ações de prevenção e reparação de atos lesivos ao ambiente.

[18] Ver item 4.3.2, Capítulo 4.

[19] Cf. RANGEL, *Concertação...*, p. 20.

Direito Fundamental ao Ambiente

25

jurídica da constitucionalização do ambiente? As normas constitucionais ambientais configuram efetivamente o ambiente como um direito fundamental, disso resultando a transição do direito do ambiente para o direito ao ambiente e, assim, a caracterização do direito ao ambiente como um direito subjetivo ao ambiente?

O que se pretende aqui é justificar o reconhecimento do direito fundamental ao ambiente, bem como investigar a respeito da conseqüência jurídica que resulta desse reconhecimento. Em essência, isso tem em mira verificar a força normativa das normas constitucionais referentes ao ambiente em sede de sua implicação jurídica para com as funções legislativa, executiva e jurisdicional.

As discussões em torno do direito fundamental ao ambiente estão longe de encontrar uma modelagem jurídica definitiva e estreme de controvérsias, especialmente quando se pretende tomar a sério o direito ao ambiente no sentido de se lhe alcançar efetiva realização.

No ordenamento jurídico português, não obstante a norma do art. 66 da Constituição referir expressamente que todos têm direito ao ambiente são e ecologicamente equilibrado, segundo Miranda, não se deve ver nisso um "único, genérico e indiscriminado direito ao ambiente". Mesmo que toda a matéria possa ser projetada para o domínio dos direitos fundamentais, não se pode falar em "um direito a que não se verifique poluição ou erosão (art. 66, nº 2, alínea *a*), a usufruir reservas e parques naturais e de recreio, paisagens e sítios (art. 66, nº 2, alíneas *b* e *c*), ou zonas históricas (art. 66, nº 2, alínea *e*); e, muito menos, um direito a uma correta localização de atividades (art. 66, nº 2, alínea *b*, ainda)", salvo quando tais interesses "radicam em certas e determinadas pessoas ou quando confluem com certos direitos", hipóteses em que podem configurar verdadeiros direitos fundamentais.[20]

Na doutrina espanhola, a despeito de a norma do art. 45, alínea 1, da Constituição da Espanha, referir que todos são titulares do direito ao ambiente adequado para o desenvolvimento da pessoa humana, prevalece o entendimento de que a proteção do ambiente não pode ser concebida em forma de direito fundamental.[21] Ao examinar essa normalização Martín Mateo observa que a Constituição optou por uma "versão globalizante e finalista", concebida em termos de uma tal "abstração e generalidade que resulta problemático extrair com transcendência prática seu significado e alcance".[22] Por isso mesmo, mais além do que uma "entusiástica retórica" da Declaração de Estocolmo de 1972, não é fácil inserir o direito ao am-

---

[20] Cf. MIRANDA, *Manual de direito...*, p. 539.
[21] Cf. CAPELLA, *Ecología,* p. 223.
[22] Cf. MARTIN MATEO, *Tratado de derecho...*, p. 108.

biente na "rígida armadura dos direitos fundamentais no sentido técnico da questão" que foi construída em torno da noção de direito subjetivo dada pela dogmática do século XIX.[23]

Segundo Peces-Barba Martínez, os direitos fundamentais somente têm sentido se podem ser exercidos a partir das garantias que lhes confere o ordenamento jurídico e essas, basicamente, dependem da existência de condições econômicas, sociais, culturais e políticas que favoreçam o exercício do direito fundamental e de proteção judicial efetiva. Assim, se um direito fundamental não pode ser deduzido judicialmente porque lhe falta proteção judicial, então, ele não existe.[24]

Nessa linha, o Tribunal Constitucional espanhol considera como direitos fundamentais somente aqueles "direitos fundamentais e liberdades públicas" que integram a Seção primeira do Capítulo segundo do Título primeiro da Constituição, reconhecendo-lhes, perante os tribunais ordinários, os procedimentos baseados nos princípios de preferência e sumariedade e, perante o Tribunal Constitucional, o recurso de amparo, conforme as normas do art. 53, alíneas 1 e 2, da Constituição da Espanha.[25] De outro modo, segundo o art. 53, alínea 3, os princípios reconhecidos no Capítulo terceiro, denominados *princípios rectores de la política social y económica*", "informam a legislação positiva, a prática judicial e a atuação dos poderes públicos", somente podendo ser alegados perante a jurisdição ordinária após a conformação infraconstitucional. Em relação a esses, a Constituição não pretendeu configurar "verdadeiros direitos fundamentais", senão efetivamente princípios que devem orientar a ação do Estado como fixação de objetivos estatais (*Staatszielbestimmungen*).[26] Assim, como o art. 45 da Constituição espanhola está inserido no aludido Capítulo terceiro, a conseqüência é que o direito ao ambiente não deve ser reconhecido como um direito fundamental.

Nessa concepção, o direito ao ambiente não é mais do que um princípio da política social e econômica do Estado, que vincula os poderes públicos pelo caráter normativo da Constituição, porém que não outorga uma esfera de proteção especial aos indivíduos porque não poderiam efetivá-la perante os tribunais, salvo aquele eventualmente conformado pela legislação infraconstitucional. Alcançar-se ao direito ao ambiente as mesmas garantias próprias dos direitos e liberdades da primeira Seção do Capítulo segundo

---

[23] Cf. MARTIN MATEO, *Tratado de derecho...*, p. 48.

[24] Citado por CAPELLA, op. cit., p. 235. No mesmo sentido, ver PECES-BARBA MARTÍNEZ, Gregório. *Curso de derechos fundamentales*. Madrid: Universidad Carlos III de Madrid, Boletín Oficial del Estado, 1999, p. 501.

[25] Cf. CAPELLA, *Ecología*, p. 235.

[26] Cf. GARCIA DE ENTERRIA, Eduardo. *La Constitución como norma e el Tribunal Constitucional*. Madrid: Civitas, 1994, p. 69.

Direito Fundamental ao Ambiente

da Constituição, segundo Capela, levaria ao "caos de uma infinidade de pretensões derivadas das mais diversas concepções ambientalistas".[27]

Essas mesmas objeções podem ser construídas para modelo da ordem constitucional brasileira. Em primeiro lugar, pode-se relacionar a norma do art. 225 da Constituição à doutrina das "normas programáticas" de modo a negar-lhe qualquer possibilidade de configurar uma posição jurídica definitiva. Em segundo lugar, pode-se objetar o reconhecimento do direito ao ambiente como um direito fundamental sob o argumento de que o direito ao ambiente ecologicamente equilibrado está fora do catálogo dos direitos fundamentais do Título II da Constituição onde estão arrolados os direitos e garantias fundamentais.

Essas questões estão inseridas no âmbito de uma problemática mais ampla, que é a relativa à estrutura e à vinculação jurídica das normas de constitucionalização do ambiente como direito fundamental. Por isso mesmo, justifica-se que seja feita uma análise da densidade jurídica das normas que dão a configuração constitucional ao ambiente.

1.2.1. A vinculação jurídica das normas do direito fundamental ao ambiente

A partir de uma perspectiva teórico-estrutural, as normas que consubstanciam os direitos fundamentais a prestações, como é o caso do direito fundamental ao ambiente, podem ser divididas segundo três critérios: *i*) são normas vinculantes ou são normas não-vinculantes que se constituem em apenas enunciados programáticos; *ii*) são normas que conferem direitos subjetivos ou são normas que tão-só objetivamente obrigam o Estado; *iii*) são normas que fundamentam direitos e deveres definitivos ou são normas que fundamentam direitos e deveres *prima facie*.[28] Com base nesses três critérios, Alexy formula oito tipos de normas com estruturas bem diferenciadas entre si: *i*) vinculante, constitutiva de direito subjetivo definitivo; *ii*) vinculante, constitutiva de direito subjetivo *prima facie*; *iii*) vinculante, constitutiva de dever objetivo do Estado definitivo; *iv*) vinculante, constitutiva de dever objetivo do Estado *prima facie*; *v*) não-vinculante, constitutiva de direito subjetivo definitivo; *vi*) não-vinculante, constitutiva de direito subjetivo *prima facie*; *vii*) não-vinculante, constitutiva de dever objetivo do Estado definitivo; *viii*) não-vinculante, constitutiva de dever objetivo do Estado *prima facie*. Nesse esquema, as normas que alcançam maior proteção são as vinculantes que garantem direitos subjetivos definitivos, e as normas com menor grau de proteção são as não-vinculantes que fundamentam apenas um dever objetivo do Estado *prima facie* de conferir prestações.[29] É

---

[27] Cf. CAPELLA, *Ecologia*, p. 236.
[28] Cf. ALEXY, *Teoria de los derechos...*, p. 484.
[29] Cf. Ibidem, p. 484.

também a partir desse esquema de normas de tipo de estruturas bem diferenciadas que são formuladas várias teorias normativas a respeito dos direitos fundamentais a prestações.

A concepção que considera os direitos fundamentais a prestações como "normas objetivas supremas do ordenamento jurídico" que impõem ao legislador uma obrigação positiva para fazer tudo a fim de realizar os direitos fundamentais, mesmo não existindo um direito subjetivo individual,[30] poderia corresponder à norma do tipo vinculante, constitutiva de dever objetivo do Estado *prima facie*. Argumentar que as normas dos direitos fundamentais a prestações são simples enunciados programáticos consistentes em diretrizes para o legislador ou *legis imperfecta* ou "direitos sobre o papel"[31] poderia ser interpretado com correspondência a qualquer uma das normas do tipo não-vinculante: constitutiva de direito subjetivo definitivo, constitutiva de direito subjetivo *prima facie*, constitutiva de dever jurídico definitivo, constitutiva de dever jurídico *prima facie*. Maior proteção ao direito fundamental será alcançada conforme mais longe a densidade normativa da disposição de direito fundamental se afastar da posição considerada zero. Na interpretação de Alexy, quando a jurisprudência do Tribunal Constitucional alemão menciona o "direito à admissão ao estudo de sua escolha" que, "em si", detém o cidadão, observada a "reserva do possível", está se referindo a um direito subjetivo *prima facie* vinculante. O reconhecimento do direito a um mínimo vital deve ser interpretado no sentido de uma norma vinculante, constitutiva de um direito subjetivo definitivo.[32]

Esse modelo de decomposição estrutural das normas de direitos fundamentais a prestações permite a visualização de um divisor bem significativo que pode ser reproduzido pela equação vinculatividade/não-vinculatividade. As disposições de direitos fundamentais que consubstanciam as normas de direitos fundamentais a prestações são vinculantes. Em relação a quem e em que medida essa vinculação se manifesta constitui assunto para outra discussão, aqui se restringindo o argumento apenas ao enunciado de que as normas de direitos fundamentais a prestações vinculam. Assim, será correto afirmar que as normas do art. 225 da Constituição brasileira que dão configuração ao direito fundamental ao ambiente vinculam.

Mesmo na interpretação feita por Schmitt da Constituição de Weimar, segundo a qual a Constituição, como forma jurídica do Estado, deve ser separada da atuação política do poder destinado à solução de conflitos

---

[30] Cf. HESSE, Konrad. *Elementos de direito constitucional da República Federal da Alemanha*. Tradução de Luís Afonso Heck. Porto Alegre: Fabris, 1998, p. 94, número de margem 94.

[31] Cf. GUASTINI, Riccardo. *Distinguindo*. Barcelona: Gedisa, 1999, p. 188.

[32] Cf. ALEXY, *Teoria de los...*, p. 485.

Direito Fundamental ao Ambiente

sociais,[33] percebe-se que as normas dos direitos fundamentais a prestações são dirigidas ao legislador no sentido de que constituem direitos limitados e relativos, os quais pressupõem uma organização que inclui o indivíduo, dimensionando e racionalizando sua pretensão.[34] Mesmo reconhecendo menor força de concretização, Alexy admite potencial de vinculação jurídica às normas dos direitos fundamentais a prestações. Em um sistema jurídico que contempla a separação dos poderes e com isso um poder judicial, as normas dos direitos fundamentais devem ser qualificadas como normas "juridicamente vinculativas", controláveis por um tribunal, podendo falar-se, então, em justiciabilidade.[35] O art. 1º, alínea 3, da Lei Fundamental de Bonn;[36] o art. 53 da Constituição da Espanha;[37] o art. 53 da Constituição da Turquia;[38] o art. 18, alínea 1, da Constituição de Portugal;[39] e o art. 5º, § 1º, da Constituição brasileira,[40] por exemplo, vinculam a função legislativa, a função executiva e a função jurisdicional aos direitos fundamentais, inclusive os direitos fundamentais a prestações, como direito vigente e de aplicação imediata.

Todas as normas constitucionais, inclusive aquelas dos direitos fundamentais a prestações sociais, são dotadas de normatividade e nesse sentido vinculam a atuação dos órgãos estatais. Esse enunciado está assentado no fundamento de que o "direito constitucional é direito positivo", o que permite falar na força normativa da Constituição na medida em que realiza sua pretensão de eficácia. Essa pretensão de eficácia somente será alcançada se forem consideradas as condições históricas de sua realização, isso

[33] Disso resultando o esvaziamento da pretendida dimensão social do "sozialer Rechtsstaat" [Cf. LUÑO, *Derechos humanos...*, p. 225].

[34] Cf. SCHMITT, Carl. *Teoría de la constitución*. Traducción Francisco Ayala. Madrid: Alianza, 1996, p. 174.

[35] Cf. ALEXY, Robert. Colisão de direitos fundamentais e realização de direitos fundamentais no estado de direito. *Revista da Faculdade de Direito da Universidade Federal do Rio Grande do Sul*, Porto Alegre, n. 17, 1999, p. 273.

[36] Essa norma estabelece que os direitos fundamentais relacionados na Lei Fundamental vinculam o Poder Legislativo, o Poder Executivo e o Poder Judiciário como direito diretamente vigente.

[37] Conforme estabelece o art. 53, alínea 1, da Constituição da Espanha, os direitos e liberdades reconhecidos no Capítulo II do Título I vinculam a todos os poderes públicos. A alínea 3 do art. 53 dispõe que o reconhecimento, o respeito e a proteção dos princípios reconhecidos no Capítulo III do Título I – que são os "princípios diretores da política social e econômica" – informam a legislação positiva, a prática judicial e a atuação dos poderes públicos, mas somente poderão ser alegados ante a jurisdição ordinária de acordo com o que disponham as leis que os desenvolverem.

[38] A Constituição da Turquia, após relacionar vários direitos fundamentais sociais e mandamentos de atuação, dispõe, no art. 53, que o Estado somente levará a cabo suas tarefas para a consecução dos objetivos sociais e econômicos relacionados na medida em que isso for permitido pelo desenvolvimento econômico e pelos recursos financeiros de que se puder dispor [Citado por BÖCKENFORDE, Ernest-Wolfgang. *Escritos sobre derechos fundamentales*. Tradução de Juan Luis Pagés; Ignacio Villaverde Menéndez. Baden-Baden: Nomos, 1993, p. 80].

[39] Segundo o qual os preceitos constitucionais relativos aos direitos, liberdades e garantias são diretamente aplicáveis e vinculam as entidades públicas e privadas.

[40] O art. 5º, § 1º, da Constituição, estabelece que as normas definidoras dos direitos e garantias fundamentais têm aplicação imediata.

significando as condições naturais, técnicas, econômicas e sociais. Em razão disso, somente uma Constituição que se vincula a uma situação histórica concreta, e seus condicionantes, "dotada de uma ordenação jurídica orientada pelos parâmetros da razão" pode-se desenvolver de forma efetiva.[41] Assim, a Constituição converte-se em força ativa desde que presentes, na consciência geral e principalmente na consciência dos responsáveis pela ordem constitucional, não somente a "vontade de poder" mas também a "vontade de Constituição" (*Wille zur Verfassung*).[42]

O dever jurídico decorrente da imperatividade das normas constitucionais que não for observado comporta uma espécie de "execução forçada", de modo que a inadequação de qualquer ato normativo com uma norma constitucional implica invalidade por inconstitucionalidade.[43] Deve-se a isso o fato de que as normas constitucionais impedem que outra via diversa seja perseguida. Será inconstitucional a norma jurídica ordinária contrária ao conteúdo material daquilo que uma norma constitucional orientar. Igualmente, uma vez concretizada uma norma constitucional, será vedado ao legislador ordinário o retrocesso à situação de estado anterior.[44] Nesse sen-

---

[41] Cf. HESSE, *Elementos de direito...*, p. 16.

[42] Cf. Ibidem, p. 19. Foi a partir do exame da relação entre as normas constitucionais e a realidade do processo do poder que Loewenstein formulou a célebre classificação "ontológica" das Constituições, conforme o seu caráter normativo, nominal ou semântico. Uma Constituição normativa tem como ponto de partida não apenas o fato de que uma Constituição escrita foi adotada por um povo, mas aquilo que os detentores e destinatários do poder fazem com ela. Para que uma Constituição seja "viva" e efetivamente vivida pelos detentores e destinatários do poder é necessário que haja um ambiente favorável para sua realização, não sendo suficiente que seja válida no sentido jurídico. Será real e efetiva a Constituição que for lealmente observada por todos os interessados, podendo falar-se de uma simbiose entre a Constituição e a comunidade. Somente neste caso haverá uma Constituição normativa: suas normas dominam o processo político ou, vice-versa, o processo do poder se adapta às normas da Constituição. O caráter normativo de uma Constituição não deve ser tido como um fato dado, mas confirmado pela prática em cada caso. Na metáfora da Loewenstein, a Constituição é como uma roupa que veste bem e se usa realmente. Uma Constituição é nominal quando se percebe uma distância entre o texto juridicamente válido e a dinâmica do processo político. A Constituição é juridicamente válida, mas carece de realidade existencial porque o processo político ainda não se adaptou às suas normas. Isso não se confunde com aquela situação em que a prática constitucional é diferente do texto constitucional, pois a Constituição nominal mantém seu caráter educativo e prospectivo. Os pressupostos sociais e econômicos existentes ainda não permitem uma concordância absoluta entre as normas constitucionais e as exigências do processo do poder. Contudo, persiste a esperança de que a boa vontade dos detentores e destinatários do poder alcance a harmonia entre a realidade do processo do poder e o modelo estabelecido na Constituição. A função primária da Constituição nominal é educativa e prospectiva. Seguindo a metáfora, a Constituição é como a roupa que fica guardada no armário por certo tempo, aguardando que o corpo cresça para ser usada. Tem-se uma Constituição meramente semântica quando, a despeito da aplicação plena da Constituição, a realidade ontológica é a formalização da situação existente de atuação do poder público em benefício dos detentores do poder coativo fático. A vida não seria diferente se não houvesse nenhuma Constituição formal. Seguindo a metáfora, a roupa não será em absoluto uma roupa, mas um disfarce [Cf. LOEWENSTEIN, Karl. *Teoria de la Constitución*. Traducción Alfredo Gallego Anabitarte. Barcelona: Ariel, 1970, p. 217-218].

[43] Cf. FERRARI, Regina Maria Macedo Nery. *Normas constitucionais programáticas*. São Paulo: Revista dos Tribunais, 2001, p. 80.

[44] Cf. AFONSO DA SILVA, José. *Aplicabilidade das normas constitucionais*. 4. ed. São Paulo: Malheiros, 2000, p. 158.

Direito Fundamental ao Ambiente

tido, por exemplo, o Tribunal de Justiça do Estado do Rio Grande do Sul declarou inconstitucional lei municipal autorizando o cultivo de plantas geneticamente modificadas.[45] O que deve ser destacado nessa decisão é que ela pressupõe a eficácia jurídica da norma de direito fundamental ao ambiente, especialmente a norma segundo a qual todos têm direito ao ambiente ecologicamente equilibrado, impondo-se ao poder público e à coletividade o dever de preservá-lo para as presentes e futuras gerações e também a norma, dessa decorrente, segundo a qual incumbe ao poder público controlar a produção, a comercialização e o emprego de técnicas, métodos e substâncias que impliquem risco para a vida, a qualidade de vida e o ambiente. No mesmo sentido, deve-se entender inconstitucional a normalização que dispensar a realização de estudo de impacto ambiental para a instalação de obra ou exploração de atividade potencialmente causadora de significativa degradação do ambiente, por contrariar a norma do art. 225, § 1º, IV, da Constituição. Exatamente assim entendeu o Supremo Tribunal Federal em atenção à norma da Constituição do Estado de Santa Catarina que dispensava a realização do estudo prévio de impacto ambiente.[46]

Na perspectiva de um mínimo eficacial, segundo Teixeira, essas normas: *i*) estabelecem um dever de legislar para o legislador ordinário, condicionando materialmente a legislação prospectiva; *ii*) constituem um sentido teleológico para a interpretação, integração e aplicação das normas jurídicas; *iii*) implicam a revogação das leis anteriores, por inconstitucionalidade superveniente; *iv*) condicionam a atividade administrativa e do Poder Judiciário, pois sua força vinculante não se restringe à atividade do Poder Legislativo; *v*) criam situações jurídicas subjetivas de vínculo ou vantagem.[47]

Assim, pode-se assentar que as normas dos direitos fundamentais a prestações, nessas incluídas as normas do direito fundamental ao ambiente, vinculam juridicamente o Poder Legislativo, o Poder Judiciário e o Poder Executivo. A importância dessa linha de argumentação está em tornar possível a construção de uma justificação racionalmente rastreável à configuração do direito ao ambiente como um direito fundamental.

1.2.2. Uma justificação para o direito fundamental ao ambiente

A compreensão do direito ao ambiente como direito fundamental pode ser corretamente demonstrada, especialmente porque encontra justificação jusfundamental.

---

[45] Cf. TJRS. ADIn 70000512939. j. 29 mar. 2000. Disponível em: http://www.tj.rs.gov.br. Acesso em: 10 nov. 2003.

[46] Cf. STF. ADIn 1.086-7/SC. j. 01 ago. 1994. *Revista de Direito Ambiental*, São Paulo, n. 2, p. 200-201, abr./jun., 1996.

[47] Cf. TEIXEIRA, J. H. Meireles. *Curso de direito constitucional*. Rio de Janeiro: Forense Universitária, 1991, p. 333. No mesmo sentido, ver AFONSO DA SILVA, *Aplicabilidade...*, p. 164.

Os direitos a que se referem as normas constitucionais do art. 39 ao art. 52 da Constituição da Espanha, ainda que não apresentem a mesma índole dos direitos civis e políticos, são efetivamente direitos. Isso pode ser demonstrado com a interpretação da norma do art. 9°, alínea 1, segundo a qual "todos os cidadãos e os poderes públicos estão sujeitos à Constituição e ao resto do ordenamento jurídico", e da norma do art. 53, alínea 3, pela qual "o reconhecimento, o respeito e a proteção dos princípios reconhecidos no Capítulo terceiro informam a legislação positiva, a prática judicial e a atuação dos poderes públicos".[48] Assim, "o princípio de proteção ao meio ambiente deve desenvolver-se legislativamente e informar o resto da atividade legislativa; igualmente deve estar presente nas atuações das administrações do Estado (central, autônoma e local); deve informar a prática judicial, ante cujos órgãos se pode alegar tal princípio para declarar a inconstitucionalidade de uma determinada atividade".[49] Em defesa da normatividade dos *"principios rectores de la política social y económica"*, entre os quais se incluem as normas do art. 45 da Constituição espanhola, Luño observa que dificilmente seria cumprido o imperativo constitucional, no sentido de que essas normas informam a prática judicial, se elas não pudessem ser objeto de alegação ou aplicação pelos tribunais ordinários. Conforme essa concepção, o caráter normativo e a plena vinculatividade do art. 45 da Constituição espanhola resultam de normas como a que: *i)* confere ao Tribunal Constitucional a competência para declarar a inconstitucionalidade das normas que contrariarem mesmo essas normas do capítulo terceiro (art. 161, alínea 1, a); *ii)* obriga os juízes ordinários a remeterem ao Tribunal Constitucional as questões passíveis de inconstitucionalidade de normas infraconstitucionais aplicáveis em suas decisões (art. 163); *iii)* determina interpretar e aplicar todo o ordenamento jurídico conforme a Constituição (art. 9°, alínea 1); *iv)* tutela o exercício dos direitos e interesses legítimos de todas as pessoas (art. 24, alínea 1). A conseqüência disso é que normas como as do art. 45 da Constituição espanhola, a despeito do que a "infeliz terminologia do art. 53, alínea 3, possa sugerir" não podem ser relegadas a "meros princípios programáticos".[50] É necessário esclarecer que a concepção de Luño está fundada na pré-compreensão de que os direitos fundamentais são formulados como "valores e princípios constitucionais" que possuem significado jurídico-positivo e por isso vinculam as atividades legislativa, executiva e jurisdicional.[51] Exatamente nesse sentido decidiu o

---

[48] Conforme a norma do art. 53, alínea 3, da Constituição espanhola, os *"principios rectores da política social y económica"* informarão a legislação positiva, a prática judicial e a atuação dos poderes públicos e "somente poderão ser alegados ante a jurisdição ordinária de acordo com o que disponham as leis que os desenvolveram".

[49] Cf. CAPELLA, *Ecologia*, p. 241.

[50] Cf. LUÑO, *Derechos humanos...*, p. 473.

[51] Cf. Ibidem, p. 62.

Direito Fundamental ao Ambiente

Tribunal Constitucional espanhol ao analisar a densidade normativa do art. 45 da Constituição, observando que as normas contidas no Capítulo III do Título I, não obstante se encontrarem sob a denominação dos *"princípios rectores de la política social y econômica* não constituem meras normas programáticas que limitam sua eficácia ao campo da retórica política ou da inútil semântica própria das afirmações demagógicas". A norma do art. 45, como as demais do Capítulo III, "tem valor normativo e vinculam os poderes públicos".[52] Por isso mesmo, o Tribunal Constitucional reconheceu que a norma constitucional contém uma "exigência de ponderar" entre uma "utilização racional" dos recursos naturais – necessária à proteção da natureza, ao melhor desenvolvimento da pessoa e à qualidade de vida – e outros interesses, como, por exemplo, o do desenvolvimento dos setores econômicos e de produção.[53]

Ao analisar a norma do art. 66 da Constituição de Portugal, Rangel apresenta uma configuração mais precisa do direito fundamental ao ambiente, admitindo que a norma constitucional reconhece o direito ao ambiente e à qualidade de vida como um direito fundamental. Muito embora inserido no âmbito dos direitos sociais, o direito ao ambiente pode, "numa de suas vertentes" ser configurado como um direito de natureza análoga aos direitos, liberdade e garantias. Nessa hipótese, o direito ao ambiente consubstancia uma pretensão negativa no sentido de exigir de todos, Estado e indivíduos, a abstenção daqueles comportamentos lesivos ao ambiente. Disso resulta para o direito ao ambiente uma configuração própria de direito, liberdade e garantia em que se apresenta uma "densidade normativa reforçada" e uma "determinação constitucional de conteúdo".[54] Por outro lado, na sua dimensão característica de direito social, o direito ao ambiente consubstancia uma pretensão a uma atuação positiva do Estado para a proteção do ambiente e promoção da qualidade de vida.[55] Para além disso, a elevação do direito ao ambiente à categoria de direito fundamental projeta-se sobre o direito do ambiente, especificamente porque "pressupõe a concepção do ambiente como um bem unitário, suporte de uma autônoma construção da respectiva disciplina, sem que se tenha de reificar o bem ambiental ou ficcionar o ambiente como uma particular expressão da personalidade humana".[56] A concepção do ambiente como um bem unitário, passível de receber proteção jurídica autônoma, está assentada na idéia do ambiente como uma situação de equilíbrio vital que o comportamento humano pode conservar

---

[52] Cf. MARTÍN MATEO, *Derecho...*, p. 154.

[53] Cf. LLORENTE, Francisco Rubio. *Derechos fundamentales y principios constitucionales*. Barcelona: Ariel, 1995, p. 675.

[54] Cf. RANGEL, *Concertação...*, p. 24.

[55] Cf. Ibidem, p. 25.

[56] Cf. Ibidem, p. 29.

ou destruir, alicerçando-se essa unitariedade do bem ambiental no reconhecimento de um interesse público fundamental da coletividade na matéria ambiental.[57]

O direito ao ambiente é um direito fundamental,[58] devendo-se levar efetivamente a sério a correção desse enunciado, notadamente quando se cogita de um verdadeiro Estado constitucional. É interessante observar que o primeiro princípio da Declaração da Estocolmo de 1972 estabelece que o homem, ao lado dos direitos fundamentais à liberdade e à igualdade, tem o direito fundamental ao desfrute de condições adequadas em um meio cuja qualidade lhe permita levar uma vida digna e gozar de bem-estar. Esse reconhecimento do direito ao ambiente como um direito fundamental na órbita internacional foi assimilado pela ordem constitucional de vários Estados, entre os quais se incluiu o Brasil.

A partir da norma do art. 225 da Constituição brasileira segundo a qual "todos têm direito ao meio ambiente ecologicamente equilibrado", disso resultando incumbências para o Estado e para a coletividade, Leite reconhece o direito ao ambiente como um "direito fundamental do homem".[59] O direito ao ambiente deve ser entendido e reconhecido como um direito fundamental que não se deixa reduzir a um mero bem-estar físico,[60] ampliando-se o objeto de sua consideração jurídica para alcançar não somente os danos e contaminações ao ambiente, mas também a qualidade de vida.[61] Nesse ponto, deve-se observar que a integridade ambiental se constitui em bem jurídico autônomo que é o resultante da combinação de elementos do ambiente natural e da sua relação com a vida humana.[62] Por isso mesmo,

---

[57] Cf. POSTIGLIONE, Amadeo. Danno ambientale. In: MAGLIA, Stefano; SANTOLOCI, Maurizio. *Codice dell'ambiente*. Piacenza: La Tribuna, 2000, p. 1.100.

[58] Cf. ROTA, Demetrio Loperna. *Los principios del derecho ambiental*. Madrid: Civitas, 1998, p. 40.

[59] Cf. LEITE, José Rubens Morato. *Dano ambiental:* do individual ao coletivo extrapatrimonial. São Paulo: Revista dos Tribunais, 2000, p. 91.

[60] Cf. CAPELLA, *Ecologia*, p. 237. Considerando o ambiente como "todo o conjunto de condições externas que conformam a vida humana", Luño observa que essa noção apresenta um componente *estático*, integrado pelos recursos naturais, e um componente *dinâmico*, decorrente das conexões de todos esses elementos com a vida humana. Nas palavras do Tribunal Constitucional espanhol, o ambiente "é o conjunto de circunstâncias físicas, culturais, econômicas e sociais que rodeiam as pessoas oferecendo-lhes um conjunto de possibilidades para fazerem suas vidas" [Cf. LUÑO, *Derechos humanos...*, p. 469]. É exatamente essa a concepção do ambiente que se apreende dos arts. 2º e 3º da Lei 6.938/81, que dispõe sobre a política nacional brasileira para o ambiente. O primeiro preceito deixa bem definido o objetivo para com a preservação, a melhoria e a recuperação da qualidade ambiental propícia à vida, visando ao desenvolvimento sócioeconômico, aos interesses da segurança nacional e à proteção da dignidade da vida humana. Por seu turno, o art. 3º, I, da Lei 6.938/81, concebe o ambiente como o conjunto de condições, leis, influências e interações de ordem física, química e biológica, que permite, abriga e rege a vida em todas as suas formas.

[61] CAPELLA, op. cit., p. 238.

[62] Sobre a configuração da integridade ambiental como bem jurídico autônomo, ver item 2.2, Capítulo 2.

Direito Fundamental ao Ambiente

pode-se afirmar que o direito ao ambiente ecologicamente equilibrado é um "direito fundamental da pessoa humana".[63]

O significado disso é que resulta sem sentido afirmar-se que um direito fundamental ao ambiente não existe ou que as normas que se referem ao direito do ambiente são normas programáticas informativas da atividade do legislador e sem qualquer possibilidade de configurarem alguma posição fundamental jurídica definitiva passível de exigência perante a atividade jurisdicional. Igualmente, não há justificação racional para sustentar-se que o direito ao ambiente, previsto no art. 225 da Constituição, não é fundamental porque está fora do catálogo dos direitos fundamentais. Além do que se afirmou a respeito da fundamentação jusfundamental do direito ao ambiente, pode-se acrescentar que o próprio art. 5º, § 2º, da Constituição, faz materialmente aberta a concepção desse mesmo catálogo.[64]

Deve-se compreender que normas de direitos fundamentais não são apenas os enunciados das disposições de direitos fundamentais contidas no catálogo da Constituição. Segundo esse critério formal de fundamentação do conceito de norma de direito fundamental, vinculado à forma de positivação, somente os enunciados do Título dos direitos fundamentais da Constituição seriam disposições de direitos fundamentais, independentemente do conteúdo e da estrutura por eles definida.[65] Segundo Alexy, o círculo que isso encerra é demasiadamente estreito, na medida em que exclui outros enunciados que são disposições de direitos fundamentais. Com base nisso, por exemplo, somente as disposições do Título "Dos direitos e garantias fundamentais" da Constituição brasileira – arts. 5º a 17 – e o Capítulo dos "Direitos fundamentais" da Lei Fundamental alemã – arts. 1º a 19 – seriam disposições de direitos fundamentais. Contudo, observa Alexy que a Lei Fundamental contém uma série de outras disposições de direitos fundamentais como, por exemplo, a do art. 103, alínea 1, que expressa a norma de

---

[63] Cf. AFONSO DA SILVA, José. Fundamentos constitucionais da proteção do meio ambiente. *Revista de Direito Ambiental*, São Paulo, n. 27, p. 51-57, jul./set. 2002, p. 53. Nesse mesmo sentido, reconhecendo o direito ao ambiente como um direito fundamental, estão as opiniões de Musetti [Cf. MUSETTI, Rodrigo Andreotti. Uma reflexão sobre a "ecologia humana" a partir do direito ambiental como um direito fundamental. *Revista de Direito Ambiental*, n. 28, p. 250-251, 2002.] e de Marum [Cf. MARUM, Jorge Alberto de Oliveira. Meio ambiente e direitos humanos. *Revista de Direito Ambiental*, São Paulo, n. 28, p. 117-138, out./dez. 2002, p. 136]. Reconhecendo que o núcleo do direito ao ambiente está na "integridade do entorno em conexão com o homem", Sampaio remete a justificação do direito ao ambiente como direito fundamental à noção de dignidade da pessoa humana [Cf. SAMPAIO, José Adércio Leite. Constituição e meio ambiente na perspectiva do direito constitucional comparado. In: SAMPAIO, José Adércio Leite; WOLD, Chris e NARDY, Afrânio. *Princípios de direito ambiental*. Belo Horizonte: Del Rey, 2003, p. 94-95].

[64] Cf. SARLET, Ingo Wolfgang. *A eficácia dos direitos fundamentais*. Porto Alegre: Livraria do Advogado, 1988, p. 85. Segundo Marum, mesmo fora do título dos direitos e garantias fundamentais da Constituição, o direito ao ambiente sadio e ecologicamente equilibrado integra o "rol constitucional dos direitos fundamentais" [Cf. MARUM, Meio ambiente..., p. 136].

[65] Cf. ALEXY, *Teoria de los derechos...*, p. 65.

direito fundamental segundo a qual "diante do tribunal qualquer pessoa tem o direito de ser ouvida". Segundo Fr. Klein, essas disposições, que podem ser chamadas de "disposições satélites correspondentes", são identificadas pelo critério formal de designação de "direitos" a que se refere o art. 93, alínea 1, *a*, da Lei Fundamental.[66]

Seguindo-se essa argumentação, pode-se afirmar que a disposição do art. 225 da Constituição é um enunciado de direito fundamental que expressa a norma do direito fundamental ao ambiente. Trata-se de uma norma de direito fundamental porque, expressamente, dispõe que todos têm *direito* ao ambiente ecologicamente equilibrado, considerado como um bem de uso comum do povo e essencial à qualidade de vida, não devendo haver dúvida de que se trata de um direito fundamental. Além disso, deve-se acrescentar, conforme já analisado,[67] que a norma do art. 225 vincula juridicamente a atuação do Legislativo, do Executivo e do Judiciário. A possibilidade de controle jurisdicional da realização do *direito* ao ambiente deixa claro que se trata de um direito fundamental. A respeito, afora o controle de constitucionalidade da normalização infraconstitucional sobre o ambiente, deve-se acrescentar que a Constituição prevê o procedimento da ação civil pública[68] e da ação popular[69] para a realização do *direito* ao ambiente. Aliás, para afastar qualquer controvérsia contra o reconhecimento do direito ao ambiente como direito fundamental, a disposição do art. 5º, LXXIII, da Constituição – integrante do Título que trata dos direitos e garantias fundamentais – contém norma segundo a qual qualquer cidadão tem o direito de propor ação popular anular ato lesivo ao ambiente.

A jurisprudência do Supremo Tribunal Federal, reconhecendo o direito ao ambiente como sendo um verdadeiro direito fundamental considera o "direito ao meio ambiente ecologicamente equilibrado" como um "direito de terceira geração" de "titularidade coletiva, refletindo, dentro do processo de afirmação dos direitos humanos, a expressão significativa de um poder atribuído não ao indivíduo identificado na sua singularidade, mas num sentido verdadeiramente mais abrangente, à própria coletividade social".[70]

Dizer que as normas de configuração do direito ao ambiente são normas que vinculam juridicamente o exercício das atividades legislativa, executiva e judiciária e que o direito ao ambiente é um direito fundamental não significa muito se não vier acompanhado de uma justificação racionalmente

---

[66] Citado por ALEXY, *Teoria de los derechos...*, p. 65. O art. 63, alínea 1, *a*, da Lei Fundamental dispõe: "acerca de recursos constitucionais, que podem ser propostos por qualquer pessoa com alegação de estar sendo violada pelo Poder Público em algum dos seus direitos fundamentais ou em algum dos seus direitos contidos no art. 20, alínea 4, art. 33, 38, 101, 103 e 104 da Lei Fundamental".

[67] Ver item 1.2.1, Capítulo 1.

[68] Ver item 3.4.3.1, Capítulo 3.

[69] Ver item 3.4.3.2, Capítulo 3.

[70] Cf. STF. Man. Seg. 22164/SP. *DJU* 17 nov. 1995, p. 39.206.

controlável quanto ao significado disso para o todo do ordenamento jurídico. Em última análise, o que se afirma com esse enunciado é a própria conseqüência de qualificar-se o direito ao ambiente como um direito fundamental.

1.3. O DIREITO FUNDAMENTAL AO AMBIENTE: DIREITO SUBJETIVO OU DEVER JURÍDICO OBJETIVO

Os direitos fundamentais apresentam um caráter duplo na medida em que eles podem consubstanciar não somente *direitos subjetivos*, mas também *elementos fundamentais da ordem objetiva*,[71] havendo uma relação de complementação e fortalecimento entre o significado dos direitos fundamentais como princípios objetivos e o significado dos direitos fundamentais ·como direitos subjetivos.[72]

Segundo Hesse, ao significado dos direitos fundamentais como direitos subjetivos de defesa do particular diante das intervenções injustificadas do Estado, corresponde seu significado jurídico-objetivo como *"determinações de competências negativas"* para os poderes estatais.[73] De igual modo, ao significado dos direitos fundamentais como direito subjetivos "que, por sua causa, são garantidos, corresponde seu significado jurídico-objetivo como elementos da *ordem jurídica total da coletividade"*, constituindo-se em peça fundamental para a ordem democrática, o Estado de direito e a ordem federal.[74] Em relação a esse significado dos direitos fundamentais para a vida estatal, merece ser destacada a decisão do Tribunal Constitucional alemão prolatada no caso Lüth em que se reconheceu que os direitos fundamentais, em primeira linha, destinam-se a assegurar a esfera de liberdade do indivíduo frente às intervenções estatais e, além disso, agregou que a Lei Fundamental não é um ordenamento valorativamente neutro, tendo estabelecido em seus direitos fundamentais um sistema valorativo centrado na dignidade da pessoa humana. Deve-se acrescentar que essa decisão acolheu os conceitos centrais da teoria dos valores sustentada em várias outras decisões do Tribunal Constitucional: "valor, ordenamento valorativo, hierarquia de valores, sistema de valores e ponderação".[75] Além

---

[71] Cf. HESSE, *Elementos de direito*, p. 228, número de margem 279 (itálico no original).

[72] Cf. Ibidem, p. 239, número de margem 290 (itálico no original).

[73] Cf. Ibidem, p. 239, número de margem 291 (itálico no original).

[74] Cf. Ibidem, p. 240, número de margem 293 (itálico no original).

[75] Citado por ALEXY, *Teoria de los derechos...*, p. 148-149. Em face das importantes objeções oferecidas aos *valores* – além de serem sempre discutíveis em uma sociedade pluralista, não permitiriam uma interpretação dos direitos fundamentais segundo regras claras e persuasivas, do que resultaria prejuízo para a segurança jurídica – Hesse observa que a jurisprudência do Tribunal deixou claro

dessa significação jurídico-objetiva como determinações de competências negativas e elementos da ordem jurídica total da coletividade, a concepção dos direitos fundamentais como elementos da ordem jurídica objetiva tem uma importância capital para as tarefas estatais. A partir da vinculação dos Poderes Legislativo, Executivo e judicial aos direitos fundamentais, surgem não somente obrigações para o Estado de abster-se de ingerências no âmbito do que eles protegem, como também obrigações de praticar tudo aquilo que servir à realização dos direitos fundamentais, "inclusive quando não haja uma pretensão subjetiva dos indivíduos".[76]

Nesse sentido, o direito fundamental ao ambiente apresenta um caráter duplo, configurando, ao mesmo tempo, um direito subjetivo e um elemento da ordem objetiva. O direito fundamental ao ambiente configura um direito subjetivo no sentido de que todos os indivíduos podem pleitear o direito de defesa contra aqueles atos lesivos ao ambiente. Isso pode ser demonstrado pela norma contida no art. 5°, LXXIII, da Constituição, que legitima o cidadão a promover ação popular para anular ato lesivo ao ambiente. O direito fundamental ao ambiente como um elemento da ordem objetiva tem seu conteúdo expressado nas incumbências, a cargo do Estado, tendentes a assegurar a todos a realização do direito ao ambiente ecologicamente equilibrado. É exatamente disso que tratam as normas do art. 225, § 1°, da Constituição, fixando objetivos estatais para a realização do direito ao ambiente juridicamente vinculantes para o legislador, em primeiro lugar, para o Executivo e para o Judiciário. Dessa integração da dimensão objetiva com a dimensão subjetiva é que o direito fundamental ao ambiente tem a sua conformação jurídico-constitucional completa, conforme dispõem as normas da disposição do art. 225 da Constituição.[77]

A correção da configuração do direito ao ambiente como elemento da ordem objetiva, reconhecendo-se-lhe uma dimensão objetiva no sentido de se constituir em instrumento institucional e organizatório do Estado, pode

---

somente o que deveria ser e permanecer como sentido histórico e núcleo irrenunciável dos direitos fundamentais: "a relação desses direitos com os direitos humanos, que constituem seu fundamento e sua fonte de legitimação". Para uma interpretação de direitos fundamentais concretos, a idéia de sistema de valores era uma contribuição em função de uma situação em que não havia uma elaboração do conteúdo normativo concreto e do alcance dos direitos fundamentais específicos, de suas recíprocas relações e dos requisitos de sua limitação. A construção dessa dogmática pela atividade da jurisprudência, por intermédio de um conjunto de pontos de vista e regras, permitindo a resolução de questões concretas dos direitos fundamentais, evitou o recurso aos *valores* [Cf. HESSE, Konrad. Significado de los derechos fundamentales. In: BENDA; MAIHOFER; VOGEL; HESSE; HEYDE. *Manual de derecho constitucional*. 2. ed. Madrid: Marcial Pons, 2001, p. 93, nota de pé-de-página 26). O que deve ser entendido é que o conceito de valor, muitas vezes, é empregado apenas para a caracterização do "*conteúdo normativo* dos direitos fundamentais" (Cf. HESSE, op. cit., p. 243, número de margem 299). Para uma verificação mais detalhada das objeções filosóficas, metodológicas e dogmáticas à teoria dos valores, ver ALEXY, *Teoria de los derechos...*, p. 149-172.

[76] Cf. HESSE, Significado de los derechos..., p. 94, número de margem 23.

[77] Cf. SAMPAIO, Constituição..., p. 100-101.

Direito Fundamental ao Ambiente

ser facilmente demonstrada. Conforme já mencionado, a preservação do ambiente acha-se inserida como incumbência do Estado de forma inequivocamente clara em diversas Constituições[78] e, onde isso não está claramente explicitado, como no caso da Constituição italiana, a jurisprudência tem-se encarregado disso.[79] O direito ao ambiente aparece como a fixação de objetivo estatal no art. 66, alínea 2, da Constituição portuguesa. O mesmo se dá na Constituição espanhola, conforme se depreende do art. 45, alínea 2, bem como, e principalmente, pela norma do art. 53, alínea 3. Na Lei Fundamental de Bonn, deve-se recordar a recente introdução da norma do art. 20A da qual se extrai ser incumbência do Estado a proteção do ambiente,[80] observando-se que, originariamente, a Lei Fundamental de 1949 não trazia qualquer norma destinada à proteção do ambiente. Sem embargo, o Tribunal Constitucional já havia reconhecido a existência de uma "obrigação objetiva de proteção" ambiental.[81]

Sobre a configuração do direito ao ambiente em uma dimensão objetiva de elemento fundamental objetivo do Estado brasileiro, o art. 225, § 1º, da Constituição, não deixa dúvida de que se trata efetivamente de determinação de objetivo estatal. Para a consecução desse objetivo, a Constituição estabeleceu competências para a União, Estados e Municípios, conferindo-lhes funções preventivas, restauradoras e promocionais relativas ao ambiente.[82] Um bom exemplo para a configuração do direito fundamental ao ambiente nessa dimensão de elemento fundamental objetivo pode ser retirado da norma do art. 225, § 1º, VI, da Constituição, segundo a qual incumbe às entidades federativas promover a educação ambiental em todos os níveis de ensino, e da correspondente normalização infraconstitucional – Lei 9.795/99 – que dispõe sobre a política nacional da educação ambiental. A respeito, deve-se observar que a norma do art. 3º, *caput* e I, da Lei 9.795/99, dispõe que "todos têm direito à educação ambiental", incumbindo às entidades federativas "definir políticas públicas que incorporem a dimensão ambiental" e "promover a educação ambiental em todos os níveis de ensino e o encajamento da sociedade na conservação, recuperação e melhoria" do ambiente. Essa caracterização do direito à educação ambiental como elemento fundamental objetivo é reforçada na medida em que a norma do art. 2º da Lei 9.795/99 expressamente trata da educação ambiental como um "componente essencial e permanente da educação nacional, devendo

---

[78] A respeito da constitucionalização do ambiente, ver item 1.1, Capítulo 1.

[79] Cf. ROTA, *Los principios...*, p. 43. No mesmo sentido, LUÑO, *Derechos humanos...*, p. 460.

[80] Cf. MEZZETTI, Costituzione..., p. 150.

[81] Cf. REHBINDER, Eckard. O direito do ambiente na Alemanha. In: AMARAL, Diogo Freitas do; ALMEIDA, Marta Tavares de (Coord.). *Direito do ambiente*. Oeiras: Instituto Nacional de Administração, 1994, p. 253.

[82] Cf. art. 22, IV, XII; art. 23, III, IV, VI, VII; art. 24, VI, VII, VIII; art. 30, I, VIII, IX, da Constituição.

estar presente, de forma articulada, em todos os níveis do processo educativo".

O significado dessa configuração do direito fundamental ao ambiente como determinação de objetivo estatal é que as técnicas operativas do Estado estão dirigidas a um "fim" fundamental, que é "proteger e melhorar a qualidade de vida e defender e restaurar o meio ambiente". No Direito público, deixa saber Luño, esse fim vincula as ações do poder público de modo tal que não sobra espaço para opções discricionárias, notamente para a administração. Quando, eventualmente, a administração pública houver se afastado desse fim fundamental, somente o reconhecimento de uma ação pública pode garantir a apreciação judicial desse fim e a submissão das autoridades públicas a ele.[83]

Se essa configuração do direito ao ambiente como um fim do Estado se deixa justificar sem maiores objeções, o mesmo não se pode dizer em relação ao reconhecimento do direito fundamental ao ambiente como direito subjetivo. Mesmo reconhecendo o direito ao ambiente como um direito fundamental que se deixa vincular a alguns direitos de personalidade como o direito à vida e o direito à saúde, Capella não vincula o direito ao ambiente à categoria de direito subjetivo.[84] A configuração do direito ao ambiente como direito subjetivo estaria impedida porque as questões ambientais estão além da concepção individualista do sujeito de direito, próprio da modernidade e, também, porque os direitos subjetivos, enquanto têm como arquétipo os direitos de propriedade, representam exatamente o contrário do que se necessita para a proteção dos recursos naturais que, em um sistema de mercado, são bens comuns, de livre disposição, de interesses difusos e gratuitos.[85]

Diferentemente, em direção ao reconhecimento do caráter subjetivo do direito fundamental ao ambiente, pode-se considerar a posição procedimental que esse direito contém. Defende-se o caráter meramente procedimental do direito fundamental ao ambiente com o argumento de que não há possibilidade de se definir em cada situação, e também em geral, em que consiste o "meio ambiente ecologicamente equilibrado" (art. 225, *caput*, da Constituição), disso resultando que o direito fundamental ao ambiente se realiza com o reconhecimento aos indivíduos dos direitos de informação, participação, tutela administrativa e tutela jurisdicional do ambiente. No modelo constitucional e infraconstitucional brasileiro, o caráter procedimental do direito fundamental ao ambiente manifesta-se pelo direito de o cidadão promover ação popular para anular ato lesivo ao ambiente (art. 5º,

---

[83] Cf. LUÑO, *Derechos humanos...*, p. 486.
[84] Cf. CAPELLA, *Ecologia*, p. 231.
[85] Cf. Ibidem, p. 234.

Direito Fundamental ao Ambiente

41

LXXIII, da Constituição); pelo direito de constituição de associações de defesa do ambiente, conferindo-lhes legitimidade ativa para a ação civil pública em favor da proteção do ambiente (art. 1º, I, combinado com o art. 5º, II, da Lei 7.347/85); pelo direito à informação e direito de participação (art. 225, § 1º, IV, da Constituição, combinado com o art. 10º, § 1º, da Lei 6.938/81 e art. 11 da Resolução 01/86 do Conselho Nacional do Meio Ambiente), inclusive com realização de audiência pública para discussão do estudo prévio de impacto ambiental (art. 1º da Resolução 09/87 do Conselho Nacional do Meio Ambiente).[86]

Mais além da configuração de posição tão-somente procedimental do direito fundamental ao ambiente, Rota sustenta que não respeita as regras da lógica jurídica negar-se o caráter substancial de um direito e, ao mesmo tempo, propor-se sua própria tutela. Se existe uma forma de tutela, administrativa ou jurisdicional, é porque existe também um direito substantivo reconhecido, ainda que imprecisos sejam seus termos. A incerteza que há sobre o que seja o direito ao ambiente deve ser remetida para a ciência, devendo-se aceitar os níveis de certezas que até então a ciência permitiu conhecer.[87] O caráter substantivo do direito ao ambiente foi reconhecido na ilustrativa decisão C361/88 do Tribunal Europeu de Justiça, no caso *Comissão v. Alemanha*, em que se discutia a respeito da transposição da Diretiva 80/779[88] para o Direito interno alemão. Nessa decisão, o Tribunal declarou ilegal a transposição feita por circulares administrativas porque essas circulares não poderiam ser exigidas pelos indivíduos perante os tribunais nacionais. A Diretiva reconheceu o direito à atmosfera adequada, fixando limites a partir dos quais considera violado esse direito, com expressa habilitação para se solicitar a tutela do mesmo perante os tribunais nacionais.

Sem embargo da importante contribuição que o reconhecimento dessas dimensões objetiva e subjetiva traz para a correta compreensão do direito ao ambiente, pode-se avançar mais além no sentido de se buscar a apresentação de contornos mais nítidos para a configuração jurídica do direito fundamental ao ambiente. Para esse propósito, é decisiva a compreensão do conceito de direito fundamental como um todo.

---

[86] Essa mesma configuração pode ser demonstrada pelo reconhecimento, na Constituição portuguesa, do direito à informação sobre o ambiente (art. 66, alínea 1, combinado com o art. 37, alínea 1, art. 48, alínea 2, e art. 268, alíneas 1 e 2), do direito de construir associações de defesa do ambiente (art. 66, alínea 2, e art. 460), do direito de participação na formação nas decisões administrativas relativas ao meio ambiente (art. 66, alínea 1, combinado com o art. 267, alínea 4), o direito de promover a prevenção, a cessação ou a "perseguição judicial" de atos de degradação do ambiente (art. 52, alínea 3, a, 1ª parte).

[87] Cf. ROTA, *Los principios...*, p. 47.

[88] A Diretiva 80/779 da Comunidade Européia fixou os limites de emissão e os valores guias para S02 e partículas em suspensão.

1.4. O DIREITO AO AMBIENTE COMO UM DIREITO FUNDAMENTAL COMO UM TODO

A análise da concepção do ambiente como direito fundamental como um todo requer, antes, a pré-compreensão do significado do direito fundamental como um todo. Essa verificação, por sua vez, pressupõe o reconhecimento dos direitos fundamentais como direitos subjetivos que se deixam dispor analiticamente em um sistema de posições fundamentais jurídicas. Aliás, melhor será reservar a expressão "direitos subjetivos" para designar um conceito geral que encerra várias posições fundamentais jurídicas.

Um primeiro passo para a compreensão do direito fundamental como um todo é a teoria do *status* de Jellinek que mantém a sua atualidade exatamente porque atua para explicar a estrutura formal da posição jurídica total do indivíduo em relação ao Estado. Por isso mesmo, justifica-se a análise dessa teoria.

O sistema de direitos públicos subjetivos de Jellinek está construído por quatro relações de *status* do indivíduo com o Estado: o *status passivo* ou *status subiections*, o *status negativo* ou *status libertatis*, o *status positivo* ou *status civitatis* e o *status activus* ou *status* da cidadania ativa. Ser membro do Estado significa para o indivíduo a existência de uma pluralidade de relações que se manifestam nessas quatro modalidades de *status*. No *status passivo*, o indivíduo encontra-se em uma relação de subordinação com o Estado pela imposição de deveres decorrentes da competência do poder estatal para vinculá-lo juridicamente por meio de mandamentos e proibições. Ao *status negativo* corresponde a esfera de liberdade do indivíduo que exclui o império do Estado. O *status positivo* manifesta-se pelo reconhecimento de que o indivíduo detém capacidade jurídica para pretender que o Estado atue em seu benefício. A relação que é denominada de *status activus* corresponde ao reconhecimento da capacidade do indivíduo de agir para a formação da vontade política do próprio Estado.[89]

A teoria do *status* de Jellinek, não obstante "numerosas obscuridades e algumas deficiências" – especialmente por não responder ao aspecto de que pelas normas dos direitos fundamentais os indivíduos são conduzidos a um *status* jurídico-material, com conteúdo concreto e determinado e que não se encontra à disposição ilimitada dos indivíduos ou do Estado – é exemplo de uma teorização analítica dos direitos fundamentais. Os conceitos centrais da teoria, que são os quatro *status*, constituem-se em "abstrações de posições de caráter elementar".[90] Por isso mesmo, a teoria do *status*

---

[89] Cf. JELLINEK, Georg. *Sistema dei Diritti Pubblici Subbietivi*. Tradução de Gaetano Vitagliano. Milano: Societá Editrice Libraria, 1912, p. 96-98.
[90] Cf. ALEXY, *Teoria de los derechos...*, p. 262.

Direito Fundamental ao Ambiente

de Jellinek deve ser tomada em consideração como um modelo de posições totais abstratas, pois as classificações das posições jurídicas dos indivíduos realizadas a partir dos quatros *status* têm um caráter puramente analítico. Se as normas jurídicas regulam as relações dos indivíduos com o Estado, isto somente pode ocorrer se determinadas ações estão ordenadas, proibidas ou deixadas para a livre disposição do indivíduo ou do Estado e o indivíduo recebe determinados direitos a algo e competências. Quando isso ocorre, são possíveis as abstrações sobre classes de mandados, proibições, liberações, direitos a algo e competências.[91] Observa Alexy que "o objeto da teoria do *status* é a estrutura formal da posição jurídica total do cidadão",[92] justificando-se, então, como uma teoria analítica das posições totais abstratas. Independentemente de sua utilidade prática para a vida concreta do cidadão, a teoria do *status* está cientificamente justificada porque permite compreender a complexa estrutura formal dos direitos fundamentais.

O segundo passo para a compreensão do direito fundamental como um todo é o exame da estrutura das diferentes posições fundamentais jurídicas produzidas pelas normas jurídicas, sendo importante, para isso, a distinção entre norma e posição. Tomando-se norma como aquilo expressado por um enunciado normativo, o enunciado "é livre a manifestação do pensamento" do art. 5º, IV, da Constituição, por exemplo, expressa uma "norma universal". Considerando-se que essa norma confere um direito frente ao Estado, pode formular-se a "norma individual" de que *a* tem, frente ao Estado, o direito de expressar livremente o seu pensamento. A conclusão é que se "vale" essa norma individual, *a* encontra-se frente ao Estado em uma "posição" que consiste em que *a* tem frente ao Estado o direito de manifestar livremente o próprio pensamento. Da mesma forma, se "vale a *norma* individual" pela qual *a* tem frente a *b* um direito *G*, então *a* encontra-se em uma posição jurídica que está caracterizada por ter frente a *b* um direito a *G*. A importância da concepção dos direitos subjetivos como posições aparece sobremodo nas relações normativas expressadas por predicados diádicos (*a* tem um direito a *G* frente a *b*) ou por predicados triádicos (*a* tem frente a *b* um direito a *G*). Considerados os direitos subjetivos como posições jurídicas expressadas por relações normativas do tipo *a* tem um direito a *G* frente a *b* ou *a* tem frente a *b* um direito a *G*, é possível fazer-se distinção, conforme Alexy, entre: *i)* razões para os direitos subjetivos; *ii)* direitos subjetivos como posições e relações jurídicas; e *iii)* a imponibilidade jurídica dos direitos subjetivos. A insuficiência da distinção entre essas três coisas pode ser apontada como uma das principais causas da insuperável polêmica a respeito do conceito de direito subjetivo.[93] Tanto isso está correto que as

---

[91] Cf. ALEXY, *Teoria de los derechos...*, p. 265.
[92] Cf. Ibidem, p. 265.
[93] Cf. Ibidem, p. 178.

dificuldades da teoria da vontade e da teoria do interesse para explicar o conceito de direito subjetivo reside exatamente em não estabelecer a distinção entre a fundamentação para um determinado direito subjetivo e o próprio direito subjetivo, considerando a razão para um direito subjetivo como uma característica do conceito desse mesmo direito subjetivo.

Na verdade, as fundamentações para os direitos subjetivos correspondem ao interesse do titular no objeto do direito e a possibilidade do livre exercício desse direito. Por isso mesmo, deve-se distinguir entre a fundamentação de um direito subjetivo e o direito que se admite em virtude dessa mesma fundamentação. A relevância disso está no aspecto de que é possível fundamentar direitos subjetivos, ou mais propriamente, posições jurídicas e relações jurídicas não apenas pelo interesse em bens individuais senão também pelo interesse em bens coletivos. Segundo Alexy, um direito pode ser justificado em geral ou em uma determinada situação exclusivamente pelo interesse em bens individuais, pelo interesse em bens individuais e coletivos e exclusivamente pelo interesse em bens coletivos. Nesse aspecto o decisivo é que "a posição jurídica que se dá quando existe o direito" é a de um direito do indivíduo, portanto, de um "direito individual também quando é justificado por intermédio de bens coletivos". Por isso mesmo, está correto chamar todos os direitos do indivíduo de direitos individuais.[94]

A importância de falar-se em posições jurídicas está na compreensão das "propriedades normativas" de pessoas e ações e das "relações normativas" entre pessoas e entre pessoas e ações. A norma que proíbe a de fazer h resulta por conferir a a propriedade de alguém a quem está proibido fazer h. A propriedade de a, que pode ser expressa pelo enunciado monádico "alguém a quem está proibido fazer h" é a posição em que a é colocado por intermédio da norma. Isso fica mais interessante quando não se trata apenas de "propriedades normativas" mas de "relações normativas" expressas por enunciados diádicos do tipo a tem um direito a G frente a b ou enunciados triádicos do tipo "a tem frente a b um direito a G".[95] Isso, então, justifica a idéia de que a noção de direito subjetivo deve ser apreendida como um conceito geral, utilizado para designar posições bem distintas.

Um direito fundamental como um todo é um feixe de posições fundamentais jurídicas reunidas, por uma disposição de direito fundamental, em um direito fundamental. O que reúne as diferentes posições fundamentais jurídicas em um direito fundamental como um todo é sua associação a uma

---

[94] Cf. ALEXY, Robert. *El concepto e la validez del derecho*. 2. ed. Traducción Jorge M. Seña. Madrid: Gedisa, 1997, p. 180-181.
[95] Ibidem, p. 178.

Direito Fundamental ao Ambiente

45

disposição de direito fundamental, pois "às posições jurídicas fundamentais correspondem sempre as normas que as conferem".[96]

Essas normas e as posições podem ser divididas conforme três pontos de vista: *i*) segundo as posições de que se trate no sistema das posições jurídicas básicas; *ii*) segundo seu grau de generalidade; e *iii*) segundo tenham elas, ou não, o caráter de regras ou princípios, ou seja, configurando posições definitivas ou *prima facie*. Entre essas normas e posições existem relações de tipos muitos distintos, que podem ser agrupadas em três tipos: uma relação de precisão, uma relação de meio/fim, que tem grande importância nas normas de organização e procedimento, e uma relação de ponderação, consistente na relação que se corresponde com a lei de colisão, entre uma posição *prima facie* e uma posição definitiva.[97] A partir disso, quatro coisas podem ser chamadas de direito fundamental como um todo: *i*) um conjunto de posições jurídicas definitivas; *ii*) um conjunto de posições definitivas, incluídas as relações entre elas existentes; *iii*) um conjunto de posições definitivas e *prima facie*; e *iv*) um conjunto de posições definitivas e *prima facie*, incluídas as relações entre elas existentes. Por isso, é correto dizer que o direito fundamental como um todo consiste em um "feixe de posições definitivas e *prima facie* vinculadas reciprocamente nas três formas descritas e associadas a uma disposição de direito fundamental".[98]

O direito fundamental ao ambiente, apresentado como direito fundamental social ou colocado na sua vizinhança,[99] como direito a prestações, configura-se a partir de um conjunto de posições jurídicas que apontam, por um lado, para a direção das prestações fácticas e, por outro lado, para a direção das prestações normativas. O direito fundamental ao ambiente é útil para demonstrar a correção da configuração do conceito de um direito fundamental como um todo, porque se trata de um direito constituído por um conjunto de posições fundamentais jurídicas de tipos muito distintos. Assim, quem se propõe investigar a estrutura de um direito fundamental ao ambiente ou sua associação interpretativa a disposições de direitos fundamentais existentes no catálogo dos direitos fundamentais poderá encontrar um conjunto de posições fundamentais jurídicas como, por exemplo: *i*) um direito a que o Estado omita determinadas intervenções no ambiente, hipótese que configuraria um direito de defesa; *ii*) um direito a que o Estado proteja o titular do direito fundamental contra a intervenção de terceiros, lesiva ao ambiente, hipótese de configuração de um direito à proteção;

---

[96] Cf. ALEXY, *Teoria de los derechos...*, p. 241. Segundo Alexy, ao "encaixe de um conjunto de posições em um direito fundamental corresponde, então, a associação de um conjunto de normas a uma disposição de direito fundamental" (Ibidem, p. 241).

[97] Cf. Ibidem, p. 243.

[98] Cf. Ibidem, p. 244.

[99] Cf. Ibidem, p. 428.

iii) um direito a que o Estado permita ao titular do direito a participação em procedimentos relevantes para o ambiente, hipótese de configuração de um direito ao procedimento; *iv*) um direito a que o próprio Estado realize medidas fácticas para a proteção do ambiente.[100]

As normas da disposição do direito fundamental do art. 225 da Constituição bem configuram o direito ao ambiente como um direito fundamental como um todo. A norma segundo a qual "todos têm direito ao meio ambiente ecologicamente equilibrado, bem de uso comum do povo e essencial à sadia qualidade de vida, impondo-se ao poder público e à coletividade o dever de defendê-lo e preservá-lo para as presentes e futuras gerações" configura um complexo de posições jurídicas em relação ao Estado e ao indivíduo. Igualmente, as normas que impõem ao Estado uma série de ações específicas como "preservar e restaurar os processos ecológicos essenciais", "promover o manejo ecológico das espécies e ecossistemas", "preservar a diversidade e a integridade do patrimônio genético do País", "proteger a fauna e a flora" (art. 225, § 1º, da Constituição). Expressadas as posições jurídicas por relações normativas do tipo "*a* tem um direito a *G* frente a *b*" ou "*a* tem frente a *b* um direito a *G*", é possível distinguir complexos de posições jurídicas quer em relação ao indivíduo quer em relação ao Estado. Assim, do direito fundamental ao ambiente como um direito fundamental como um todo podem se extrair diversas posições fundamentais jurídicas definitivas e *prima facie*, que são justificadas pelo interesse na integridade do ambiente que é um bem coletivo. Conforme Alexy, em um sistema jurídico, *x* é um bem coletivo se é não-distributivo e a criação ou conservação de *x* está ordenada *prima facie* ou definitivamente. A integridade do ambiente é um bem coletivo porque apresenta, em primeiro lugar, uma estrutura não-distributiva. É dizer, conceitualmente, fática ou juridicamente, não pode ser dividida em partes e distribuída entre os indivíduos. Em segundo lugar, contém um *status* normativo, tratando-se de algo cuja conservação está ordenada *prima facie* ou definitivamente.[101]

A concepção do direito fundamental ao ambiente como um todo permite que sua estrutura normativa seja precisada em um grau mais avançado. A estrutura normativa do direito ao ambiente se deixa decompor analiticamente, primeiro, como um direito a algo e, segundo, em decorrência disso, como um direito a prestação em sentido amplo. Disso resulta que o objeto do direito ao ambiente será sempre uma ação negativa ou uma ação positiva (fáctica ou normativa) do destinatário. Nessa configuração de um direito a prestações em sentido amplo, o direito ao ambiente consubstancia direito à proteção, direito à organização e ao procedimento e direito à prestação em sentido estrito.

---

[100] Cf. ALEXY, *Teoria de los derechos...*, p. 429.
[101] Cf. Ibidem, p. 188.

Direito Fundamental ao Ambiente

A admissão dessa estruturação normativa do direito ao ambiente tem como pressuposto que as normas jurídicas do direito ao ambiente se apresentam como regras e princípios. A normalização do direito ao ambiente contém mandamentos a serem otimizados e que são cumpridos em diferentes graus, conforme as possibilidades fácticas e jurídicas; igualmente, contém determinações que deverão ser cumpridas no espaço do possível fáctica e juridicamente. É dizer, o direito ao ambiente pode ser apresentado como regra ou como princípio. Na hipótese de o direito ao ambiente ser apresentado como regra, poderá, então, configurar uma posição jurídica definitiva e, desse modo, na linguagem tradicional, direito subjetivo. Contudo, na hipótese de o direito ao ambiente ser apresentado como princípio, como mandamento a ser otimizado que deve ser cumprido conforme o grau que as possibilidades fácticas e normativas, no caso concreto, recomendarem, poderá configurar tanto posições jurídicas definitivas como posições jurídicas *prima facie*. Somente após a superação da ponderação com outros direitos fundamentais é que se poderá falar na configuração de uma posição definitiva do direito ao ambiente.

A compreensão do direito fundamental ao ambiente como um todo integrado por um feixe de posições fundamentais jurídicas definitivas e *prima facie* é decisiva para que o direito fundamental ao ambiente seja entendido como direito a algo, uma vez considerada a tríplice divisão das posições fundamentais jurídicas em direito a algo, liberdade e competência. O que segue tem o objetivo de demonstrar com pretensão de correção que o direito ao ambiente é direito fundamental a algo cujo objeto corresponde a ações positivas e negativas.

1.5. O DIREITO AO AMBIENTE COMO DIREITO A ALGO

A configuração do direito fundamental ao ambiente como direito a algo é chave para a compreensão da estrutura normativa do direito ao ambiente. Não é demais lembrar que essa concepção do direito a algo tem base na teoria analítica da tríplice divisão das posições jurídicas em direito a algo, liberdade e competência, cuja origem deve ser remetida à formulação de Bentham de *rigths to service*, *liberties* e *powers*.[102] Somente a categoria do direito a algo interessa para a compreensão do direito fundamental ao ambiente.

Sob esse enfoque, o direito ao ambiente terá como objeto ações negativas no sentido de que o Estado: *i*) não crie obstáculos ou impeça determinadas ações do titular do direito, *ii*) não afete determinadas situações do

---

[102] Cf. ALEXY, *Teoria de los derechos...*, p. 186.

titular do direito e *iii*) não elimine determinadas posições do titular do direito. Na primeira hipótese, tem-se a realização do direito ao ambiente pela omissão do Estado do exercício daquelas atividades lesivas ao ambiente sadio e ecologicamente equilibrado. Em razão disso, por exemplo, o Estado deve omitir-se da prática direta de qualquer ato concreto lesivo que impeça o desfrute do ambiente ecologicamente equilibrado. Na segunda hipótese, o direito ao ambiente cumpre-se com a ação negativa do Estado no sentido de não afetar uma situação jurídica titulada por todos que têm direito ao ambiente ecologicamente equilibrado. Por isso, o que é devido pelo Estado é a omissão de afetar a qualidade de vida das pessoas de uma determinada comunidade como, por exemplo, não autorizar a instalação de um parque industrial em uma determinada área de preservação ambiental. Na terceira hipótese, o direito ao ambiente realiza-se com a omissão da eliminação de determinadas posições fundamentais jurídicas do titular do direito fundamental.

O que isso significa é que o direito ao ambiente, bem de uso comum do povo e essencial à qualidade de vida, impõe ao Estado o dever de não reduzir aqueles posições jurídicas já previstas no ordenamento jurídico constitucional e infraconstitucional. Essa proibição de retrocesso da proteção do ambiente obsta tanto a supressão como o esvaziamento das normas constitucionais ou infraconstitucionais que consolidam posições jurídicas relativas ao direito fundamental ao ambiente. Aliás, nesse sentido, pode-se afirmar, com base na norma do art. 1°, III, da Constituição, segundo a qual o Estado democrático de direito brasileiro tem como fundamento a dignidade da pessoa humana, e no fato de que o direito ao ambiente é direito fundamental, que as normas constitucionais relativas à proteção do ambiente estão cobertas pelo art. 60, § 4°, da Constituição, que veda proposta de emenda constitucional tendente a abolir direitos e garantias individuais. Assim, pode ser formulado o enunciado no sentido de que será inconstitucional a sobrevinda de norma constitucional que suprimir ou esvaziar qualquer das normas hoje existentes na ordem constitucional para a proteção do ambiente. Nesse sentido, por exemplo, seria inconstitucional a norma constitucional supressora do art. 5°, LXXIII, quanto ao cabimento de ação popular para anular ato lesivo ao ambiente, bem como a norma constitucional que suprimir a exigência de estudo prévio de impacto ambiental para instalação de obra ou atividade potencialmente causadora de significativa degradação ao ambiente, contida no art. 225, § 1°, IV, da Constituição.[103] A proibição de retrocesso faz-se sentir mais incisivamente diante do legisla-

---

[103] O Supremo Tribunal Federal declarou inconstitucional norma da Constituição do Estado de Santa Catarina que dispensava realização do estudo prévio de impacto ambiental em área de preservação ambiental [Cf. STF. ADIn 1.086-7/SC. j. 01 ago. 1994. *Revista de Direito Ambiental*, São Paulo, n. 2, p. 200-201, abr./jun., 1996].

dor infraconstitucional, vedando a dação legislativa ordinária implicativa de redução substancial de posições jurídicas já solidificadas no ordenamento jurídico. Se considerados os direitos à organização e ao procedimento e, muito especialmente, o direito de participação e o direito de informação, está proibido ao legislador infraconstitucional suprimir, sem a indicação do substituto adequado, o órgão estatal encarregado de fiscalizar o licenciamento ambiental, bem como a supressão da norma que assegura a publicização e a realização de audiência pública nos procedimentos administrativos de licenciamento ambiental da instalação de obra ou atividade potencialmente causadora de significativa degradação ao ambiente.

Por outro lado, como direito a algo, o direito fundamental ao ambiente tem como objeto ações positivas que se deixam apresentar como ações fácticas e ações normativas. Na primeira hipótese, o direito fundamental ao ambiente se realiza com a prestação material de um fato. Aqui, independentemente da existência de normas jurídicas que fundamentam a sua prática, o que releva é a satisfação do direito ao ambiente pela própria prestação material. Se para a recuperação de uma determinada área, o direito fundamental ao ambiente ecologicamente equilibrado exige que sejam praticadas as ações materiais *a*, *b* e *c*, então a satisfação desse direito se dará com o cumprimento das prestações *a*, *b* e *c*. Na segunda hipótese, o direito fundamental ao ambiente realiza-se na medida em que são concebidas normas jurídicas com o objetivo de assegurar a todos um ambiente sadio e ecologicamente equilibrado.[104]

---

[104] Na legislação nacional brasileira sobre o direito ao ambiente, destaca-se a Lei 6.938/81, que dispõe sobre a política nacional do ambiente; a Resolução 01/86 do Conselho Nacional do Meio Ambiente, que dispõe sobre os critérios básicos e as diretrizes gerais para o relatório de impacto ambiental; a Resolução 09/87 do Conselho Nacional do Meio Ambiente, que dispõe sobre audiências públicas; a Lei 9.605/98, que dispõe sobre as sanções penais e administrativas derivadas de condutas e atividades lesivas ao ambiente, afora normalização específica a respeito da fauna, política urbana, flora, unidades de conservação, recursos hídricos, resíduos sólidos, agrotóxicos, transporte de cargas perigosas, educação mineral, mineração, poluição atmosférica, poluição sonora, patrimônio genético, biodiversidade e organismos geneticamente modificados, patrimônio cultural e zoneamento. A legislação ambiental tende a ser abundante, anotando-se que isso não é característica exclusiva do direito ambiental brasileiro. Para se ter uma idéia, a recente Coletânea de Legislação Ambiental publicada pela Procuradoria-Geral de Justiça do Ministério Público do Estado do Rio Grande do Sul é apresentada em volume de 1.320 páginas [Cf. RIO GRANDE DO SUL, Ministério Público. *Coletânea de Legislação Ambiental*. Porto Alegre: Procuradoria-Geral de Justiça, 2003]. É interessante observar que nessa coletânea está reunida somente a legislação nacional e a legislação do Estado do Rio Grande do Sul, estando excluídas as legislações respectivas dos outros Estados brasileiros, bem como de todos os municípios do Brasil que eventualmente tenham produzido legislação sobre a matéria ambiental. Para se verificar que abundância legislativa em matéria ambiental não é exclusividade brasileira, veja-se o *Codice dell'Ambiente* italiano que é apresentado em um volume com 2.656 páginas [Cf. MAGLIA, Stefano; SANTOLOCI, Maurizio. *Il Códice dell'Ambiente*. Piacenza: Casa Editrice la Tribuna, 2000], muito embora nele se achem inseridos alguns comentos de doutrina e também algumas decisões da jurisprudência sobre o tema. Essa "poluição normativa" em matéria ambiental, não passa despercebida, sugerindo-se que o momento é de uma pausa na proliferação regulamentadora no direito do ambiente para se cuidar de sua maior efetividade [Cf. RANGEL, *Concertação...*, p. 16].

Acolher-se à concepção do direito fundamental ao ambiente como um direito a algo tem como conseqüência o reconhecimento de que o direito ao ambiente é um direito a prestação, justificando-se a análise de sua configuração tríplice.

1.6. A TRÍPLICE DIVISÃO DOS DIREITOS A PRESTAÇÕES

A concepção do direito fundamental ao ambiente como um direito a algo tem como conseqüência o reconhecimento de que o direito ao ambiente é um direito a prestação, devendo, a partir disso, verificar-se qual é o conteúdo dessa prestação. Entender-se o direito fundamental ao ambiente como direito a prestações requer a pré-compreensão de uma configuração tríplice dos direitos fundamentais a prestações.

O que se propõe é que o conceito de direito a prestações deve ser entendido em sentido amplo. Assim, todo direito a algo é um direito a um ato positivo, isto é, todo direito a uma ação do Estado é um direito a prestações. Desse modo, o direito a prestações é a contrapartida exata do direito de defesa, pois este é um direito a uma ação negativa do Estado, isto é, um direito a uma omissão por parte do Estado. Em razão disso, a escala de ações positivas do Estado que podem ser objeto de um direito a prestações vai desde a proteção do indivíduo frente aos outros indivíduos por meio de normas de Direito penal, passando pela edição de normas de organização e de procedimento, até as prestações em dinheiro e outros bens.[105]

Essa tríplice divisão pode ser demonstrada quando se analisa a estrutura do direito fundamental ao ambiente, que difere das posições fundamentais jurídicas de liberdade e de competência. Segundo Alexy, o direito fundamental ao ambiente corresponde bem à idéia de "direito fundamental como um todo", pois é constituído por um conjunto de posições fundamentais jurídicas de tipos bem diferentes. Assim, quem propõe o estabelecimento de um direito fundamental ao ambiente ou sua vinculação interpretativa à disposição de direito fundamental já existente pode, por exemplo, incluir nesse feixe de posições jurídicas um direito a que o Estado omita determinadas intervenções no ambiente (direito de defesa); um direito a que o Estado proteja o titular do direito fundamental frente à intervenção de terceiros lesiva ao ambiente (direito à proteção); um direito a que o Estado permita ao titular do direito fundamental ao ambiente participar em procedimentos relevantes para o ambiente (direito ao procedimento); e um direito a que o próprio Estado realize medidas fácticas tendentes a melhorar o

---

[105] Cf. ALEXY, *Teoria de los derechos...*, p. 427.

ambiente (direito à prestação fáctica).[106] É conveniente observar que essas posições fundamentais jurídicas podem referir-se tanto a direitos *prima facie* como a direitos definitivos.

Essa configuração permite compreender que os direitos a prestações não se resumem aos direitos a prestações fácticas, as quais são apenas um tipo de direito à prestação. A proposição desta investigação é que as prestações dos direitos a prestações sejam compreendidas em um sentido amplo. Assim, os direitos a prestações em sentido amplo podem ser divididos em três grupos: *i*) direitos à proteção; *ii*) direitos à organização e ao procedimento; e *iii*) direitos a prestações em sentido estrito.[107]

Nessa medida, porque as prestações devem ser consideradas em sentido amplo, o direito ao ambiente é um direito a prestação em sentido amplo. Desse modo, o direito fundamental ao ambiente configura direito à proteção, direito à organização e ao procedimento e direito à prestação em sentido estrito, resultando um direito a que o Estado proteja todos que têm direito ao ambiente ecologicamente equilibrado contra a intervenção de terceiros lesiva ao ambiente (direito à proteção); um direito a que o Estado permita a todos que têm direito ao ambiente ecologicamente equilibrado a participação em procedimentos relevantes para o ambiente (direito à organização e ao procedimento); um direito de todos que têm direito ao ambiente ecologicamente equilibrado a que o próprio Estado realize medidas fácticas para a proteção do ambiente. Se assim é, então, deve-se analisar o direito fundamental ao ambiente como um direito à proteção, um direito à organização e ao procedimento e um direito a prestação em sentido estrito.

---

[106] Cf. ALEXY, *Teoria de los derechos...*, p. 429.
[107] Cf. Ibidem, p. 430.

2. O direito à proteção do ambiente

2.1. O DIREITO À PROTEÇÃO DO AMBIENTE

O direito à proteção do ambiente é o direito do qual são titulares todos aqueles que têm direito ao ambiente ecologicamente equilibrado frente ao Estado no sentido de que este os proteja contra as intervenções de terceiros lesivas ao ambiente. Trata-se de direito a que o Estado realize ações positivas fácticas ou jurídicas no sentido da delimitação da esfera jurídica de atuação de terceiros sujeitos de direitos. É em atenção à realização do direito à proteção do ambiente que se acha o Estado racionalmente justificado a normalizar condutas e atividades lesivas ao ambiente como crimes ambientais ou como infrações administrativas, cominando sanções penais e administrativas. O mesmo se pode afirmar em relação às limitações que o Estado impõe ao direito de propriedade, pois incumbe ao Estado o dever de adotar medidas positivas para assegurar de forma efetiva o desfrute do ambiente sadio e ecologicamente equilibrado.

Esse dever geral é decorrente do fato de que não é lícito ao Estado permitir comportamentos de terceiros lesivos ao direito fundamental ao ambiente. Quando o Estado deixa de proibir determinada conduta ou quando permite a instalação de uma indústria, eventual lesão ao ambiente pode-lhe ser imputada, seja porque não foi proibida, seja porque foi permitida e até mesmo autorizada pelo Estado. O Estado autorizar a instalação de uma indústria potencialmente causadora de significativa degradação ambiental tem a conseqüência de que está permitida a prática de ato lesivo ao ambiente e à qualidade de vida dos indivíduos e, isso pode ser atribuído ao Estado.

A realização do direito à proteção do ambiente pode ocorrer de vários modos como, por exemplo, pela imposição de normas penais, de normas procedimentais, de normas e atos administrativos e, inclusive, pela atuação concreta dos órgãos estatais. Assim, por exemplo, o Direito penal ambiental, o Direito administrativo sancionador e a normalização que configura a função ambiental da propriedade constituem alternativas de realização do

Direito Fundamental ao Ambiente

direito à proteção do ambiente. Se o direito à proteção consiste em que o Estado proteja o ambiente contra as intervenções lesivas, a dação de normas penais e de normas administrativas proibitivas de comportamentos e de atividades alcança exatamente esse objetivo. As condutas passíveis de tipicidade penal e administrativa, sujeitas, portanto, a sanções penais e administrativas, assim como os comportamentos negativos exigidos pela função ambiental da propriedade, não constituem senão alternativas de que se utiliza o Estado para, proibindo ações, proteger o ambiente.

2.2. O DIREITO PENAL AMBIENTAL

O Direito do ambiente é abundante na imposição de condutas e de restrições de comportamentos pela fixação de sanções. A imposição de condutas e a restrição de comportamentos são manifestações do Estado em direção ao cumprimento do dever de proteção ao ambiente. A correspondência entre a imposição normativa de sanções penais e os comportamentos lesivos ou potencialmente lesivos ao ambiente é uma forma de realização do direito à proteção do ambiente.

Segundo Kelsen, uma conduta somente pode ser considerada como prescrita na medida em que a conduta oposta é pressuposto de uma sanção. Isso significa que a ordem jurídica prescreve uma conduta pelo fato de estatuir como devida uma sanção para a hipótese da conduta oposta e, assim, que a conduta condicionante da sanção é proibida e a conduta oposta é prescrita.[108] Portanto, quando o art. 54 da Lei 9.605/98 estabelece a pena de um a quatro anos de reclusão e multa para a conduta de "causar poluição de qualquer natureza em níveis tais que resultem ou possam resultar em danos à saúde humana, ou que provoquem a mortandade de animais ou a destruição significativa da flora", essa conduta é proibida, e a conduta oposta é devida. É esse o raciocínio que deve ser aplicado em relação a todos os tipos normativos penais e administrativos previstos na Lei 9.605/98, que dispõe sobre as sanções penais e administrativas derivadas de condutas e atividades lesivas ao ambiente, bem como no restante ordenamento jurídico em matéria ambiental.

É nesse sentido que o Direito penal serve para a proteção de bens jurídicos, e então, para a proteção do ambiente. Para isso, sem embargo, é necessário que o ambiente seja considerado como bem jurídico-penal e que, além disso, goze de uma proteção penal "autônoma", a despeito das múltiplas formulações desse bem jurídico, como o aproveitamento do ambiente,

---

[108] Cf. KELSEN, Hans. *Teoria pura do direito.* Tradução de João Batista Machado. São Paulo: Martins Fontes, 2000, p. 27.

a integridade do ambiente, a exploração racional dos recursos naturais, a conservação do sistema ecológico, ou de suas múltiplas manifestações concretas como a água, o solo, o ar, as plantas, etc.[109] O que se pode dizer é que a normalização penal ambiental pressupõe o abandono da concepção de que as alterações do ambiente não vão além de outros modos de lesão a outros bens jurídicos, pois, se isso fosse, não teria sentido criarem-se tipos penais especiais para a proteção desses bens jurídicos específicos (vida ou saúde), na medida em que eles já estariam protegidos pelas respectivas normas específicas.[110] O primeiro passo nesse sentido é o reconhecimento quase unânime de que a estabilidade do meio natural constitui um bem jurídico merecedor e necessitado de proteção penal, é dizer, um bem jurídico-penal em função dos princípios de merecimento da pena e necessidade da pena.[111] Para isso é necessário admitir-se que o bem ambiental deve receber uma configuração autônoma como bem jurídico-penal, desvinculada dos bens jurídicos do Direito penal clássico, ou seja, daqueles interesses individuais e coletivos funcionais do Direito penal liberal, com a vida, a saúde individual, o patrimônio, a saúde pública ou as faculdades administrativas.

O bem jurídico ambiental não pode ser concebido sob uma visão fragmentada e estática que não considere as relações internas e externas existentes entre os diferentes subsistemas naturais – água, ar, solo, flora e fauna – bem como aqueles que se verificam entre estes e os demais sistemas não-naturais – sociocultural, econômico, político. A denominada "teoria pessoal do bem jurídico", segundo a qual as lesões ao ambiente somente devem ser punidas quando também restarem afetados os interesses individuais subjacentes ao bem coletivo, além de antropocêntrica ao extremo, revela-se insuficiente para a proteção do ambiente em decorrência de sua incapacidade para demonstrar as relações causais concretas, podendo-se chegar à conclusão de que o lançamento de resíduos tóxicos no rio somente poderia configurar crime ambiental se resultasse dano individual à pessoa, não obstante sua danosidade social intensa.[112] Também se revela insuficien-

---

[109] Cf. PORTO, Teresa Manso. La consumación en los delitos contra el médio ambiente: comparación de los modelos colombiano, español y aleman. In: LYNETT, Eduardo Montealegre. (Coord.). *El Funcionalismo en derecho penal*. Bogotá: Universidad Externado de Colombia, 2003, p. 448.

[110] Cf. Ibidem, p. 448. Mesmo sem apresentar um detalhamento mais apurado, Freitas e Freitas assentam que a investigação a respeito do bem jurídico protegido pelo tipo penal deve ser analisada sob a perspectiva sociológica e constitucional das razões que levaram o legislador a tipificar determinadas condutas e que, na hipótese dos crimes ambientais, o bem protegido "é o meio ambiente em toda sua ampliação, na abrangência do conjunto" [Cf. FREITAS, Vladimir Passos de; FREITAS, Gilberto Passos de. *Crimes contra a natureza*. São Paulo: Revista dos Tribunais, 2001, p. 39].

[111] Cf. CARO CORIA, Dino Carlos. Pressupostos para la delimitación del bien jurídico-penal en los delitos contra el ambiente. *Revista Ibero-Americana de Ciências Penais*, Porto Alegre, n. 1, p. 267-287, set./dez., 2000, p. 268.

[112] Cf. Ibidem, p. 272.

Direito Fundamental ao Ambiente

te a vinculação da proteção ao ambiente com a noção de saúde pública, pois as questões ambientais, não obstante tenham muitos aspectos comuns com a saúde pública, distinguem-se quanto ao grau de especificidade.[113] Igualmente é insuficiente a identificação do bem jurídico ambiental como bem jurídico socioeconômico que abarca todas as condições para o desenvolvimento da pessoa em seus aspectos sociais e econômicos. Trata-se de uma concepção antropocêntrica extremada que poderia excluir da proteção as formas de vida – fauna e flora – como valores em si, portanto, alheias à lente socioeconômica.[114] Outra tentativa de explicar o bem jurídico penal a ser rejeitada, segundo Caro Coria, é a que considera o bem jurídico protegido não como valores ambientais em si, mas como "faculdades da administração na ordenação e tutela desses valores". Nesse modelo, os delitos penais que protegem o ambiente não estão estruturados como tipo de perigo relativo ao bem jurídico ambiental, mas como delitos de efetiva lesão do interesse institucional em que se cumpra o conteúdo das disposições normativas ambientais. Contrariamente a essa concepção de um funcionalismo extremado, observa-se que o Direito penal do ambiente não persegue apenas a proteção das normas administrativas, os fins governamentais, a distribuição e a organização dos recursos naturais, mas também os elementos biológicos que constituem o "invólucro" natural dentro do qual se desenvolve a vida das pessoas.[115]

A alternativa a essas concepções está em formular o conteúdo do ambiente como bem jurídico autônomo material e formalmente. Para isso, deve-se pressupor uma "noção intermediária" do ambiente, consistente em deduzir o conteúdo do ambiente a partir da conformação que lhe der a ordem constitucional e os fundamentos da ecologia, ou seja, o ambiente natural – água, ar, solo, flora e fauna – deve ser considerado em sua relação com a vida humana.[116] Assim, a proteção do ambiente consiste na manutenção das propriedades do solo, do ar, e da água, assim como da fauna e da flora e das condições de desenvolvimento dessas espécies, de tal forma que o sistema ecológico se mantenha em seus sistemas subordinados e não sofra altera-

---

[113] Cf. ARO CORIA. Pressupostos ..., p. 273. Segundo Terradillos Basoco, o Código Penal espanhol dota de autonomia o bem jurídico ambiental, resultando a afetação da saúde das pessoas como agravante [Cf. TERRADILHOS BASACO, Juan. Delitos relativos a la protección del patrimonio histórico y del medio ambiente. In: TERRADILHOS BASACO, Juan (Ed.). *Derecho penal del ambiente*. Madrid: Editorial Trotta, 1997, p. 35-57, p. 43].

[114] Cf. Ibidem, p. 274-275.

[115] Cf. Ibidem, p. 277.

[116] Cf. Ibidem, p. 282. Essa concepção, preferida atualmente pela doutrina penal e processual, tem grande aceitação na doutrina espanhola, italiana e alemã. Segundo Silva Sánchez, o ambiente aparece no art. 45 da Constituição espanhola em um contexto claramente antropocêntrico e personalista, pois é concebido como um "direito" dos cidadãos e como um "meio para o desenvolvimento da pessoa" [Cf. SILVA SÁNCHES, Jesús-María. *Delitos contra el medio ambiente*. Valência: Tirant lo Blanch. 1999, p. 18].

ções prejudiciais.[117] Isso apresentado, pode-se ir mais além, uma vez considerados três aspectos fundamentais. Em primeiro lugar, deve-se considerar que sendo o ambiente um bem coletivo,[118] sua proteção deve observar uma ponderação de interesses, notadamente porque haverá sempre conflito entre os interesses individuais e sociais relativos à conservação do ambiente, por um lado, e o direito de liberdade da empresa poluidora e do desenvolvimento econômico, tecnológico e industrial, por outro lado. Em segundo lugar, deve-se levar em conta a noção ambiental de risco permitido. Isso significa que na concretização da noção de bem jurídico e no processo de tipificação os critérios fundamentais previstos na Constituição e nas normas de Direito administrativo devem ser considerados.[119] Em terceiro lugar, deve-se recorrer à concepção dos denominados "delitos com bem jurídico intermediário espiritualizado" ou "delitos que lesionam um objeto com função representativa". Como esclarece Caro Coria, a proteção do bem jurídico-penal estabilidade do ecossistema seria inútil se todos os tipos penais contemplassem diretamente a lesão ou o perigo de dito bem, pois tal ponto de partida obrigaria a criminalizar condutas o suficientemente graves para isso, é dizer, as catastróficas, o que somente se lograria tipificando condutas omnicompreensivas, incertas ou vagas. Como isso não é admissível nem do ponto de vista de política criminal, nem sob o enfoque do princípio da legalidade, deve-se recorrer à tipificação dos comportamentos em relação com bens intermediários, ou seja, por intermédio daqueles objetos que em sua interação permitem a estabilidade do ecossistema: o ar, a água, o solo, a flora e a fauna.[120]

O marco referencial da proteção do ambiente pela normalização penal de condutas, no âmbito da ordem jurídica brasileira, deve ser remetido à Lei 9.605/98, não obstante o fato de que legislação anterior já definia crimes pela prática de ações e atividades lesivas ao ambiente.[121] A realização do direito à proteção do ambiente pela dação de normas penais na ordem infraconstitucional brasileira está reforçada pela norma constitucional, man-

---

[117] Cf. CARO CORIA, op. cit., p. 283.

[118] Cf. ALEXY, El concepto..., p. 188.

[119] Cf. CARO CORIA, Pressupostos..., p. 285.

[120] Cf. Ibidem, p. 286.

[121] Segundo apanhado da evolução histórica da legislação penal ambiental, o Código Criminal de 1830 tipificava como crime o corte ilegal de madeiras. No século passado, o Código Florestal de 1934 tratou do assunto, separando as infrações penais em crimes e contravenções. O Código Penal de 1940 disciplinou alguns tipos que já constavam do Código Florestal. O Código de Caça de 1943, igualmente, trouxe a definição de crimes a respeito do tema. Na década de sessenta, deu-se um incremento significativo na normalização penal de condutas em matéria relacionada ao ambiente. Assim, o novo Código Florestal, Lei 4.771/65, a Lei de Proteção à Fauna, Lei 5.197/67, e o Código de Pesca, Decreto-lei 221/67. Posteriormente, a Lei 7.653/88 trouxe novas configurações em matéria penal ambiental relativa à fauna e à pesca. A Lei 7.802/89 tratou dos crimes relacionados aos agrotóxicos e a Lei 7.804/89 cuidou do crime de poluição sob qualquer forma [Cf. FREITAS, V.; FREITAS, G. Crimes..., p. 27-28].

Direito Fundamental ao Ambiente

damento expresso de criminalização,[122] segundo a qual as condutas e atividades consideradas lesivas ao ambiente sujeitam os infratores, pessoas físicas ou pessoas jurídicas, a sanções penais e administrativas, independentemente da obrigação de reparar os danos causados ao ambiente, conforme o art. 225, § 3º, da Constituição.

A tipificação de condutas e atividades como crimes ambientais representa inequívoca manifestação da dimensão objetiva do direito fundamental ao ambiente sadio e ecologicamente equilibrado. No ordenamento infraconstitucional brasileiro, a conformação do legislador ordinário em matéria de crimes contra o ambiente deve ser remetida para as condutas e atividades tipificadas pela Lei 9.605/98. Contudo, isso não significa que todos os crimes ambientais rastreáveis no ordenamento jurídico se reduzem aos previstos nessa normalização. Não obstante a opinião de que todos os crimes e as contravenções ambientais previstos no Código Penal e leis extravagantes tenham sido revogados pela lei dos crimes ambientais,[123] o correto é que outros crimes e contravenções penais podem ser incluídos no catálogo dos crimes ambientais.[124]

A sistematização dada pela Lei 9.605/98 dos crimes contra o ambiente dispõe os tipos normativos em cinco grupos: *i*) crimes contra a fauna (arts. 29 a 37); *ii*) crimes contra a flora (arts. 38 a 53); *iii*) crimes de poluição (art. 54) e outros crimes ambientais (arts. 55, 56, 60 e 61); *iv*) crimes contra o

---

[122] Segundo Caro Coria, referindo-se ao art. 45, alínea 3, da Constituição espanhola, [Cf CARO CORIA, Pressupostos..., p. 270], que apresenta redação semelhante à contida no art. 225, § 3º, da Constituição brasileira.

[123] Cf. AFONSO DA SILVA, José. *Direito ambiental constitucional*. São Paulo: Malheiros, 2002, p. 306.

[124] Segundo Antunes, o Código Penal prevê alguns crimes cuja objetividade jurídica de proteção guarda relação aproximada com o ambiente, como o incêndio criminoso em floresta (art. 250, § 1º, II, h); incêndio culposo em floresta (art. 250, § 2º); dano em floresta particular (art. 163), entre outros. Na Lei de Contravenções Penais, remanescem as contravenções penais em matéria ambiental de arremesso ou colocação perigosa (art. 37) e de perturbação do trabalho ou sossego alheios (art. 42). No âmbito da legislação especial, o Código Florestal, instituído pela Lei 4.771/65, teve a maioria de seus tipos de contravenções penais revogados ou ab-rogados pela Lei 9.605/98, permanecendo em vigor apenas as contravenções de "fazer fogo, por qualquer modo, em florestas e demais formas de vegetação, sem tomar as precauções adequadas" (art. 26, alínea a); "deixar de restituir à autoridade licenças extintas pelo decurso do prazo ou pela entrega ao consumidor dos produtos precedentes de florestas" (art. 26, alínea j); "empregar, como combustível, produtos florestais ou hulha, sem uso do dispositivo que impeça a difusão de fagulhas, suscetíveis de provocar incêndio nas florestas" (art. 26 alínea *l*); e "soltar animais ou não tomar precauções necessárias para que animal de sua propriedade penetre em florestas sujeitas a regime especial" (art. 26, alínea *m*). Da Lei 6.453/77, que prevê crimes nucleares, remanescem os crimes de "transmitir ilicitamente informações sigilosas, concernentes à energia nuclear" (art. 23), "deixar de observar as normas de segurança ou de proteção relativas à instalação nuclear ou ao uso, transporte, posse e guarda de material nuclear, expondo a perigo a vida, a integridade física ou o patrimônio de outrem" (art. 26) e "impedir ou dificultar o funcionamento de instalação nuclear ou o transporte de material nuclear" (art. 27). Igualmente, os crimes definidos na Lei 6.766/79, que trata do parcelamento do solo urbano, guardam direta relação com a proteção do ambiente [Cf. ANTUNES, Paulo de Bessa. *Direito ambiental*. Rio de Janeiro: Lumen Juris, 2002, p. 691-697]. No mesmo sentido, Milaré alerta que a Lei 9.605/98 não encerra todas as infrações penais contra o ambiente [Cf. MILARÉ, Edis. *Direito do ambiente*. São Paulo: Revista dos Tribunais, 2001, p. 444].

ordenamento urbano e o patrimônio cultural (arts. 62 a 65); e *v*) crimes contra a administração ambiental (arts. 66 a 69). Em relação a esse modelo de condutas típicas, a normalização penal-ambiental base da Lei 9.605/98 traz a previsão de penas privativas de liberdade para pessoas físicas autoras de crimes ambientais, bem como de penas restritivas de direitos e de multa.[125]

Evidencia-se, assim, que a configuração de condutas como fatos típicos passíveis de sanção penal representa manifestação de realização do direito à proteção do ambiente. Em primeiro lugar, deve-se considerar que o direito ao ambiente ecologicamente equilibrado é um direito fundamental positivado na ordem constitucional brasileira, resultando para o Estado o dever objetivo de protegê-lo. Em segundo lugar, a dação de normas para a configuração da responsabilidade penal em matéria ambiental é uma manifestação do Estado no sentido da realização do direito à proteção do ambiente. Se isso está correto, então, qualquer decisão judicial que venha a se afastar da configuração de um crime ambiental, quando a situação concreta recomendar o contrário, terá como conseqüência a negativa de realização do direito fundamental à proteção do ambiente. É exatamente isso o que ocorre quando, deixando-se de considerar a integridade ambiental como bem coletivo, acolhe-se o princípio da insignificância para se negar a caracterização de crimes ambientais. Com base em critérios atuais e particularizados, sem a consideração do ambiente como um bem coletivo, algumas decisões judiciais acolhem o princípio da insignificância a partir, por exemplo, do número de árvores cortadas ou de animais mortos, isso servindo para avaliação da dimensão do dano ao direito fundamental ao ambiente. Conforme a jurisprudência do Tribunal Regional Federal da 3ª Região, entendeu-se que "a posse de apenas 3 (três) aves não causa dano considerável ao meio ambiente, à sociedade e tampouco ofende o ordenamento jurídico", sendo aplicável o princípio da insignificância "para absolver o réu". Em outra decisão, o Tribunal Regional Federal da 5ª Região entendeu que o

---

[125] As penas privativas de liberdade serão substituídas pelas restritivas de direitos quando: *i*) tratar-se de crime culposo ou for aplicada a pena privativa de liberdade inferior a quatro anos; *ii*) a culpabilidade, os antecedentes, a conduta social e a personalidade do condenado, e também os motivos do crime indicarem que a substituição é suficiente para efeitos de reprovação e prevenção do crime (art. 7º, I e II). As penas restritivas de direitos são (art. 8º): *i*) prestação de serviços à comunidade, consistente na execução de tarefas gratuitas junto a parques, jardins públicos e unidades de conservação e, no caso de dano a coisa particular, pública ou tombada, a restauração, caso possível (art. 9º); *ii*) interdição temporária de direitos, consistente na proibição de o condenado contratar com o poder público, receber incentivos fiscais ou quaisquer outros benefícios, bem como participar de licitações, pelo prazo de cinco anos em caso de ter praticado crime doloso e pelo prazo de três anos em caso de ter praticado crime culposo (art. 10); *iii*) suspensão parcial ou total de atividades, quando elas não estiverem atendendo as prescrições legais (art. 11); *iv*) prestação pecuniária, consistente no pagamento em dinheiro à vítima ou entidade pública ou privada com fim social, de importância, a ser fixada pelo juiz entre valor não inferior a um salário mínimo e tampouco superior a trezentos e sessenta salários mínimos (art. 12); *v*) recolhimento domiciliar (art. 13).

Direito Fundamental ao Ambiente

"direito penal não deve se preocupar com ações insignificantes que, pela sua natureza, não causam dano ao bem jurídico tutelado" e que o bem jurídico protegido pela lei que proíbe a caça e a comercialização da fauna silvestre, sem autorização administrativa, somente é atingido quando a ação praticada pelo homem tem capacidade de produzir dano. A partir dessa argumentação, acolhendo o princípio da insignificância, o Tribunal concluiu que a comercialização de 17 borboletas não era conduta significativamente lesiva ao ambiente.[126] O problema dessas decisões não está em acolher o princípio da insignificância, principalmente porque também o princípio da proporcionalidade deve ser considerado,[127] mas na ausência de adequada pré-compreensão do direito fundamental ao ambiente. Os bens jurídicos ambientais que constituem objeto de proteção pela via do Direito penal ambiental não devem ser tomados de modo fragmentado, mas inseridos em uma concepção de um bem coletivo que é a integridade ambiental.

2.3. O DIREITO ADMINISTRATIVO SANCIONADOR AMBIENTAL

Uma das mais importantes alternativas de realização do direito à proteção do ambiente manifesta-se pela normalização do Direito administrativo sancionador,[128] isto é, pela dação legislativa de normas descritivas de infrações administrativas a que correspondem sanções administrativas. Não é por outra razão que Osório destaca a relevância de um sólido direito sancionador ambiental por meio do qual o Estado pode "castigar comportamentos que afetem o direito fundamental ao ambiente ecologicamente equilibrado".[129] O que isso significa é que o Estado alcança proteção ao ambiente e, desse modo, realiza o direito fundamental ao ambiente na medida em que se vale do Direito administrativo sancionador para impedir que terceiros pratiquem comportamentos lesivos a esse direito fundamental.

O modelo do Direito administrativo sancionador ambiental brasileiro é construído a partir da normalização de infrações e sanções administrativas posta pela União, Estados e Municípios. Conforme a divisão de competência legislativa em matéria ambiental prevista na Constituição, a União tem

---

[126] Citado por LEITE, José Rubens Morato; AYALA, Patrick de Araújo. *Direito ambiental na sociedade de risco*. Rio de Janeiro: Forense Universitária, 2002, p. 191-192.

[127] Em boa medida, isso pode ser resolvido como uma questão de ponderação de princípios. A respeito dos critérios racionalmente controláveis de uma ponderação de princípios, ver item 3.2, Capítulo IV.

[128] Sobre o Direito administrativo sancionador, ver NIETO, Alejandro. *Derecho administrativo sancionador*. Madrid: Tecnos, 1994; OSÓRIO, Fábio Medina. *Direito administrativo sancionador*. São Paulo: Revista dos Tribunais, 2000.

[129] Cf. OSÓRIO, Fábio Medina. O conceito de sanção administrativa no direito brasileiro. In: MOREIRA NETO, Diogo de Figueiredo (Coord.). *Uma avaliação das tendências contemporâneas do direito administrativo*. Rio de Janeiro: Renovar, 2003, p. 319.

competência para estabelecer normas gerais (art. 24. § 1°) sobre o ambiente (art. 24, VI) e sobre a proteção ao patrimônio histórico, cultural, artístico, turístico e paisagístico (art. 24, VII), cabendo aos Estados (art. 24, § 2°) e Municípios a competência suplementar (art. 30, II). Na hipótese de inexistência da norma geral, a competência do Estado é plena para legislar sobre a matéria (art. 24, § 3°). A conseqüência dessa opção é que as infrações e sanções administrativas do Direito administrativo sancionador ambiental brasileiro não se reduzem à normalização da Lei 9.605/65 e do Decreto 3.179/99, incluindo também outras configuradas nas legislações estaduais e municipais brasileiras.[130] A análise de alguns aspectos da normalização nacional será suficiente para demonstrar a realização do direito à proteção do ambiente por intermédio do Direito administrativo sancionador.

O ponto de partida é a norma que preconiza consistir infração administrativa toda ação ou omissão violadora das regras jurídicas de uso, gozo, promoção, proteção e recuperação do ambiente, conforme o art. 70, *caput*, da Lei 9.605/98.[131] Além disso, o Decreto 3.179/99, que dispõe sobre a especificação das sanções aplicáveis às condutas e atividades lesivas ao ambiente, apresenta um catálogo de infrações administrativas ambientais, seguindo o mesmo modelo dos crimes ambientais trazidos pela Lei 9.605/98, é dizer: *i*) infrações administrativas contra a fauna (arts. 11 a 24); *ii*) infrações administrativas contra a flora (arts. 25 a 40); *iii*) infrações administrativas relativas à poluição e outras infrações ambientais (arts. 41 a 48); *iv*) infrações administrativas contra o ordenamento urbano e patrimônio cultural (arts. 49 a 52); *v*) infrações administrativas contra a administração ambiental (arts. 53 a 59). Uma análise combinada da Lei 9.605/98 e do Decreto 3.137/99 permite concluir que a grande maioria das infrações administrativas ambientais constitui, também, crimes ambientais.

A essas infrações administrativas ambientais são cominadas sanções administrativas de advertência, multa simples, multa diária, apreensão dos animais, produtos e subprodutos da fauna e flora, instrumentos, petrechos, equipamentos ou veículos de qualquer natureza utilizados na infração, destruição ou utilização do produto, suspensão de venda e fabricação do produto, embargo de obra ou atividade, demolição de obra, suspensão parcial ou total de atividades, restrição de direitos, essa última consistente em suspensão de registro, licença ou autorização, cancelamento de registro, licen-

---

[130] Essa particularidade do Direito administrativo sancionador ambiental não se estende ao Direito penal, pois em matéria penal a competência legislativa é privativa da União. Por essa razão, a legislação penal ambiental da Lei 9.605/98 e de qualquer outra lei nacional não pode ser suplementada pela legislação dos Estados e dos Municípios.

[131] Essa norma é repetida no art. 1° do Decreto 3.179/99, estabelecendo que "toda ação ou omissão que viole as regras jurídicas de uso, gozo, promoção, proteção e recuperação do meio ambiente é considerada infração administrativa ambiental e será punida com as sanções do presente diploma legal, sem prejuízo da aplicação de outras penalidades previstas na legislação".

Direito Fundamental ao Ambiente

ça ou autorização, perda ou restrição de incentivos e benefícios fiscais, perda ou suspensão da participação em linhas de financiamento em estabelecimento oficiais de crédito e proibição de contratar com o poder público pelo período de até três anos (art. 72 da Lei 9.605/98). A respeito, cumpre destacar que a multa simples, que pode ser convertida em serviços de preservação, melhoria e recuperação da qualidade do ambiente, será aplicada quando o agente, por negligência ou dolo, depois de advertido, deixar de sanar as irregularidades apontadas pelo órgão ambiental competente ou opuser embaraço à fiscalização (art. 72, § 3°). Por sua vez, a multa diária deve ser aplicada em face de infração administrativa ambiental que se prolonga no tempo (art. 72, § 5°).[132] De seu lado, o art. 2° do Decreto 3.179/99 traz esse mesmo catálogo de sanções administrativas, acrescentando a sanção administrativa de "reparação dos danos causados" a que o infrator está obrigado independentemente de culpa (art. 2°, XI, § 10). A partir da circunstância de que o art. 72 da Lei 9.605/98 e o art. 2° do Decreto 3.179/99 apresentam um catálogo de sanções administrativas, cumpre esclarecer a que infrações administrativas essas sanções devem ser aplicadas, especialmente se for considerado o fato de que às infrações administrativas tipificadas do art. 11 ao art. 59 do Decreto 3.179/99 é cometida tão-somente a pena de multa. Essa questão se acha resolvida pelo art. 6° do Decreto 3.179/98, no sentido de que a autoridade administrativa aplicará a sanção administrativa de multa e, se for caso, as demais sanções previstas no catálogo, conforme a gravidade do fato para com ambiente, os antecedentes do infrator e sua própria situação econômica.

A respeito desse catálogo de sanções administrativas, é interessante observar que muitas delas não seriam propriamente sanções administrativas no sentido sugerido por Puig, exatamente pela ausência de seu elemento punitivo.[133] É porque se afastam do poder punitivo estatal que as medidas administrativas destinadas a garantir a ordem pública ou medidas dotadas de caráter preventivo ou de acautelamento como, por exemplo, interdição de estabelecimentos, apreensão de produtos e equipamentos, próprias da

---

[132] Segundo o art. 60 do Decreto 3.179/99, a multa simples e a multa diária podem ter a sua exigibilidade suspensa se o infrator, mediante termo de compromisso aprovado pela autoridade competente, obrigar-se à adoção de medidas específicas para fazer cessar ou corrigir a degradação ambiental. Em caso de cumprimento da obrigação assumida, a multa será reduzida em noventa por cento do valor atualizado (art. 90, § 3°).

[133] Cf. PUIG, Manoel Rebollo. El derecho administrativo sancionador. In: MOREIRA NETO, Diogo de Figueiredo (Coord.). *Uma avaliação das tendências contemporâneas do direito administrativo*. Rio de Janeiro: Renovar, 2003, p. 263-313, p. 267. Sem embargo, examinando o quadro geral das principais sanções administrativas do Direito espanhol, Puig refere a existência de sete grandes grupos de sanções, destacando a sanção de multa e, em menor medida, as sanções de confisco, de fechamento de estabelecimentos, de admoestação e publicidade das sanções, de proibição de realizar determinadas atividades privadas, restritivas da capacidade do administrado sancionado (por exemplo, as sanções que impedem o administrado sancionado de contratar com a administração ou de obter subvenções públicas) e as sanções que inabilitam o administrado sancionado de praticar determinadas atividades (p. 297-298).

função ordenadora da administração, não devem ser consideradas como integrantes do universo das sanções do direito administrativo sancionador.[134]

Assim, não seriam propriamente sanções administrativas as medidas administrativas de apreensão de animais, produtos, instrumentos; de demolição de obras; de interdição ou de proibição de atividades e de restrições de direitos como a suspensão de licenças ou autorizações, consideradas como sanções administrativas pelo no art. 72 da Lei 9.605/98. Por isso mesmo, também não se poderia conceber como sanção administrativa a reparação dos danos causados, prevista no art. 2º, XI, § 10, do Decreto 3.179/99.

O problema desse tipo de sanção é que se trata de uma sanção neutra, pois o dever de indenizar o dano ambiental causado existe independentemente da cominação da sanção à infração administrativa cometida. Ademais, além de não impor um "novo mal", esse tipo de sancionamento acaba criando requisitos impróprios e excessivos, em princípio não-exigíveis, como, por exemplo, os requisitos relativos à tipicidade, antijuridicidade, culpabilidade, procedimento sancionador, prescrição, entre outros.[135]

Sobre essa questão, dois aspectos podem ser observados. Em primeiro lugar, deve-se anotar que a normalização infraconstitucional da Lei 9.605/98 e do Decreto 3.179/99, expressamente, faz corresponder às infrações administrativas nela tipificadas essas sanções administrativas, disso resultando que não podem, sem mais, ser excluídas do campo de manifestação do poder punitivo estatal. Na medida em que o legislador infraconstitucional estabeleceu relação de correspondência entre a prática de infrações administrativas e sanções rescisórias, como, por exemplo, as de suspensão ou cancelamento de registro, licença ou autorização para funcionamento, fez integrar em seu âmbito de atuação punitiva a imposição dessas medidas. Em segundo lugar, cumpre observar que essas medidas administrativas configuram instrumentos objetivos de manifestação do Estado em direção à realização do direito fundamental ao ambiente, independentemente de que sejam consideradas como decorrentes da atuação do poder punitivo estatal. O decisivo é que o direito fundamental à proteção do ambiente contra intervenção lesiva de terceiro é realizado a partir da imposição de sanções administrativas a infrações administrativas, devendo-se observar o princípio da proporcionalidade,[136] conforme as circunstâncias do caso concreto.

A tipificação de infrações administrativas ambientais e o corresponde catálogo de sanções administrativas bem evidenciam a possibilidade de se alcançar a realização do direito à proteção do ambiente pela via do Direito

---

[134] Cf. OSÓRIO, Conceito de..., p. 323.
[135] Cf. PUIG, El derecho..., p. 294.
[136] Ver item 4.3.2, Capítulo 4.

Direito Fundamental ao Ambiente

administrativo sancionador. Afora a pena de multa que afeta diretamente o patrimônio do infrator, sanções administrativas como a destruição ou inutilização de produto, a suspensão de venda e fabricação de produto, o embargo de obra ou atividade, a demolição de obra, a suspensão parcial ou total de atividades e a adoção de medidas restritivas de direitos consistem em manifestação estatal no sentido da efetiva proteção do ambiente em face de comportamentos lesivos que podem ser levados a efeito por particulares e também pelos próprios órgãos estatais. Porque a atuação do Direito administrativo sancionador é alternativa de realização do direito fundamental à proteção ambiente, sua concretização pela via da imposição de sanções administrativa está sujeita às condições do caso concreto e, portanto, à aplicação do princípio da proporcionalidade controlável pela motivação apresentada para justificar a decisão tomada. Aliás, não é outra coisa que estabelece a norma do art. 72, *caput,* combinada com a norma do art. 6º, I, II e III, da Lei 9.605/98, disso resultando que a decisão sancionadora, além de ser motivada, deve observar o princípio da individualização e o dever de proporcionalidade entre o comportamento típico, antijurídico e culpável e a sanção imposta.[137] Por isso mesmo, justifica-se o amplo controle jurisdicional sobre a sanção administrativa aplicada, inclusive para reduzi-la, especialmente pela interdição de arbitrariedade dirigida à administração. Em última análise, a questão não deixa de ser resolvida como uma questão de ponderação de princípios.[138]

O reconhecimento de que o Direito administrativo sancionador é alternativa de realização do direito fundamental ao ambiente tem a conseqüência, a partir da própria configuração do direito fundamental como um feixe de posições fundamentais jurídicas, de que podem ser consubstanciadas posições fundamentais jurídicas *prima facie* e definitivas à imposição de sanções administrativas. Desse modo, os titulares do direito fundamental ao ambiente, diante de uma conduta tipificada com infração administrativa, podem pretender em face da administração[139] ou da função jurisdicional a imposição da sanção administrativa cominada pelo ordenamento jurídico àquele comportamento típico.[140]

---

[137] Cf. COSTA, Flávio Dino de Castro e. Da infração administrativa. In: COSTA NETO, Nicolau Dino de Castro e; BELLO FILHO, Ney de Barros; e COSTA, Flávio Dino de Castro e. *Crimes e infrações administrativas ambientais.* Brasília: Brasília Jurídica, 2000, p. 343. Em sentido diverso, quanto à questão da investigação da culpa, merece registro a decisão do Superior Tribunal de Justiça em que se reconheceu a imposição da sanção administrativa de multa fundada na responsabilidade objetiva [Cf. STJ. REsp. 467.212/RJ. j. 15/12/04. Disponível em: http://www.stj.gov.br. Acesso em: 11 maio 2004].

[138] Ver item 3.2, Capítulo 4.

[139] A norma do art. 70, § 2º, da Lei 9.6005/98 estabelece expressamente a possibilidade de qualquer pessoa noticiar aos órgãos competentes a prática de infração administrativa ambiental para fins de apuração da responsabilidade administrativa.

[140] Essa conclusão pressupõe a sugestão de Osório que formula uma nova proposta para conceituar sanção administrativa, incluindo a possibilidade de que também a função jurisdicional pode aplicar sanções administrativas [Cf. OSÓRIO, *Direito administrativo...,* p. 340-341].

2.4. O DIREITO À PROTEÇÃO DO AMBIENTE E A LIMITAÇÃO DO DIREITO DE PROPRIEDADE

O direito fundamental à proteção do ambiente encontra importante alternativa de realização quando se impõe limitação ao direito de propriedade. Se é correto que o art. 153 da Constituição de Weimar já cogitava da noção de que a propriedade obriga, no sentido de que o direito de propriedade deve ser exercido também no interesse coletividade, a consciência ambiental despertada pela desenfreada exploração dos recursos naturais da sociedade industrial moderna tornou isso definitivo. A proteção ao ambiente justifica limites ao exercício do direito de propriedade, mas não apenas isso, na medida em que implica a própria reformulação do direito de propriedade. À função social da propriedade consagrada em nível constitucional,[141] acrescentou-se a função ambiental da propriedade, disso resultando profunda modificação no conteúdo dogmático do direito de propriedade, sobretudo se for considerada sua configuração moldada na codificação oitocentista do art. 544 do Código de Napoleão.[142]

No âmbito do ordenamento jurídico brasileiro, a função ambiental da propriedade encontra fundamentação na Constituição e na legislação infraconstitucional. No nível constitucional, a norma do art. 225, *caput*, dispõe que o poder público e a coletividade são titulares do dever de defender e preservar para as presentes e futuras gerações o ambiente ecologicamente equilibrado. No mesmo nível, a norma do art. 225, § 1°, III, incumbe ao Estado o dever de definir, em todas as unidades federadas, os espaços territoriais e seus componentes a serem especialmente protegidos, sendo vedada qualquer utilização que comprometa a integridade dos atributos

---

[141] A função social da propriedade, em nível constitucional, está reconhecida, por exemplo, pelo art. 14, alínea 2, da Lei Fundamental de Bonn, art. 42 da Constituição italiana de 1948, art. 33 da Constituição espanhola de 1978, tendo constado nas Constituições brasileiras de 1934, de 1946, de 1967 e da Emenda Constitucional de 1969, e, finalmente no art. 5°, XXII e XVIII, e no art. 170, III, da Constituição de 1988. É interessante observar que o art. 58 da Constituição colombiana de 1991, além de reconhecer que "a propriedade é uma função social que acarreta obrigações", acrescenta que "a ela é inerente uma função ecológica". Segundo Derani, a função social da propriedade, que bem representa a passagem do Estado liberal para o Estado social, não é uma "garantia jurídica de estabilização de relações preexistentes", mas "norma impositiva sobre uma relação jurídica garantida" que estabelece "novos deveres e responsabilidades". A norma da função social cria um ônus para o proprietário, que deve atuar de modo a trazer vantagens para a sociedade [Cf. DERANI, Cristiane. A propriedade na Constituição de 1988 e o conteúdo da "função social". *Revista de Direito Ambiental*, São Paulo, n. 27, p. 58-69, jul./set., 2003, p. 59].

[142] Aliás, a propriedade exclusiva e como "direito mais absoluto", consagrado no Código civil francês, não é "a propriedade-conservação, mas sim a propriedade-circulação (que pressupõe a compra, venda, locação, hipoteca) e, dentro em breve, a propriedade-transformação", valendo lembrar que a "verdadeira riqueza procede da transformação: exploração agrícola, fabricação industrial e, dentro em breve, transformação do ser vivo, para o qual se exigirão e obterão patentes consagrando um monopólio de exploração". É, então, sobre o próprio conjunto da natureza que lança a apropriação [Cf. OST, François. *A natureza à margem da lei*. Tradução Joana Chaves. Lisboa: Instituto Piaget, 1995, p. 54].

Direito Fundamental ao Ambiente

65

justificativos da proteção. Nesse ponto, merece destaque a norma do art. 170, III, segundo a qual a ordem econômica, fundada na valorização do trabalho humano e na livre iniciativa, deve obedecer ao princípio da função social da propriedade. Aliás, essa normalização é reforçada pela norma do art. 170, VI, que estabelece que a ordem econômica deve observar também o princípio da defesa do ambiente, "inclusive mediante tratamento diferenciado conforme o impacto ambiental dos produtos e serviços e de seus processos de elaboração e prestação".[143] Especificamente em relação à propriedade urbana, a norma do art. 182, § 2°, dispõe que a propriedade cumpre sua função social quando atende às exigências de ordenação do plano diretor das cidades e, em relação à propriedade rural, a norma do art. 186, I e II, estabelece que a função social é cumprida quando a propriedade atende, segundo os critérios e graus de exigências estabelecidos em lei, os requisitos do aproveitamento racional e adequado e da utilização adequada dos recursos naturais disponíveis e da preservação do ambiente. Em nível infraconstitucional, afora as normas da legislação especial ambiental, como por exemplo, a Lei 4.771/95, que institui o Código Florestal, e a Lei 6.902/81, que dispõe sobre a criação de estações ecológicas e áreas de proteção ambiental, criando deveres ao proprietário, merece destacar-se a norma do art. 1.228, § 1°, do Novo Código Civil, segundo a qual a propriedade deve ser exercida conforme suas finalidades econômicas e sociais e de maneira tal que sejam preservados, segundo a lei, a flora, a fauna, as belezas naturais, o equilíbrio ecológico e o patrimônio histórico e artístico, bem como seja evitada a poluição do ar e das águas.

A função ambiental da propriedade deve ser compreendida em sentido extensivo para incluir tanto deveres negativos e positivos do proprietário, isso significando que este não está apenas limitado no exercício de seu direito no sentido de não desenvolver atividades lesivas ou que possam resultar lesivas ao ambiente, como também está obrigado a adotar medidas positivas a fim de que o exercício de seu direito de proprietário se dê em modo adequado à proteção e preservação do ambiente.

Desse modo, tem-se uma limitação do uso privado impedindo que o exercício do direito de propriedade se dê em medida prejudicial à coletividade e, ao mesmo tempo, uma definição do modo de agir daquele que individualmente se apropria do patrimônio coletivo "meio ambiente ecologicamente equilibrado".[144] Assim, o proprietário rural, quando no exercício de uma atividade agrícola em sua propriedade, não somente deve

---

[143] Cf. redação dada pela recente Emenda Constitucional 42, de 19/12/2003. O significado dessa normalização é que o impacto ambiental de um determinado empreendimento atua diretamente sobre sobra a "livre iniciativa" do autor de uma atividade econômica. O grau de intervenção no princípio da livre iniciativa é determinado pela importância da satisfação do princípio da defesa do ambiente, conforme decidir a ponderação no caso concreto. Ver o modelo da ponderação, item 3, Capítulo 4.
[144] Cf. DERANI, A propriedade..., p. 68.

se abster de utilizar os agrotóxicos proibidos pelos órgãos ambientais competentes e nocivos ao ambiente[145] como também deve executar os atos materiais necessários à eventual erosão do solo resultante de sua atividade.[146]

A dimensão positiva da função ambiental da propriedade pode se manifestar no sentido de impor ao proprietário de terras em área de preservação permanente o dever de florestamento ou reflorestamento (art. 18 da Lei 4.771/65).[147] Segundo Mirra, mesmo que o proprietário de área de preservação permanente não tenha sido o responsável pelo desmatamento, a função ambiental da propriedade justifica que se lhe imponha a obrigação de recuperação do ambiente, inclusive pela via jurisdicional.[148] Aliás, o proprietário ou possuidor de imóvel rural com área de floresta nativa, natural, primitiva, regenerada ou forma de vegetação nativa em extensão inferior a vinte por cento de propriedade localizada em área de campos gerais (art. 16, IV, da Lei 4.771/65) está obrigado, isolada ou cumulativamente, a: *i*) recompor a reserva legal de sua propriedade mediante o plantio, a cada três anos, de no mínimo 1/10 da área total necessária a sua complementação, com espécies nativas, conforme os critérios estabelecidos pelo órgão ambiental competente (art. 44, I, da Lei 4.771/65); *ii*) conduzir a regeneração

---

[145] Considera-se proibida a aplicação de agrotóxico não previamente registrado no órgão federal competente (art. 3°, *caput*, da Lei 7.802/89), bem como daquele cujo próprio registro é proibido (art. 3°, § 6°, da Lei 7.802/89).

[146] Segundo Borges, o direito de propriedade não se constitui apenas em meras limitações, como as decorrentes do direito de vizinhança, ou tampouco simples dever de abstenção, mas implica também deveres positivos do proprietário no sentido de cumprir obrigações de fazer devidas à sociedade para a satisfação de interesses difusos [Cf. BORGES, Roxana Cardoso Brasileiro. Função social da propriedade. *Revista de Direito Ambiental*, São Paulo, n. 9, p. 67-85, jan./mar., 1998, p. 72].

[147] Cf. LEME MACHADO, Paulo Afonso. *Direito ambiental brasileiro*. 9. ed. São Paulo: Malheiros, 2001, p. 702. Quando, em terras de propriedade privada, se for necessário o florestamento ou o reflorestamento de área de preservação permanente, o poder público federal poderá fazê-lo, sem que se lhe exija a desapropriação da área, conforme a norma do art. 18, *caput*, da Lei 4.771/65. Se for o caso de área que estiver sendo utilizada para cultura, o proprietário deverá ser indenizado, conforme estabelece a norma do art. 18, §, 1°, da Lei 4.771/65. No mesmo sentido, ver PACCAGNELLA, Luiz Henrique. Função socioambiental da propriedade rural e áreas de preservação permanente e reserva florestal legal. *Revista de Direito Ambiental*, São Paulo, n. 8, p. 5-19, out./dez., 1997, p. 9.

[148] Cf. MIRRA, Álvaro Luiz Valery. Princípios fundamentais do direito ambiental. *Revista de Direito Ambiental*, São Paulo, n. 2, p. 50-66, abr./jun., 1996, p. 60. Sem embargo, sobre essa questão, há divergência na jurisprudência. Por uma linha, entende-se que a obrigação de reflorestar área de reserva legal desmatada ou que nunca tenha tido cobertura arbórea não pode ser imputada ao proprietário atual se ele não deu causa ao desmatamento ou à situação de falta de cobertura arbórea. Assim, por exemplo, decidiu o Superior Tribunal de Justiça [Cf. STJ. REsp. 156.899/PR. j. 17/03/98. *Revista do Superior Tribunal de Justiça*, Brasília, n. 113, p.78. Também disponível em: http://www.stj.gov.br. Acesso em: 06 nov. 2003; STJ. REsp. 229.302/PR. j. 18/11/99. *Revista de Jurisprudência do Superior Tribunal de Justiça*, Brasília, n. 14, p. 103. Também disponível em: http://www.stj.gov.br. Acesso em: 06 nov. 2003]. Por outra linha, entende-se que "em se tratando de reserva florestal, com limitação imposta por lei, o novo proprietário, ao adquirir a área, assume o ônus de manter a preservação, tornando-se responsável pela recomposição, mesmo que não tenha contribuído para devastá-la" [Cf. STJ. REsp. 282.781/PR. j. 16/04/02. Disponível em: http://www.stj.gov.br. Acesso em: 06 nov. 2003; Cf. STJ. REsp. 327.254/PR. j. 03/12/02. Disponível em: http://www.stj.gov.br. Acesso em: 06 nov. 2003; Cf. STJ. REsp. 237.690/MS. j. 12/03/02. *Revista do Superior Tribunal de Justiça*, Brasília, n. 156, p.173. Também disponível em: http://www.stj.gov.br. Acesso em: 06 nov. 2003].

Direito Fundamental ao Ambiente

natural da reserva legal (art. 44, II, da Lei 4.771/65); e *iii*) compensar a reserva legal por outra área equivalente em importância ecológica (art. 44, III, da Lei 4.771/65).

Sem embargo, é no âmbito das limitações ao exercício do direito de propriedade que a função ambiental da propriedade se manifesta mais claramente como alternativa de realização do direito à proteção do ambiente. Por isso é correto afirmar que o direito à proteção do ambiente também se realiza na medida em que o Estado, mediante imposições gerais, gratuitas, unilaterais e de ordem pública condiciona o exercício do direito de propriedade por intermédio de limitações administrativas.[149] O condicionamento do exercício do direito de propriedade pelas limitações administrativas ambientais vai encontrar fundamentação exatamente no direito ao ambiente como um direito fundamental.

Se, de modo arbitrário, tomar-se a preservação da fauna como manifestação da proteção ambiental, as limitações à propriedade podem ser bem expressadas, por exemplo, pelo reconhecimento de florestas e áreas de preservação permanente, pela criação de reservas florestais legais e de instituição de áreas de proteção ambiental. A norma do art. 1º da Lei 4.771/65 reconhece que as florestas e áreas de preservação permanente são bens de interesse comum a todos os habitantes do País, exercendo-se o direito de propriedade com as limitações que a legislação em geral e a própria lei estabelecerem. As áreas de preservação permanente encontram definição nos arts. 2º e 3º da Lei 4.771/65. No primeiro, está o catálogo das áreas de preservação permanente legais, isto é, definidas na lei, como, por exemplo, as florestas e demais formas de vegetações naturais situadas ao longo dos rios ou de qualquer curso d'água desde o seu nível mais alto em faixa marginal cuja largura mínima seja de trinta metros para o curso d'água de dez metros de largura (art. 2º, alínea *a*, 1, da Lei 4.771/65). No segundo, estão as áreas de preservação permanente administrativas, é dizer, as assim declaradas por ato administrativo do poder público. Deve-se observar que as áreas de preservação permanente, assim consideradas nos termos da Lei 4.771/65, não estão disponíveis para exploração econômica.[150] Importante limitação ao direito de propriedade decorrente da concretização da função ambiental da propriedade e assim da realização do direito à proteção do ambiente dá-se pela criação de reserva florestal legal com fundamentação

---

[149] Cf. MEIRELLES, Hely Lopes. *Direito administrativo brasileiro*. São Paulo: Malheiros, 2002, p. 601.

[150] Cf. LEME MACHADO, *Direito ambiental...*, p. 704. A correção disso pode ser demonstrada pela interpretação *a contrario* do art. 16 da Lei 4.771/65, pois essa norma dispõe que "as florestas de domínio privado, não sujeitas ao regime de utilização limitada e ressalvadas as da preservação permanente, previstas nos arts. 2º e 3º desta Lei, são suscetíveis de exploração". Desse modo, pela ressalva contida na norma, é vedada a exploração econômica nas áreas de preservação permanente. No mesmo sentido, ver BORGES, Roxana Cardoso Brasileiro. *Função ambiental da propriedade rural*. São Paulo: LTr., 1999, p. 123.

no mandamento constitucional do art. 225, § 1º, III, da Constituição. As áreas de florestas ou outras formas de vegetação nativa protegidas a título de reserva legal têm utilização permitida, salvo quanto ao "corte raso da cobertura arbórea". Também implica sensível limitação ao exercício do direito de propriedade a instituição de área de proteção ambiental nos termos do art. 9º da Lei 6.902/81, pelo que o Estado pode limitar ou proibir: *i*) a implantação e o funcionamento de indústrias potencialmente poluidoras, capazes de afetar mananciais de água; *ii*) a realização de obras de terraplenagem e a abertura de canais, quando essas obras implicarem alteração sensível das condições ecológicas locais; *iii*) o exercício de atividades capazes de causar erosão das terras ou assoreamento das coleções hídricas; *iv*) o exercício de atividades que ameacem extinguir, na área protegida, as espécies raras da biota regional. As áreas de proteção ambiental são unidades de conservação de manejo sustentável cujo objetivo é a proteção e a conservação da qualidade ambiental e dos sistemas naturais nela existentes. Isso, contudo, não impede que as áreas de proteção ambiental possam ser objeto de exploração econômica.[151] Em certa medida, pode-se afirmar que a Lei 4.771/65, que instituiu o Código Florestal, e a Lei 6.902/81, que dispõe sobre as estações ecológicas e áreas de proteção ambiental, entre outras, dão os contornos mais específicos da função ambiental da propriedade.

O que isso demonstra com correção é que o exercício do direito de propriedade será sempre limitado pela função ambiental da propriedade. A conseqüência não é simplesmente a admissão de que a propriedade sofre limitações decorrentes do direito ao ambiente, mas que o próprio conteúdo dogmático do direito de propriedade deve ser compreendido já com a função ambiental da propriedade. Não há, pois, a propriedade e as restrições impostas pelo direito ao ambiente, mas direito de propriedade cujo conteúdo está funcionalizado pelo ambiente. Claro deve ficar que aqui se fala em uma configuração definitiva do direito de propriedade funcionalizado pelo ambiente, resultante de uma ponderação já previamente realizada pelo legislador, tendo sido definido que em decorrência da função ambiental da propriedade é vedado ao proprietário todo e qualquer comportamento de que possa resultar lesão ou potencialidade de lesão ao ambiente. Assim como é da função ambiental da propriedade que decorre para o proprietário de uma área de terras em que se ache localizado um rio com extensa vegetação de preservação permanente (art. 2º da Lei 4.771/65) a proibição de realizar qualquer atividade de devastação dessa vegetação, também é da função ambiental da propriedade que decorre para o proprietário de um imóvel histórico (art. 1º do Decreto 25/37) a vedação de destruí-lo quando bem entender. Aliás, esse tratamento diferenciado dado ao proprietário de

---

[151] Cf. BORGES, *Função ambiental...*, p. 143.

Direito Fundamental ao Ambiente

terras localizadas em área de preservação permanente e ao proprietário de prédio histórico, encontra justificação na norma do art. 170, VI, da Constituição, que estabelece que a ordem econômica, fundada na valorização do trabalho e na livre iniciativa, deve observar o princípio da defesa do ambiente, inclusive para autorizar diferenças de tratamento conforme o impacto ambiental dos produtos e serviços e de seus processos de elaboração e prestação. Igualmente, pode-se relacionar à função ambiental da propriedade a obrigação de que é titular o proprietário de um bar no sentido de não emitir ruído sonoro em nível superior ao estabelecido pela autoridade administrativa competente. Ainda que se trate de área própria de um Município, também a função ambiental da propriedade impede que a administração municipal faça o depósito de lixo urbano a céu aberto sem que essa prática esteja devidamente autorizada pelos órgãos ambientais competentes.[152]

Nesse sentido, pode-se afirmar que a função ambiental da propriedade tem o significado de reformular o conteúdo dogmático do direito de propriedade. Deve-se observar que incumbe, em primeira medida, ao legislador e ao executivo, até mesmo por força de mandamento constitucional, definir as áreas de reserva natural, fixando as restrições decorrentes da função ambiental da propriedade, assegurando-se ao proprietário a compensação indenizatória pela parte do seu direito que não pode ser exercida (*set-aside*).[153]

Em primeira linha, isso está justificado pela norma do art. 225, *caput*, da Constituição, pela qual se impõe ao poder público é à coletividade o dever defender e preservar o ambiente para as presentes e futuras gerações.

---

[152] Nesse sentido, ver decisão do TJSP, Ap. Cív. 538855/9, j. 17 nov. 1999, citada em RIO GRANDE DO SUL, Ministério Público. *Resíduos Sólidos*. Org. Silva Capelli. Porto Alegre: Procuradoria-Geral de Justiça, 2002, pp. 366-367. Afora isso, decisões do Tribunal de Justiça do Rio Grande do Sul dão conta de que comete crime ambiental o prefeito municipal que realiza depósito contínuo de lixo domiciliar, industrial ou hospitalar, a céu aberto e em local inadequado, com risco à saúde humana [Cf. TJRS. Ação penal 698800489. j. 17/02/00; Ação penal 695062950. j. 30/04/98; Ação penal 70002728921. j. 16/08/01. Disponível em: http://www.tj.rs.gov.br. Acesso em: 06 nov. 2003].

[153] A discussão em torno da função ambiental da propriedade tem no *leading case* "Quinta do Taipal", do Supremo Tribunal de Justiça de Portugal uma referência digna de registro [ver CANOTILHO, José Joaquim Gomes. *Proteção do ambiente e direito de propriedade*. Coimbra: Coimbra, 1995]. Trata-se do caso em que o Ministério Público, com fundamento no "Estado de direito democrático-ambiental, ajuizou ação ordinária para defesa do ambiente são e ecologicamente equilibrado de uma área de terras que se integra à Quinta do Taipal a fim de que os proprietários fossem proibidos da drenagem de uma área úmida de cinqüenta hectares, bem como que se abstivessem de qualquer ato de destruição ou de perigo para a fauna ali existente e o seu *habitat* natural. O instituto do *set-aside* do direito norte-americano, pelo qual o agricultor se obriga a preservar os *habitats* nos terrenos excluídos da exploração agrícola, recebendo, por isso, uma compensação ou subsídios para desenvolvimento de atividades agrícolas ecologicamente adequadas, significa, por um lado, a retirada de terras do poder de disponibilidade do proprietário em atenção à defesa do ambiente mediante indenização e, por outro lado, a imposição unilateral de um vínculo substancial que atinge o núcleo essencial do direito de propriedade. É nesse contexto que deve ser colocada a fórmula da juspublicística alemã da "determinação de conteúdo da propriedade com o correspondente dever de indenização". O que se pretende com esse conceito de *"delimitação de conteúdo mais dever de indenização"* é a relativização entre a vinculação ambiental da propriedade sem indenização e expropriação geradora de indenização [Cf. Ibidem, p. 86-88].

Assim, todos, e não apenas alguns, devem suportar o ônus da proteção ambiental.[154]

O fato de alguém ser proprietário de um imóvel sobre o qual incide uma limitação administrativa severamente restritiva do exercício do direito de propriedade não significa que ele deve suportar sozinho o custo da proteção ambiental, até mesmo em função da proibição de tratamento desigual sem justificação razoável.[155] Nem sempre, contudo, as limitações ambientais decorrentes da função social da propriedade ensejam ao proprietário o direito à indenização, bastando lembrar o exemplo das áreas de preservação permanente e das áreas de reserva legais.[156]

A limitação administrativa é uma imposição geral, gratuita, unilateral e de ordem púbica, da qual resulta apenas o condicionamento do exercício dos direitos e das atividades dos particulares às exigências de interesse do bem-estar social, podendo incidir sobre a propriedade privada. Contudo, se da limitação administrativa resulta esvaziado o exercício do direito de propriedade, há ato ilícito da administração e, assim, expropriação passível de compensação pela via indenizatória, isto é, desapropriação indireta.[157] É

---

[154] Nesse sentido, o Tribunal de Justiça do Paraná, examinando pedido de indenização fundado em desapropriação indireta, decorrente da criação de parque sobre floresta de preservação permanente e da qual resultou aniquilamento do direito do proprietário, reconheceu o princípio da solidariedade social para efeito de todos suportarem o pagamento da indenização [Citado por BORGES, *Função ambiental...*, p. 165].

[155] Diferentemente, Paccagnella observa que não há direito à indenização do proprietário de terras em área de preservação permanente e de reserva legal, pois são espaços constitucionalmente protegidos com base na função socioambiental da propriedade que pressupõe a própria existência do direito. Por essa razão, também, está vedada a exploração agrícola nessas áreas [Cf. PACCAGNELLA, *Função socioambiental...*, p. 19].

[156] A instituição de reserva legal não é indenizável e tampouco enseja desapropriação indireta [Cf. BORGES, *Função ambiental...*, p. 127].

[157] Cf. Ibidem, p. 161. Em alguns casos, essa questão não se deixa resolver facilmente, principalmente quando a limitação da administração ambiental resulta em proibição de atividade econômica como, por exemplo, a de desmatamento. Por um lado, tem-se entendido que a essa proibição deve corresponder uma indenização da propriedade como se houvesse uma expropriação. Por outro, sustenta-se que havendo outras formas de exploração econômica da propriedade, a proibição de desmatamento não pode ensejar indenização. E se assim fosse, no caso de criação de uma reserva florestal, a madeira não pode ser incluída no cálculo da indenização, pois o próprio corte já está proibido pelo art. 2º da Lei 4.771/65 (p. 171-172). Sobre essa matéria não se pode deixar de registrar decisão do Supremo Tribunal Federal na qual se entendeu que a limitação administrativa decorrente da criação da reserva florestal na Serra do Mar afeta o conteúdo econômico de propriedade particular, ensejando ao proprietário direito à indenização. Nesse sentido, decidiu-se que: "incumbe ao poder público o dever constitucional de proteger a flora e de adotar as medidas que visem a coibir práticas lesivas ao equilíbrio ambiental. Esse encargo, contudo, não exonera o Estado da obrigação de indenizar os proprietários cujos imóveis venham a ser afetados, em sua potencialidade econômica, pelas limitações impostas pela Administração Pública. A proteção jurídica dispensada às coberturas vegetais que revestem as propriedades imobiliárias não impede que o *dominus* venha a promover, dentro dos limites autorizados pelo Código Florestal, o adequado e racional aproveitamento econômico das árvores nele existentes. A jurisprudência do Supremo Tribunal Federal e dos Tribunais em geral, tendo presente a garantia constitucional que protege o direito de propriedade, firmou-se no sentido de proclamar pela indenizabilidade das matas e revestimentos florestais que recobrem áreas dominiais privadas objeto de apossamento estatal ou sujeitas a restrições administrativas impostas pelo poder público. Precedentes. A circunstância de o

necessário esclarecer, entretanto, que o apossamento administrativo de bem necessário à configuração da desapropriação indireta não se confunde com limitações administrativas da propriedade que autorizam pedido de indenização. Se da instituição de parques florestais não resulta apossamento administrativo, mas apenas limitações administrativas, a hipótese não é de desapropriação indireta, mas de eventual indenização decorrente da redução do exercício do direito de propriedade.[158]

O que se pretendeu demonstrar nesta discussão a respeito do direito à proteção do ambiente foi isto. O Estado realiza o direito fundamental ao ambiente quando se serve de normas penais e administrativas para tipificar e sancionar condutas e atividades lesivas ou potencialmente lesivas ao ambiente. Assim, também, quando estabelece restrições ao exercício do direito de propriedade. O direito à proteção do ambiente consiste na proteção do ambiente contra as intervenções que lhe sejam lesivas, realizando-se por intermédio de ações positivas do Estado que delimitam a esfera jurídica de atuação de terceiros. Com sanções penais e administrativas imputáveis a pessoas físicas e jurídicas, o Estado proíbe comportamentos contrários ao ambiente são e ecologicamente equilibrado. Do mesmo modo, a função ambiental da propriedade proíbe aquelas condutas e atividades contrárias ao ambiente que podem resultar do exercício do direito de propriedade. Por isso, o direito de propriedade deve ser exercido de modo a atender a sua função ambiental. O objetivo da normalização penal ambiental, administra-

---

Estado dispor de competência para criar reservas florestais não lhe confere, por si só – considerando-se os princípios que tutelam, em nosso sistema normativo, o direito de propriedade –, a prerrogativa de subtrair-se ao pagamento de indenização compensatória ao particular, quando a atividade pública, decorrente do exercício de atribuições em tema de direito florestal, impedir ou afetar a válida exploração econômica do imóvel por seu proprietário. A norma inscrita no art. 225, § 4°, da Constituição, deve ser interpretada de modo harmonioso com o sistema jurídico consagrado pelo ordenamento fundamental, notadamente com a cláusula que, proclamada pelo art. 5°, XXII, da Carta Política, garante e assegura o direito de propriedade em todas as suas projeções, inclusive aquela concernente à compensação financeira devida pelo Poder Público ao proprietário atingido por atos imputáveis à atividade estatal. O preceito consubstanciado no art. 225, § 4°, da Carta da República, além de não haver convertido em bens públicos os imóveis particulares abrangidos pelas florestas e pelas matas nele referidas (Mata Atlântica, Serra do Mar, Floresta Amazônica brasileira), também não impede a utilização, pelos próprios particulares, dos recursos naturais existentes naquelas áreas que estejam sujeitas ao domínio privado, desde que observadas as prescrições legais e respeitadas as condições necessárias à preservação ambiental. A ordem constitucional dispensa tutela efetiva ao direito de propriedade (CF, art. 5°, XXII). Essa proteção outorgada pela Lei Fundamental da República estende-se, na abrangência normativa de sua incidência tutelar, ao reconhecimento, em favor do *dominus*, da garantia da compensação financeira, sempre que o Estado, mediante atividade que lhe seja imputável, atingir o direito de propriedade em seu conteúdo econômico, ainda que o imóvel afetado pela ação do poder público esteja localizado em qualquer das áreas referidas no art. 225, § 4°, da Constituição. Direito ao meio ambiente ecologicamente equilibrado: a consagração constitucional de um típico direito de terceira geração (CF, art. 225, *caput*)"[Cf. STF. RExt. 134.297. j. 13/06/95. Disponível em: http://www.stf.gov.br. Acesso em: 10 nov. 2003].

[158] Cf. STJ. REsp. 250.966/SP. j. 14/11/00. Disponível em: http://www.stj.gov.br. Acesso em: 06 nov. 2003; Cf. STJ. REsp. 435.128/SP. j. 11/02/03. Disponível em: http://www.stj.gov.br. Acesso em: 06 nov. 2003.

tiva ambiental e da função ambiental da propriedade dada pelo Estado é proteger o ambiente. O decisivo nisso é que as decisões de concretização dessas normalizações são questões que dizem respeito à realização do direito fundamental ao ambiente, aqui entendido como um feixe de posições fundamentais jurídicas dispostas em sistema de posições jurídicas. Qualquer decisão administrativa ou judicial envolvendo matéria relativa ao direito penal ambiental, ao direito administrativo sancionador ou à função ambiental da propriedade deve ser orientada pelo feixe de posições jurídicas fundamentais que está associado ao direito fundamental ao ambiente.

Uma vez demonstrado que o direito fundamental ao ambiente configura posições fundamentais jurídicas definitivas e *prima facie* no sentido de que o Estado impeça comportamentos de terceiros lesivos ao ambiente, proibindo condutas e restringindo comportamentos, o que segue tem o propósito de justificar a correção do enunciado segundo o qual o direito fundamental ao ambiente também configura posições fundamentais jurídicas definitivas e *prima facie* à organização e ao procedimento.

3. Os direitos à organização e ao procedimento

3.1. OS DIREITOS À ORGANIZAÇÃO E AO PROCEDIMENTO

Há direta relação entre o direito fundamental ao ambiente e as noções de organização e de procedimento.[159] Se, por um lado, o próprio direito fundamental ao ambiente depende da organização e do procedimento, por outro, as estruturas organizacionais e procedimentais postas pelo Estado devem ser configuradas a partir de uma interpretação conforme o direito fundamental ao ambiente. Disso resulta que as normas sobre organização e procedimento devem ser aplicadas e interpretadas em consonância com o direito fundamental ao ambiente.

Essa implicação entre o direito fundamental ao ambiente e a organização e o procedimento é decisivamente significativa para a própria efetividade do direito fundamental ao ambiente. Aliás, organização e procedimento, como meios diretos para a obtenção de resultados conforme o direito fundamental ao ambiente, têm igual ou até superior relevância para a efetividade do direito fundamental ao ambiente em relação àquelas modalidades que se reduzem ao cometimento de tarefas estatais, muitas vezes pontuais. Isso

---

[159] Se é correto que o conceito de organização é o de ordenação e conformação interna de unidades de organização e o conceito de procedimento deve ser acolhido no sentido de um complexo de atos ordenados juridicamente, destinados à obtenção de informação, desenvolvidos sob a responsabilidade do poder público e cujo fim último é a tomada de decisões [Cf. CANOTILHO, Joaquim José Gomes. *Direito constitucional*. 6. ed. Coimbra: Almedina, 1993, p. 637], também é correto que a fórmula que propõe a realização dos direitos fundamentais por intermédio da organização e do procedimento indica o uso habitual de ambas as expressões e não tem um sentido técnico. Por isso, igualmente correta será a noção de procedimento amplo, considerando o procedimento como sistema de regra e/ou princípios para a obtenção de um resultado. Nessa concepção, as normas de procedimento e de organização devem ser de forma tal que, com suficiente probabilidade e suficiente medida, o resultado obtido responda aos direitos fundamentais, exatamente a fim de que seja satisfeita a fórmula "realização e garantia dos direitos fundamentais pela organização e procedimento" [Cf. HESSE, Significado de..., p. 101, número de margem 42]. Desse modo, a idéia de procedimento é tomada em sentido amplo para reunir todos os fenômenos que se encontram no âmbito da organização e do procedimento, disso resultando a preferência por "direitos a procedimento" ou "direitos procedimentais" [Cf. ALEXY, *Teoria de los derechos...*, p. 458]. Sem embargo, segue-se com a utilização habitual de realização do direito fundamental ao ambiente pela organização e procedimento.

Direito Fundamental ao Ambiente

significa que não são suficientes apenas os modelos normativos materiais, pois são necessárias também as normas de organização e as normas de procedimento. É necessário compreender que o direito fundamental ao ambiente previsto na ordem constitucional somente pode adquirir efetividade se encontrar uma regulamentação jurídica infraconstitucional mais precisa. Essa tarefa é competência do legislador, que deverá conformar a legislação infraconstitucional a partir do modelo do direito fundamental ao ambiente traçado na Constituição.

Se essa concepção é correta, dois elementos devem ser considerados. Em primeiro lugar, na medida em que organização e procedimento constituem meios diretos para a realização e para a garantia do direito fundamental ao ambiente, é obrigatório que conduzam a resultados conforme o conteúdo material desse direito fundamental. É dizer, as normas de organização e procedimento devem ser postas de modo a assegurarem um ambiente são e ecologicamente equilibrado. Em segundo lugar, as normas de organização e procedimento constituem o lugar adequado para a compensação de posições jurídicas fundamentais eventualmente recuadas. Assim é, por exemplo, que a liberdade de iniciativa dos dirigentes de uma indústria ou de um agricultor pode estar em conflito com a liberdade de outros integrantes da coletividade, fazendo-se necessária, então, a produção de normas de organização e de procedimento para a ordenação objetiva dos âmbitos de liberdades, assegurando que as limitações impostas não venham implicar redução a zero de um direito fundamental. A organização e o procedimento operam como instrumentos de resolução do conflito entre posições constitucionais conflitantes como, por exemplo, as que se opõem na relação entre o direito fundamental ao ambiente e o direito fundamental da livre iniciativa ou o direito de propriedade. Então, as normas de organização e procedimento são requeridas para resolver os problemas decorrentes da falta de condições materiais exigidas para o exercício de determinadas liberdades. Aliás, como lembrado, somente com normas apropriadas de organização e de procedimento é que pode garantir uma distribuição eqüitativa das oportunidades de liberdades disponíveis.[160]

É necessário anotar que essas exigências de organização e procedimento não representam direitos fundamentais processuais autônomos em relação aos direitos fundamentais materiais, e sim dimensões procedimentais de direito fundamental ao ambiente, considerada a noção de direito fundamental como um todo que contempla um feixe de posições jurídicas,

---

[160] Cf. HESSE, Significado de..., p. 104, número de margem 48. Lembra Hesse que o Tribunal Constitucional alemão declara na decisão sobre as vagas escolares que o importante é garantir que qualquer dos titulares do direito tenha pelo menos uma oportunidade de poder usar seu direito fundamental, protegendo-se contra o perigo da depreciação do conteúdo material do direito fundamental (p. 104, número de margem 48).

isto é, as posições fundamentais procedimentais devem ser tidas como integrantes desse complexo de posições jurídicas. É exatamente isso que se dá com o direito fundamental ao ambiente em que coexistem posições jurídicas fundamentais materiais e posições jurídicas fundamentais processuais. Isso pode ser compreendido na sentença Mülheim-Kärlich, do Tribunal Constitucional alemão, em que os moradores habitantes da área em que se pretendia construir uma central nuclear exigiram que a autorização para a construção estivesse condicionada ao procedimento de avaliação dos riscos e à ponderação dos direitos fundamentais em conflito.[161] No primeiro caso, direito à organização e ao procedimento; no segundo, direito material ao ambiente, ambos justificados no direito fundamental ao ambiente.

Sob o marco do direito fundamental ao ambiente, os direitos à organização e ao procedimento podem configurar posições jurídicas ambientais fundamentais tanto ao estabelecimento de determinadas normas procedimentais quanto a uma determinada interpretação e aplicação concreta dessas mesmas normas de organização e procedimento. No primeiro caso, o objeto do direito à organização e ao procedimento é a expedição de normas de organização e de procedimentos necessários à realização do direito fundamental ao ambiente, tendo como destinatário o legislador; no segundo caso, o objeto do direito à organização e ao procedimento é a interpretação e aplicação das normas de organização e de procedimento no sentido de uma efetiva proteção jurídica do direito fundamental ao ambiente, tendo como destinatários o administrador e o juiz.

Essa distinção transporta para o direito fundamental ambiental a discussão sobre se ao dever do legislador de estabelecer determinados procedimentos e estruturas organizacionais correspondem direitos subjetivos. Ou seja: dos direitos à organização e ao procedimento ambientais é que se configura a possibilidade de se exigir do Estado a produção de atos legislativos e administrativos necessários à criação de órgãos e modelos normativos procedimentais, bem como de dotar os indivíduos dos meios hábeis a garantir-lhes participação efetiva na organização e no procedimento? O que deve ser investigado, então, é se os direitos à organização e ao procedimento configuram efetivamente direitos subjetivos ou, se consistem em mais um desdobramento da perspectiva jurídico-objetiva dos direitos fundamentais.

A esse respeito, prevalece o entendimento de que os direitos à organização e ao procedimento não configuram direito subjetivo, mas tão-somente dever-jurídico do Estado não-relacional, pois consistem em manifestações

---

[161] Citado por GONÇALVES LOUREIRO, João Carlos Simões. *O procedimento administrativo entre a eficácia e a garantia dos particulares*. Coimbra: Coimbra, 1995, p. 227.

Direito Fundamental ao Ambiente

da dimensão objetiva dos direitos fundamentais.[162] Se isso é correto, então o direito fundamental ao ambiente não autoriza a configuração de uma posição jurídica fundamental à dação de normas de organização e de procedimento pelo legislador. Sem embargo, alguns argumentos podem ser arrolados em favor de uma tese subjetivista dos direitos à organização e procedimento. Em primeiro lugar, para que isso seja aceito, deve-se aceitar também a noção de direito fundamental como um todo, isto é, caracterizado como um feixe de posições fundamentais jurídicas definitivas e *prima facie*. O segundo elemento para essa subjetivação pode ser buscado no fato de que o direito à organização e ao procedimento para o ambiente vai encontrar fundamentação precisamente no direito fundamental ao ambiente, aqui tomado na sua manifestação material. Caso se considerar que todo o direito fundamental material é acompanhado pelos correspondentes direitos à organização e ao procedimento, nada justifica que eles não possam também configurar direitos subjetivos.

Esse problema se agrava sobremodo quando não são postas pelo legislador as normas de organização e de procedimento indispensáveis para a proteção do direito fundamental ao ambiente. Ausente a normalização do tipo organizacional e procedimental para a proteção do direito fundamental ao ambiente, seria possível pensar-se na configuração de posição fundamental jurídica a partir da norma do art. 225, *caput*, da Constituição, senão definitiva, mas pelo menos *prima facie*? A resposta pode ser afirmativa. Mesmo que não houvesse a regulação procedimental prevista no art. 11 da Resolução 01/86 do Conselho Nacional do Meio Ambiente, segundo a qual os interessados podem ter acesso ao relatório de impacto ambiental necessário ao licenciamento de determinadas obras e atividades potencialmente lesivas ao ambiente, não seria correta a denegação de mandado de segurança individual impetrado por morador da área a ser afetada pela instalação de uma indústria, para conhecimento do relatório de impacto ambiental. Independentemente da regulação procedimental, a norma do art. 225, § 1º, IV, da Constituição, autoriza a configuração de uma posição fundamental jurídica senão definitiva, pelo menos *prima facie* à informação sobre a instalação de obra ou atividade potencialmente lesiva ao ambiente. Se a função jurisdicional não pode dar a normalização procedimental indispensável ao direito fundamental ao ambiente, podendo apenas cientificar o legislador omisso pela via do mandado de injunção (art. 5º, LXXI, da Constituição), pode, em situações concretas específicas, realizar efetivamente o direito fundamental ambiental. Do mesmo modo, o morador de área afetada pela instalação de uma indústria poderia valer-se da via da ação popular (art. 5º, LXXIII, da Constituição) para exigir da autoridade competente a realização da audiência pública para obter informações sobre o impacto ambiental da

---

[162] Cf. ALEXY, *Teoria de los derechos...,*, p. 459.

obra, fazendo-a com fundamento nas normas dos arts. 225, § 1º, IV, e 5º, LXXIII, da Constituição, bem como com base no art. 11, § 2º, da Resolução 01/86 do Conselho Nacional do Meio Ambiente, independentemente da regulamentação procedimental da audiência pública dada pela Resolução 09/87.

Na medida em que essas observações são suficientes para a pré-compreensão do direito à organização e ao procedimento ambiental, deve-se demonstrar daqui para diante como o direito fundamental ao ambiente do modelo do art. 225 da Constituição foi desdobrado em sua vertente organizacional e procedimental no ordenamento jurídico brasileiro constitucional e infraconstitucional. Isso será desenvolvido, em primeiro lugar, a partir do plano constitucional, em que se deverá analisar a influência do modelo da competência federativa brasileira sobre a regulação do direito fundamental ao ambiente. O objetivo é compreender a delimitação de competência da União, do Estado e do Município para a normalização organizacional e procedimental do direito fundamental ao ambiente. Em segundo lugar, no plano infraconstitucional, será analisada a própria configuração do direito fundamental ao ambiente na parte de seu todo que corresponde à organização e ao procedimento.

3.2. A COMPETÊNCIA AMBIENTAL

A competência ambiental é orientada conforme o modelo do sistema de repartição de competências do Estado federal brasileiro entre as entidades federativas, que são a União, os Estados, o Distrito Federal e os Municípios. A Constituição brasileira adotou a técnica da repartição no sentido horizontal, ao dividir a competência das entidades federativas com base na atribuição de matérias próprias privativas, e no sentido vertical, ao dividir uma mesma matéria em diferentes níveis conforme as diferentes entidades federativas. Isso permite que o sistema de repartição de competência se deixe dividir entre uma competência material e uma competência legislativa.

A competência material político-administrativa conforma-se assim: i) exclusiva da União (art. 21), dos Estados, que se retira de seus poderes remanescentes (art. 25, § 1º,) e dos Municípios (art. 23) e ii) comum da União, dos Estados, do Distrito Federal e dos Municípios (art. 23). A competência legislativa conforma-se assim: i) privativa ou exclusiva da União (art. 22), dos Estados (art. 25, §§ 1º e 2º) e dos Municípios (art. 30, I) e ii) concorrente entre a União, Estados e Distrito Federal (art. 24). Neste caso, a legislação da União dar-se-á por intermédio de normas gerais, cabendo

Direito Fundamental ao Ambiente

79

aos Estados e Distrito Federal a legislação por normas suplementares, assim como também a legislação suplementar dos Municípios (art. 30, II).[163] Esse modelo, transportado para a realização do direito fundamental ao ambiente, conforme as normas do art. 225 da Constituição, pode ser desdobrado analiticamente na competência legislativa e na competência político-administrativa.

3.2.1. A competência legislativa

Insere-se no âmbito da competência legislativa privativa da União a competência para legislar sobre Direito penal,[164] processual, agrário, marítimo, aeronáutico e espacial (art. 22, I), águas e energia (art. 22, IV),[165] trânsito e transporte (art. 22, XI),[166] jazidas, minas e outros recursos minerais (art. 22, XII)[167] e sobre atividades nucleares (art. 22, XXVI). No âmbito da competência legislativa concorrente, a União pode dar normas gerais (art. 24, § 1º), sem excluir a competência suplementar dos Estados (art. 24, § 2º), legislando sobre direito urbanístico (art. 24, I),[168] florestas, caça, pesca, fauna, conservação da natureza, defesa do solo e dos recursos naturais, proteção do ambiente e controle da poluição (art. 24, VI),[169] proteção ao patrimônio histórico, cultural, artístico, turístico e paisagístico (art. 24, VII),[170] responsabilidade por dano ao ambiente, a bens e direitos de valor artístico, estético, histórico e paisagístico (art. 24, VIII).

---

[163] Cf. AFONSO DA SILVA, *Direito ambiental...*, p. 72. O equilíbrio federativo é pretendido com uma técnica de repartição de competência fundada na enumeração dos poderes da União (arts. 21 e 22), com poderes remanescentes para os Estados (art. 25º, § 1º) e poderes definidos para os Municípios (arts. 29 e 30), combinando com esses campos específicos áreas comuns de atuação paralela da União, Estados, Distrito Federal e Municípios (art. 23), bem como setores concorrentes entre União e Estados, cabendo à União a competência para estabelecer as políticas gerais, as diretrizes gerais e as normas gerais, deferindo-se competência suplementar aos Estados e Municípios (art. 24 e 30).

[164] Cf., por exemplo, a Lei 9.605/98, que define crimes ambientais e sanções administrativas ambientais.

[165] Cf., por exemplo, a Lei 9.433/97, que criou o Sistema Nacional de Gerenciamento de Recursos Hídricos e instituiu a Política Nacional de Recursos Hídricos; a Lei 9.966/00, que dispõe sobre a prevenção, o controle e a fiscalização da poluição causada pelo lançamento de óleo e outras substâncias nocivas ou perigosas em águas sob a jurisdição brasileira; a Lei 9.984/00, que dispõe sobre a criação da Agência Nacional da Água.

[166] Cf., por exemplo, o Decreto 96.044/88, que aprovou o regulamento para o transporte de produtos perigosos.

[167] Cf., por exemplo, o Decreto 227/67, que dispõe sobre o Código de Mineração, a Lei 6.567/78, que dispõe sobre o regime especial para exploração e aproveitamento de substâncias minerais; a Lei 9.055/95, que dispõe sobre a extração, industrialização, utilização, comercialização e transporte do asbesto/amianto e dos produtos que o contenham.

[168] Cf., por exemplo, a Lei 6.766/79, que dispõe sobre o parcelamento do solo urbano e a Lei 10.257/01, que institui o Estatuto da Cidade.

[169] Cf., por exemplo, a Lei 6.938/81, que dispõe a Política Nacional do Meio Ambiente; a Lei 5.197, que dispõe sobre a proteção da fauna; a Lei 4.771/65, que dispõe sobre o Código Florestal; a Lei 8.723/93, que dispõe sobre a emissão de poluentes por veículos automotores.

[170] Cf., por exemplo, o Decreto 25/37, que dispõe sobre a proteção do patrimônio histórico e artístico nacional; o Decreto 3.551, que institui o Registro de Bens Culturais de Natureza Imaterial que constituem o patrimônio cultural brasileiro.

Esse modelo de repartição de competências confere uma certa primazia da União em relação às demais entidades federativas quanto à realização do direito fundamental ao ambiente, notadamente porque se lhe atribui a incumbência de traçar o próprio perfil da política geral para o ambiente. Em relação aos Estados, deve-se observar que são reservadas as competências que não lhes forem vedadas (art. 25, § 1º), resultando que eles detêm competência privativa na matéria ambiental que não se inserir no âmbito da competência privativa da União e do Município. Remanesce para os Estados a competência legislativa suplementar de normas gerais estabelecidas pela União, conforme o art. 24, I, VI, VII e VIII, e § 2º, da Constituição. Aliás, em algumas hipóteses, a própria normalização geral dada pela União reclama normalização estadual suplementar, como demonstra a norma do art. 6º, § 1º, da Lei 6.938/81, segundo a qual os Estados devem estabelecer normas supletivas e complementares e padrões relacionados com o ambiente, observados os estabelecidos pelo Conselho Nacional do Meio Ambiente.[171] Portanto, a competência da normalização estadual é limitada, de um lado, pela competência da União para dar normas gerais e, de outro, pela competência dos Municípios para darem as normas específicas de interesse local. É necessário anotar, contudo, que a competência do Município para legislar sobre o ambiente não está explícita na Constituição, observando Horta que o art. 30 da Constituição, que trata da competência legislativa municipal, não se refere ao ambiente, com o fez em relação à União e ao Estado, para autorizar a legislação material correspondente.[172] Entretanto, na medida em que a Constituição (art. 30, I e II) estabeleceu que o Município é competente para legislar sobre assuntos de interesse local e suplementar a legislação federal e estadual no que couber, exatamente disso se extrai sua competência para legislar sobre a matéria do ambiente.[173] Assim, detêm os Municípios competência legislativa suplementar em matéria ambiental de interesse local.[174]

---

[171] Outro exemplo pode ser recolhido do art. 5º, § 1º, da Lei 7.661/88, segundo o qual os Estados e os Municípios podem instituir, por meio de lei, os respectivos planos estaduais ou municipais de gerenciamento costeiro, observadas as diretrizes do plano nacional. Do mesmo modo, o Distrito Federal detém competência residual e expressa, bem como comum, concorrente e suplementar em matéria ambiental, conforme o art. 32, § 1º, da Constituição [Cf. FARIAS, Paulo José Leite. *Competência federativa e proteção ambiental*. Porto Alegre: Fabris, 1999, p. 303].

[172] Cf. HORTA, Raul Machado. *Direito constitucional*. 3. ed. Belo Horizonte: Del Rey, 2002, p. 276.

[173] Cf. Ibidem, p. 276.

[174] Cf. STJ. REsp. 29.299/RS. j. 28/09/94. *Revista dos Tribunais*, São Paulo, n. 719, nov. 1995, p.267. Também disponível em: http://www.stj.gov.br. Acesso em: 06 nov. 2003. Entendeu-se que "atribuindo, a Constituição Federal, a competência comum à União, aos Estados e aos Municípios para proteger o meio ambiente e combater a poluição em qualquer de suas formas, cabe aos Municípios legislar supletivamente sobre a proteção ambiental na esfera do interesse estritamente local". Na hipótese, contudo, deve-se registrar que se entendeu inconstitucional o decreto municipal que proibia o uso e o armazenamento de agrotóxico cuja produção e registro tinham sido autorizados pela União.

Direito Fundamental ao Ambiente

A análise desse modelo de repartição de competência das entidades federativas no sentido da realização do direito fundamental ao ambiente consubstanciado no art. 225 da Constituição deixa clara a opção feita na linha de uma competência legislativa concorrente como expressão cooperativa para a promoção do ambiente são e ecologicamente equilibrado. Seguindo o modelo do federalismo cooperativo, que se manifesta pela repartição de competência vertical e pelo fato de que as entidades federativas procuram coordenar as políticas no sentido de uma correta administração das diferentes, mas interdependentes, tarefas estatais,[175] a Constituição[176] atribuiu à União a competência para dar normas gerais, e aos Estados a competência suplementar para produção de normas específicas quanto à normalização necessária à realização do direito fundamental ao ambiente. Para a compreensão dessa competência legislativa concorrente, a Constituição formulou quatro "regras ordenadoras": *i*) estabeleceu que a competência da União está limitada à edição de normas gerais (art. 24, § 1º); *ii*) dispôs que a competência para normas gerais não exclui a competência suplementar dos Estados; *iii*) explicitou que, inexistindo lei federal sobre a matéria de legislação concorrente, os Estados exercerão a legislação suplementar para atender suas peculiaridades (art. 24, § 3º); e *iv*) regulou a superveniência da lei federal e a ineficácia da lei estadual quando conflitar com a lei federal.[177]

Por isso mesmo, no domínio da legislação concorrente, em relação à competência dos Estados, deve-se distinguir a legislação complementar, é dizer, aquela que pressupõe a existência de norma geral dada pela União, da legislação suplementar que pressupõe a inexistência de norma geral, quando o Estado normaliza sem limites a matéria. Isso vale também para o Município, observada evidentemente a existência de interesse local. Por essa razão, na competência concorrente, as legislações estadual e municipal são específicas, cumprindo a função constitucional de cuidar das normas específicas.[178]

Assim, a repartição de competência é orientada conforme o interesse predominante seja o nacional, o regional ou o local, isso definindo a competência da União, dos Estados e dos Municípios, respectivamente. Essa delimitação de competência, contudo, não se deixa definir facilmente, notadamente pela vagueza do conceito de normas gerais e de interesse local.

---

[175] Cf. FARIAS, *Competência federativa...*, p. 306.

[176] A Constituição brasileira de 1988 seguiu o modelo da Lei Fundamental de Bonn, cabendo referir a norma do art. 72, alínea 1, segundo a qual, "no domínio da legislação concorrente, o Estados poderão legislar por todo o tempo e em todas as matérias em que a Federação não exercer o mesmo direito".

[177] Cf. HORTA, *Direito constitucional*, p. 358.

[178] Cf. FARIAS, *Competência federativa...*, p. 312.

Apesar da possibilidade de serem relacionadas ao interesse nacional geral, as normas gerais,[179] na medida em que não apresentam um referencial semântico que possa ser apreendido *a priori*, mas somente referenciais pragmáticos, correspondentes à abrangência das normas, mais facilmente têm seu significado definido de modo casuístico. A respeito, Souza observa que uma definição "apriorística" de normas gerais poderia produzir uma prévia delimitação do conceito, disso resultando esterilização do próprio dispositivo constitucional.[180]

Isso, contudo, não significa que não possam ser aduzidos alguns elementos para uma pré-compreensão das normas gerais. O mais importante deles é que as normas gerais são dadas pela União para fins de aplicação de modo uniforme em todos os Estados e a todos os cidadãos indiscriminadamente. Se isso for observado, no âmbito da competência legislativa concorrente ambiental, a União pode dar normas gerais que vão desde os princípios até as regras, conforme se pretenda deixar aos Estados um maior ou menor espaço normativo para o estabelecimento de outras normas.[181] Segundo Horta, as normas gerais devem ser compreendidas como "normas não exaustivas, normas incompletas, de modo a não esgotar na competência a matéria da legislação concorrente",[182] isso significando que a "a lei de normas gerais deve ser uma lei quadro, uma moldura legislativa".[183]

---

[179] Uma primeira observação a respeito do conceito de normas gerais é que sua inserção na Constituição de 1946 (art. 6º, XV, *b*), estabelecendo a competência da União para a edição de normas gerais, foi resultado de uma "formulação verbal para vencer uma resistência política". A proposta de dotar a União de competência para normas gerais foi do deputado e jurista Aliomar Baleeiro, integrante da subcomissão de discriminação de rendas na assembléia nacional constituinte de 1946 e da comissão encarregada de elaborar o Código Tributário Nacional, que, originariamente, pretendia conferir à União competência para legislar sobre Direito tributário, "amplamente e sem a limitação contida no conceito de normas gerais, desde que esta legislação tivesse a feição de uma lei nacional, de preceitos endereçados ao legislador ordinário das três entidades tributantes: União, Estados e Municípios" [Cf. SOUZA, Rubens Gomes de; ATALIBA, Geraldo; BARROS DE CARVALHO, Paulo de. *Comentários ao Código Tributário Nacional*. 2. ed. São Paulo: Revista dos Tribunais, 1985, p. 4]. Diante da forte resistência política dos Estados e Municípios, que temiam perder parcelas de suas autonomias pela centralização administrativa, Aliomar Baleeiro encontrou uma "solução de compromisso, que foi a de delimitar essa competência, que ele queria ampla, pelas normas gerais". Segundo Souza, o próprio Aliomar Baleeiro lhe confessou que não havia uma interpretação autêntica do sentido das "normas gerais", consistindo em nada mais do que um "compromisso político". O importante era inserir na Constituição uma limitação da competência atribuída à União para legislar sobre Direito tributário, servindo, para isso, a expressão "normas gerais". Assim, limitou-se a competência da União para legislar sobre normas gerais de Direito financeiro (Ibidem, p. 5). Ver SOUZA, Rubens Gomes de. Normas gerais de direito financeiro. *Revista Forense*, Rio de Janeiro, v. 155, set./out., 1954, p. 21.

[180] Cf. SOUZA, Normas gerais... p. 23. No mesmo sentido, ver FARIAS, *Competência...*, p. 339.

[181] Cf. FARIAS, *Competência...*, p. 294.

[182] Cf. HORTA, *Direito constitucional*, p. 358.

[183] Cf. Ibidem, p. 357. Nesse sentido, entendeu o Supremo Tribunal Federal que a norma geral tem o sentido de "diretriz, de princípio geral", consubstanciando "a moldura do quadro a ser pintado pelos Estados e Municípios no âmbito de suas competências" [Cf. STF. ADIn. 927-3/RS. j. 03/11/93. Disponível em: http://www.stf.org.br. Acesso em: 10 nov. 2003]. Para uma síntese das diversas concepções da doutrina sobre o conceito de normas gerais, ver MOREIRA NETO, Diogo de Figueiredo. Competência concorrente limitada. O problema da conceituação das normas gerais. *Revista de Informação Legislativa*, Brasília, n. 100, p. 127-162, out./dez., 1988, p. 149.

Uma observação importante a respeito dessa temática é que se a União, no âmbito da legislação concorrente, pode dar normas gerais (art. 24, § 1º), e os Estados, não existindo as normas gerais, podem dar a legislação supletiva necessária a *atender suas peculiaridades* (art. 24, § 3º), a União *não* poderá dar uma normalização para uma situação peculiar de um Estado de forma diferente da que foi dada a outro.[184] Se assim o fizer, haverá inconstitucionalidade por invasão de competência legislativa. Isso porque, no âmbito da competência legislativa concorrente, a competência da União está limitada às normas gerais, e a competência dos Estados será supletiva ou complementar, mas sempre atenta às peculiaridades do Estado.[185]

Um critério interessante apresentado por Farias para resolver eventuais conflitos de competência legislativa sugere, uma vez relevada a insuficiência do critério da norma geral e específica, que se opte pela prevalência da norma que melhor proteja o direito fundamental tutelado no sentido do *in dubio pro natura*. Assim, abre-se a possibilidade de a normalização estadual estabelecer proibições, onde a lei nacional permita, bem como de a lei nacional fixar patamares mínimos de proteção ambiental a serem observados em todo o território nacional, isso permitindo que eles possam ser elevados pela normalização estadual, mas não diminuídos.[186] A construção sugerida por Farias encontra objeções insuperáveis. O decisivo é que ela parece desprezar a distinção entre inconstitucionalidade formal e material, pois o critério da prevalência pela norma mais favorável à proteção do ambiente, orientado pelo princípio *in dubio pro natura*, tem fundamentação material e nada tem com a discussão de delimitação de competência entre a União e os Estados. Aliás, o critério utilizado pelo Supremo Tribunal Federal para declarar a inconstitucionalidade da lei estadual que dispensava o estudo de impacto ambiental foi exatamente o critério formal da delimitação de competência da União para editar normas gerais e dos Estados para dar normas específicas sobre a proteção ambiental, entendendo-se ausentes, na hipótese, as "peculiaridades locais".[187] A conclusão disso é que o critério da prevalência da norma mais favorável à proteção do ambiente se presta para resolver problemas de inconstitucionalidade material,[188] mas não é

---

[184] Cf. FARIAS, *Competência...*, p. 340.

[185] Foi com base nisso que se tornou assente a jurisprudência do Superior Tribunal de Justiça no sentido de que se insere no âmbito da competência legislativa concorrente dos Estados a normalização sobre os níveis de poluição emitida por veículos automotores, inclusive para estabelecer pena de multa por infração administrativa [Cf. STJ. REsp. 59836/RJ. j. 24/10/96. Disponível em: http://www.stj.gov.br. Acesso em: 06 nov. 2003; STJ. REsp. 33467/SP. j. 23/10/1997. Disponível em: http://www.stj.gov.br. Acesso em: 06 nov. 2003.

[186] Cf. FARIAS, *Competência...*, p. 357-358.

[187] Cf. STF. ADIn 1.086-7/SC, j. 01/08/1994, *Revista de Direito Ambiental*, São Paulo, n. 2, abr./jun., 1996, p. 200-201.

[188] A decisão do Supremo Tribunal Federal, declarando a inconstitucionalidade da Lei 2.895/98, do Rio de Janeiro, a qual autorizava a prática da "briga de galos", não está fundamentada na questão da

muito útil quando se pretende resolver um problema da delimitação de competência legislativa.

O conceito de interesse local, ainda que não se deixe apreender muito facilmente *a priori*, pode-se entender como aquele *predominantemente* local, é dizer, interesse que diz respeito mais diretamente ao Município do que às outras entidades federativas.[189] A questão pode dizer respeito também ao Estado ou à União, mas concerne de modo mais aproximado ao Município. Esse critério serve para entender como de interesse local a normalização municipal reguladora dos níveis de ruído urbano,[190] bem como para concluir que refoge ao âmbito predominantemente local a lei municipal que proíbe a comercialização e o uso de agrotóxico[191] ou que autoriza o cultivo de plantas transgênicas,[192] notadamente quando a matéria é objeto de lei nacional e estadual.

Assim, em linhas gerais, estão dados os elementos necessários para a compreensão da repartição de competência legislativa do Estado brasileiro no sentido da realização do direito fundamental ao ambiente, conforme o mandamento constitucional do art. 225 da Constituição. Esse é o modelo de organização do Estado para a dação normalizadora do direito fundamental ao ambiente. Ainda que desponte a União com a primazia para ditar as normas gerais, também os Estados e os Municípios detêm competência para a legislação ambiental conforme se configure interesse predominantemente regional ou local, respectivamente.

---

competência do Estado para legislar sobre a matéria, mas na inconstitucionalidade material decorrente de contrariedade ao conteúdo normativo do art. 225, § 1º, VII, da Constituição [Cf. STF. ADIn. 1.856-6/RJ. j. 03/09/1998. *Revista de Direito Ambiental*, São Paulo, n. 22, jan./mar., 2001, p. 295-298. Também disponível em: http://www.stf.gov.br. Acesso em: 24 jun. 2003]. O mesmo fundamento da crueldade contra animais, implicando violação contra o art. 225, § 1º, da Constituição serviu ao Supremo Tribunal Federal para reconhecer, em ação civil pública, que o Estado de Santa Catarina é titular da obrigação de fazer consistente em proibir a prática da denominada "farra do boi" [Cf. STF. RExt. 153.531-8/SC. j. 03/06/1997. Disponível em: http://www.stf.gov.br. Acesso em: 24 jun.2003].

[189] Cf. ALMEIDA, Fernanda Dias Menezes de. *Competências na Constituição de 1988*. 2. ed. São Paulo: Atlas, 2000, p. 116.

[190] Cf. TJRS. ADIn. 700049933143, j. 11/08/2003. Disponível em: http://www.tj.gov.br. Acesso em 10 nov. 2003.

[191] Cf. TJRS. ADIn. 70005571666. j. 28/04/2003. Disponível em: http://www.tj.rs.gov.br. Acesso em: 10 nov. 2003. A decisão se refere à Lei 7.802/89 e à Lei Estadual do Rio Grande do Sul 7.474/82 que normalizam a respeito da comercialização e utilização de agrotóxicos. Diferentemente do afirmado na decisão, o Município detém competência para legislar de modo a suplementar a normalização federal e estadual em matéria ambiental, conforme a norma do art. 30, II, da Constituição. Contudo, na hipótese, o problema está em que a comercialização e a utilização de agrotóxico não é matéria de interesse predominante local, disso resultando a correção da decisão declaratória de inconstitucionalidade da lei municipal.

[192] Cf. TJRS. ADIn. 70000513192. j. 17/03/2003. Disponível em: http://www.tj.rs.gov.br. Acesso em 10 nov. 2003.

3.2.2. A competência político-administrativa

A competência político-administrativa para a realização do direito fundamental ao ambiente é conferida à União, ao Distrito Federal, aos Estados e aos Municípios. Trata-se de atribuição às ações políticas e administrativas necessárias à realização material do direito fundamental ao ambiente. Em primeiro lugar, a Constituição define para a União a competência *material privativa* para elaborar e executar os planos nacionais e regionais de ordenação do território e de desenvolvimento econômico e social (art. 21, IX), instituir o sistema nacional de recursos hídricos, definindo os critérios de outorga de direitos de uso (art. 21, XIX),[193] bem como instituir diretrizes para o desenvolvimento urbano, habitação, saneamento básico e transportes urbanos (art. 21, XX). No âmbito da competência *material comum* da União com os Estados, o Distrito Federal e os Municípios, estão aquelas ações materiais de ordem administrativa consistentes em proteger documentos, obras e outros bens de valor histórico, artístico e cultural, monumentos, paisagens naturais e sítios arqueológicos (art. 23, III); em impedir a evasão, a destruição e a descaracterização de obras de arte e de outros bens de valor histórico, artístico ou cultural (art. 23, IV); em proteger o ambiente e combater a poluição em qualquer de suas formas (art. 23, VI); em preservar florestas, fauna e flora (art. 23, VII). Também nesse âmbito, devem ser inseridas as incumbências constitucionais atribuídas ao "poder público" no art. 225, §§ 1º e 4º, da Constituição, pois o conceito de poder público empregado não tem outro sentido senão o de se referir genericamente às entidades federativas.[194] O modelo pretendido é o de cooperação e de coordenação entre a administração federal, estadual e municipal de modo que as tarefas estatais sejam desenvolvidas no sentido de se alcançar efetividade ao direito fundamental ao ambiente, conforme dispõe a norma do art. 23, parágrafo único, da Constituição, consagrando-se a moderna tendência do federalismo cooperativo.[195]

Uma vez conhecido o modelo da competência ambiental, primeiro no âmbito da competência legislativa e, depois, no nível da competência político-administrativa, justifica-se seguir com a análise da organização em

---

[193] O Sistema Nacional de Gerenciamento de Recursos Hídricos foi instituído pela Lei 9.433/97, que também instituiu a Política Nacional de Recursos Hídricos.

[194] Cf. AFONSO DA SILVA, *Direito ambiental...*, p. 75.

[195] Cf. HORTA, *Direito constitucional*, p. 275. Segundo Krell, a atribuição de competências materiais a todas as entidades federativas e a falta da lei complementar para a fixação de normas de cooperação entre elas, conforme dispõe o art. 23, parágrafo único, da Constituição, não permite identificar um verdadeiro federalismo cooperativo [Cf. KRELL, Andreas J. *Discricionariedade administrativa e proteção ambiental*. Porto Alegre: Livraria do Advogado, 2004, p. 100-103]. Haveria, na verdade, "uma espécie de federalismo em que as esferas pactuam espontaneamente a fim de superar a dificuldades inerentes ao sistema vigente da separação administrativa" [Cf. Ibidem, p. 96].

sentido estrito e do procedimento em sentido estrito como alternativas de realização do direito fundamental ao ambiente.

3.3. A ORGANIZAÇÃO EM SENTIDO ESTRITO

Sob a base de uma teoria estrutural geral dos direitos fundamentais, os direitos à organização e ao procedimento foram divididos em quatro grupos tendo em conta o objeto: *i*) competências de direito privado; *ii*) procedimentos judiciais e administrativos (procedimento em sentido estrito); *iii*) organização em sentido estrito; e *iv*) formação da vontade estatal.[196] No âmbito da realização do direito fundamental ao ambiente, interessa diretamente a análise dos direitos à organização e ao procedimento relacionados à organização em sentido estrito e dos direitos à organização e ao procedimento relacionados ao procedimento em sentido estrito. Aqui, serão analisados os direitos à organização em sentido estrito e, adiante, os direitos ao procedimento em sentido estrito.

A configuração dos direitos à organização em sentido estrito pressupõe, primeiro, a pré-compreensão do direito à organização como manifestação do direito fundamental ao ambiente em sua dimensão subjetiva e em sua dimensão objetiva. Se direitos à organização em sentido estrito do indivíduo frente ao legislador são direitos a que o legislador edite normas de organização conforme o direito fundamental e se uma organização legislativa conforme o direito fundamental pode ser assegurada não somente por intermédio de direitos subjetivos mas também por mandados e proibições meramente objetivos, então, está correto que os direitos fundamentais têm dois lados: um subjetivo e outro objetivo. A fim de verificar se a organização para a realização do direito fundamental ao ambiente é devida por normas que conferem direitos subjetivos ou por normas que somente configuram deveres objetivos do Estado, deve-se investigar as razões possíveis para as normas do direito fundamental ao ambiente referentes à organização. Essas razões se deixam dividir em dois grupos: as razões do primeiro grupo referem-se à importância da organização para o indivíduo, considerando sua situação vital, seus interesses e sua liberdade; as razões do segundo grupo referem-se à importância da organização para a idéia de totalidade tomada no sentido de interesses da comunidade ou dos bens da coletividade. O que deve ser analisado é se quando se discute o dever de o legislador pôr normas de organização se está fazendo referência aos interesses da comunidade, hipótese em que se consubstancia o interesse objetivo, ou à liberdade individual, situação em que se deve reconhecer um

---

[196] Cf. ALEXY, *Teoria de los derechos...*, p. 467-468.

Direito Fundamental ao Ambiente

direito subjetivo do titular do direito fundamental às medidas estatais de organização.

Não deve haver dúvida quanto à dimensão objetiva do direito fundamental ao ambiente, notadamente pelo conteúdo normativo da norma do art. 225, *caput*, da Constituição, a qual refere, na sua primeira parte, que *todos* têm direito ao ambiente ecologicamente equilibrado, entendido como bem de *uso comum do povo* e, na sua segunda parte, que incumbe ao poder público e à coletividade o *dever* defender e preservar o ambiente para as presentes e futuras gerações. Em razão disso, não é difícil concluir que a razão das normas de organização em matéria ambiental está na importância da organização para a própria proteção dos interesses da coletividade, é dizer, o dever objetivo de o legislador dar normas de organização está justificado pelo interesse da comunidade no ambiente ecologicamente equilibrado como bem de uso comum do povo. Isso, contudo, não significa que o dever de o legislador dar normas de organização não possa ser também justificado subjetivamente, notadamente porque essas normas são importantes para a situação vital do indivíduo. Não é desarrazoado concluir que ao dever de organização do Estado para a realização do direito fundamental ao ambiente correspondem direitos subjetivos, especialmente se essa organização é condição para a proteção da liberdade decorrente do direito fundamental ao ambiente. Uma vez mais, deve ser lembrado que essa concepção de direito subjetivo é tomada em sentido amplo para incluir posições fundamentais jurídicas *prima facie* e definitivas.

Alinhadas essas considerações para a pré-compreensão dos direitos à organização em sentido estrito como parte do feixe de posições jurídicas do direito fundamental ao ambiente, justifica-se a análise da organização do Estado constitucional brasileiro para a realização do direito fundamental ao ambiente.

A normalização infraconstitucional da configuração da estrutura organizacional do Sistema Nacional do Meio Ambiente do Estado brasileiro veio dada com a Lei 6.938/81, que dispôs sobre a política nacional do ambiente. Trata-se de legislação produzida com fundamento no art. 8º, XVII, letras *c*, *h*, e *i*, da Constituição de 1969, mas que foi recepcionada pelos arts. 22, IV, 24, VI e VIII, e 225, todos da Constituição de 1988. Naquilo que diz respeito aos direitos à organização em sentido estrito, a normalização da Lei 6.938/81 é importante porque dá a configuração do Sistema Nacional do Meio Ambiente como o conjunto de órgãos federais, estaduais e municipais que têm por objetivo realizar ações integradas no sentido da realização do direito fundamental ao ambiente. Conforme a norma do art. 6º da Lei 6.938/81, a organização estrutural do Sistema Nacional do Meio Ambiente – SISNAMA – apresenta: *i*) um órgão superior, o Conselho de Governo, que assessora a presidência da república na formulação da política nacional e nas diretrizes governamentais para o ambiente e recursos naturais; *ii*) um órgão consultivo e deliberativo, o Conselho Nacional do Meio Ambiente – CONAMA,[197] que assessora, estuda e propõe ao Conselho de Governo as diretrizes de políticas governamentais para o ambiente e os recursos naturais e delibera, no âmbito de sua competência, sobre normas e padrões compatíveis com o ambiente ecologicamente equilibrado e essencial à sadia qualidade de vida; *iii*) um órgão central, o Ministério do Meio Ambiente, ao qual compete a política nacional do ambiente e dos recursos hídricos, a política de preservação, conservação e utilização sustentável dos ecossistemas, e biodiversidade e florestas, proposição de estratégias, mecanismos e instrumentos econômicos e sociais para a melhoria da qualidade ambiental e do uso sustentável dos recursos naturais, as políticas para integração do ambiente e produção, as políticas e programas integrados para a Amazônia Legal; *iv*) um órgão executor, o Instituto Nacional do Meio Ambiente e dos Recursos Renováveis – IBAMA, entidade autárquica de regime especial, dotada de personalidade jurídica de direito público, vinculada ao Ministério do Meio Ambiente, com a finalidade de executar as políticas nacionais do ambiente referentes às atribuições federais permanentes relativas à preservação, à conservação e ao uso sustentável dos recursos ambientais e sua fiscalização e controle, bem como apoiar o Ministério do Meio Ambiente na execução da política nacional de recursos hídricos e na execução das ações supletivas da União;[198] *v*) órgãos seccionais, órgãos ou entidades integrantes da administração pública federal direta ou indireta e fundações instituídas pelo poder público, cuja função está total ou parcialmente associada à preservação da qualidade ambiental ou do uso dos recursos naturais, bem como órgãos ou entidades estaduais, constituídos na forma da lei e por ela incumbidos de preservar o ambiente, assegurar e melhorar a qualidade ambiental, controlar e fiscalizar ações potencial ou efetivamente lesivas aos recursos naturais e à qualidade do meio, *vi*) órgãos municipais responsáveis pelo controle e fiscalização dessas atividades no âmbito das respectivas áreas de jurisdição.

No âmbito das funções do Conselho Nacional do Meio Ambiente, deve-se acrescentar as arroladas no catálogo do art. 8º da Lei 6.938/81: *i*) estabe-

---

[197] Para a composição do órgão plenário do Conselho Nacional do Meio Ambiente, conferir o art. 5º do Decreto 99.274/90. A composição do Conselho Nacional do Meio Ambiente obedece a critérios geopolíticos, na medida em que é integrado por representantes dos Estados e do Distrito Federal; a critérios institucionais, pois é integrado também pelos representantes de Ministros de Estado; a critérios sociais e políticos, quando permite a representação da sociedade civil organizada [Cf. MILARÉ, *Direito ao ambiente*, p. 295].

[198] Cf. art. 2º da Lei 7.735/89, com a redação dada pela Lei 8.28/90 e pela Medida Provisória 1.911-12/99. No âmbito da administração pública, o Instituto Brasileiro do Meio Ambiente – IBAMA destaca-se pela relevância de sua função de polícia no sentido da realização do direito fundamental ao ambiente.

Direito Fundamental ao Ambiente

lecer, mediante proposta do IBAMA,[199] as normas e os critérios para o licenciamento de atividades efetivas e potencialmente poluidoras, a ser concedido pelos Estados e supervisionado pelo IBAMA; *ii*) determinar, quando entender necessário, a realização de estudos das alternativas e das possíveis conseqüências ambientais de projetos públicos ou privados, requisitando aos órgãos, federais, estaduais e municipais, e a entidades privadas, as informações indispensáveis para a apreciação dos estudos de impacto ambiental e respectivos relatórios, no caso de obras ou atividades de significativa degradação ambiental, especialmente nas áreas consideradas patrimônio cultural;[200] *iii*) decidir, como última instância administrativa em grau de recurso, sobre as multas e outras penalidades impostas pelo IBAMA; *iv*) determinar, mediante representação do IBAMA, a perda ou restrição de benefícios fiscais concedidos pelo poder público, em caráter geral ou condicional, e a perda ou suspensão de participação em linhas de financiamento em estabelecimentos oficiais de crédito; *v*) estabelecer, privativamente,[201] normas e padrões nacionais de controle de poluição por veículos automotores, aeronaves e embarcações; *vii*) estabelecer normas, critérios e padrões relativos ao controle e à manutenção da qualidade do ambiente com vistas ao uso racional dos recursos ambientais, principalmente os recursos hídricos.[202]

Nesse modelo de organização do Estado para a realização do direito fundamental ao ambiente, destaca-se, em nível nacional e federal, respectivamente, o Conselho Nacional do Meio Ambiente – CONAMA, pelas funções consultivas, deliberativas e, inclusive, normativas, e o Instituto Brasileiro do Meio Ambiente e dos Recursos Renováveis – IBAMA, ao qual incumbe a execução das ações administrativas em favor do ambiente são e ecologicamente equilibrado. No âmbito dos Estados e dos Municípios, destacam-se, afora os sistemas estaduais e municipais do meio ambiente, os conselhos estaduais do meio ambiente.[203] Segundo Milaré, os órgãos esta-

---

[199] Segundo Leme Machado, não está vedado ao Conselho Nacional do Meio Ambiente propor normas e critérios para licenciamento diferentes daqueles propostos pelo IBAMA [Cf. LEME MACHADO, *Direito ambiental...*, p. 132].

[200] A competência do Conselho Nacional do Meio Ambiente para determinar a realização do estudo de impacto ambiente não exclui os órgãos estaduais e municipais e tampouco significa invasão do campo de atribuição dos colegiados estaduais [Cf. Ibidem, p. 134].

[201] Com acerto, Leme Machado adverte que o Conselho Nacional do Meio Ambiente não detém competência privativa para dar normas e padrões nacionais de controle de poluição de veículos automotores, aeronaves e embarcações. Na verdade, trata-se de competência legislativa concorrente, em que a União detém competência para as normas gerais (art. 24, § 1º, da Constituição) e os Estados detêm competência suplementar (art. 24, § 2º, da Constituição) [Cf. LEME MACHADO, *Direito ambiental...*,p. 134].

[202] O art. 7º do Decreto 99.274/90 acrescenta outras funções ao catálogo de atribuições do Conselho Nacional do Meio Ambiente.

[203] A previsão para a criação de conselhos estaduais do ambiente pode ser encontrada em várias Constituições dos Estados brasileiros como, por exemplo, nas dos Estados do Amazonas, da Bahia, do Ceará, de Mato Grosso, de Mato Grosso do Sul, de Minas Gerais, do Pará, da Paraíba, de Pernambuco,

duais constituem o eixo de sustentação do Sistema Nacional do Meio Ambiente, especialmente em face da extensão do território brasileiro e das dificuldades de um órgão federal para executar de forma eficaz a gestão ambiental. Aliás, por isso deve-se compreender que os órgãos estaduais não atuam por delegação, mas como decorrência de poder próprio de uma entidade federativa,[204] conferido pelo art. 23, I, III, IV, VI, VII e XII, da Constituição. Esses órgãos ou entidades estaduais desempenham importante papel no sentido da realização do direito fundamental ao ambiente, inserindo-se no seu âmbito de competência desde as atividades de normalização até as relativas à execução de ações materiais decorrentes do poder de polícia. Uma das mais significativas competências dos órgãos estaduais diz respeito à atribuição para licenciamento e suspensão de atividades lesivas ou potencialmente lesivas ao ambiente.

Por fim, deve-se compreender que o Sistema Nacional do Meio Ambiente não configura um órgão dotado de personalidade jurídica, mas um tão-somente "instituto jurídico" resultante da integração de vários órgãos federais, estaduais e municipais que interagem entre si com o objetivo de alcançar a realização do direito fundamental ao ambiente. É necessário que os respectivos órgãos ambientais da Federação, dos Estados e dos Municípios façam transitar um conjunto de informações, como "as comunicações, as deliberações, as orientações, as avaliações e outras formas congêneres de ações e produtos",[205] de modo que elas possam circular orgânica e sistematicamente com a finalidade de que o próprio Sistema Nacional do Meio Ambiente esteja racionalmente justificado.

Os direitos à organização ambiental em sentido estrito, como parte do feixe de posições fundamentais jurídicas do direito fundamental ao ambiente, significam que o Estado é titular do dever objetivo de criar a estrutura organizacional necessária a que todos tenham acesso ao ambiente são e

---

do Rio de Janeiro, de Rondônia e do Paraná. Em nível da organização posta pela normalização estadual, por exemplo, a Lei 10.330/94, do Rio Grande do Sul, dispõe sobre a organização do Sistema Estadual de Proteção Ambiental, a elaboração, implementação e controle da política ambiental do Estado. A respeito de órgãos estaduais para a proteção ambiental, podem ser referidas a Lei 3.989/78, que dispõe sobre o Conselho Estadual do Meio Ambiente de Alagoas; a Lei 3.858/80, que dispõe sobre o Conselho Estadual do Meio Ambiente da Bahia; a Lei 7.772/80, que dispõe sobre a Comissão de Política Ambiental de Minas Gerais; o Decreto 8.246/79, que dispõe sobre o Conselho de Proteção Ambiental da Superintendência de Administração do Meio Ambiente e dos Recursos Hídricos da Paraíba; o Decreto-Lei 134/75, que dispõe sobre a Comissão Especial de Controle Ambiental do Rio de Janeiro; o Decreto 7.242/77, que dispõe sobre a Comissão Especial de Defesa do Meio Ambiente do Rio Grande do Norte e o Decreto 7.755/79, que dispõe sobre o Conselho de Tecnologia e Meio Ambiente de Santa Catarina [Cf. LEME MACHADO, *Direito ambiental...*, p. 138-139].

[204] Cf. MILARÉ, *Direito ao ambiente...*, p. 296. São exemplos: as secretarias estaduais do meio ambiente, conselhos estaduais do meio ambiente, fundações públicas (FEPAM – Fundação Estadual de Proteção do Meio Ambiente do Rio Grande do Sul) e empresas estaduais para proteção do meio ambiente (CETESB – Cia. Estadual de Saneamento Básico e de Defesa do Meio Ambiente de São Paulo).

[205] Cf. Ibidem, p. 297.

Direito Fundamental ao Ambiente

ecologicamente equilibrado, bem de uso comum do povo e essencial à sadia qualidade de vida. Isso, entretanto, não exclui que dos direitos à organização ambiental em sentido estrito não se possam extrair posições fundamentais jurídicas subjetivas *prima facie* e definitivas. Na medida em que a criação de uma organização ambiental esteja ordenada para que o direito fundamental ao ambiente possa ser realizado, nada impede que a esse dever do Estado corresponda uma posição fundamental jurídica. Isso inclui, também, que essa organização atue conforme o direito fundamental ao ambiente no sentido de lhe alcançar efetiva realização. A estrutura organizacional do Estado constitucional ambiental brasileiro está orientada no sentido da realização do direito fundamental ao ambiente, notadamente pela distribuição de sua atuação política e administrativa para as três entidades federativas com a fixação de um órgão nacional. Essa organização está protegida pela proibição de retrocesso, disso resultando que o Estado não pode extinguir órgãos ambientais, salvo criando outros com mesma ou superior eficácia. O afastamento disso pode implicar violação a posições fundamentais jurídicas do direito fundamental ao ambiente, passível de correção pela via judicial por intermédio de mecanismos como a ação popular, a ação civil pública, a ação direta de inconstitucionalidade, a ação de inconstitucionalidade por omissão e o mandado de segurança.

3.4. O PROCEDIMENTO EM SENTIDO ESTRITO

O direito ao procedimento em sentido estrito tem como objeto uma proteção jurídica efetiva, o que significa que o resultado do procedimento deve garantir a realização do direito material dos titulares do direito fundamental. Se assim, então, a posição fundamental jurídica, que é manifestação do direito fundamental ao ambiente, exige procedimentos capazes de alcançar resultados conforme esse direito fundamental. Como já observado, ainda que o procedimento por si só não se mostre suficiente para a conformidade da decisão com o direito fundamental ao ambiente, pelo menos aumenta a probabilidade de que tal resultado possa ser alcançado.

Desse modo, se as normas procedimentais podem aumentar a proteção do direito fundamental ao ambiente, isso significa que elas, pelo menos, estão exigidas *prima facie* pelo princípio do direito fundamental ao ambiente. Não havendo princípios opostos ou havendo-os sem peso suficiente para justificar o recuo do princípio do direito fundamental ao ambiente, haverá um direito definitivo à vigência de normas procedimentais para a proteção jurídica do direito ao ambiente. Por isso, com Alexy, está demonstrada a relação de dependência entre o direito fundamental ao ambiente e o procedimento, razão pela qual os lados procedimental e material devem ser reunidos em um modelo *"dual"* que garanta o primado do aspecto material[206] do direito fundamental ao ambiente.

A realização do direito fundamental ao ambiente pelo procedimento em sentido estrito pode ser alcançada com a via do procedimento administrativo e com a alternativa do procedimento judicial. Para justificar o procedimento administrativo como modalidade de realização do direito fundamental ao ambiente, nesta investigação, arbitrariamente, foram escolhidos os procedimentos de estudo de impacto ambiental e de licenciamento ambiental. Se houver êxito nisso, então, será correto afirmar que do direito fundamental ao ambiente resultam posições fundamentais jurídicas *prima facie* e definitivas aos procedimentos de estudo de impacto ambiental e de licenciamento ambiental. Por outro lado, a fim de justificar o procedimento judicial como alternativa para a realização do direito fundamental ao ambiente, neste estudo, a opção foi pelos mecanismos da ação popular e da ação civil pública.

3.4.1. O procedimento administrativo de estudo de impacto ambiental

O procedimento administrativo de estudo de impacto ambiental[207] configura alternativa de realização do direito fundamental ao ambiente na parte prestacional-procedimental de seu feixe total de posições fundamentais jurídicas. Isso significa que do direito fundamental ao ambiente se pode extrair um conjunto de posições fundamentais jurídicas *prima facie* e definitivas ao procedimento administrativo de estudo de impacto ambiental. Se assim é, então está correto afirmar que os titulares do direito fundamental ao ambiente têm direito não tão-somente à dação de normas para a configuração do procedimento administrativo de estudo de impacto ambiental, bem como que essas normas sejam interpretadas conforme o direito funda-

---

[206] Cf. ALEXY, *Teoria de los derechos...*, p. 473.

[207] Percebe-se uma certa difusão de terminologia quanto à denominação do objeto de que se trata aqui, como "estudo de impacto ambiental", "avaliação de impacto ambiental", "parecer de impacto ambiental", "declaração de impacto ambiental" [Cf. COLAÇO ANTUNES, Luís Filipe. *O procedimento administrativo de avaliação de impacto ambiental*. Coimbra: Almedina, 1998, p. 304]. A Lei 6.803/80 refere-se a "avaliação de impacto ambiental" (art. 10, § 3º). A Lei 6.938/81 refere-se, primeiro, a "estudo de impacto ambiental" (art. 8º, II – com a redação dada pela Lei 8.028/90) e, depois, a "avaliações de impactos ambientais" (art. 9º, III). A Resolução 01/86 do Conselho Nacional do Meio Ambiente refere-se, na *Consideranda*, a "avaliação de impacto ambiental" e, depois, a "estudo de impacto ambiental" (art. 3º). A Constituição de 1988 refere-se a "estudo prévio de impacto ambiental". Ainda que "avaliação (*"evaluation"*) de impacto ambiental" seja a denominação que melhor corresponda ao que ocorre ao ensejo do procedimento, segue-se aqui a denominação que parece ser a preferência da doutrina nacional, que é a de "estudo de impacto ambiental" [Cf. MIRRA, Álvaro Luiz Valery. *Impacto ambiental*. São Paulo: Juarez de Oliveira, 2002, p. 2; LEME MACHADO, *Direito ambiental...*, p. 194; MILARÉ, *Direito do ambiente*, p. 320].

Direito Fundamental ao Ambiente

mental ao ambiente e, também, à própria realização do procedimento administrativo de estudo de impacto ambiental. Como é próprio dos direitos ao procedimento, o procedimento administrativo de estudo de impacto ambiental é um dos importantes mecanismos de efetivação do direito fundamental ao ambiente, notadamente como "meio de garantir um resultado adequado ao conteúdo objetivo do direito fundamental ao ambiente".[208] O que segue tem o propósito de demonstrar como se dá a efetividade do direito fundamental ao ambiente pela realização do direito ao procedimento de impacto ambiental.

O direito ao procedimento de estudo do impacto ambiental vai encontrar justificação constitucional na norma do art. 225, § 1º, IV, da Constituição, segundo a qual, incumbe ao poder público, é dizer, às entidades federativas no âmbito de suas respectivas competências, exigir "estudo prévio de impacto ambiental" para a instalação de obra ou atividade potencialmente causadora de "significativa degradação ambiental".[209] É a partir da decomposição analítica dos elementos contidos nessa norma que se pretende demonstrar a efetividade do direito fundamental ao ambiente pelo procedimento de estudo de impacto ambiental.

3.4.1.1. O objeto do estudo de impacto ambiental

Se impacto ambiental se deixa compreender como a alteração global das condições ambientais originárias e a nova situação referida à intervenção humana considerada,[210] o estudo de impacto ambiental é procedimento

---

[208] Cf. COLAÇO ANTUNES, *O procedimento administrativo...*, p. 141.

[209] O primeiro modelo normativo que pode ser remetido à avaliação de impacto ambiental é o do célebre *National Environmental Policy Act de 1969*, dos Estados Unidos. No contexto europeu, merece registro a Lei de Proteção da Natureza, francesa, de 1976 e, posteriormente, a Diretiva 337/85 da Comunidade Européia. No âmbito do ordenamento jurídico brasileiro, a primeira referência ao estudo de impacto ambiental é da norma do art. 10, § 3º, da Lei 6.803/80, que dispõe sobre as diretrizes básicas para o zoneamento industrial nas áreas críticas de poluição. Essa norma prevê que a delimitação e autorização de zonas de uso estritamente industriais destinadas à localização de pólos petroquímicos, cloroquímicos, carboquímicos e centrais nucleares (art. 10, § 2º, da Lei 6.803/80) somente poderá ser aprovada se precedida de "estudos especiais de alternativas" e de "avaliações de impacto". Posteriormente, a norma do art. 9º, II, da Lei 6.938/81, inseriu a avaliação de impacto ambiental como um dos instrumentos da política nacional do ambiente. Nessa mesma normalização, o art. 8º, I e II, confere ao Conselho Nacional do Meio Ambiente a competência para estabelecer as normas e os critérios para o licenciamento das atividades efetiva ou potencialmente poluidoras, bem como determinados estudos das alternativas e das possíveis conseqüências ambientais de projetos públicos e privados. No âmbito de sua competência, o Conselho Nacional do Meio Ambiente, por intermédio da Resolução 01/86, estabeleceu os critérios básicos e diretrizes gerais para uso e implementação da avaliação de impacto ambiental. A normalização do estudo de impacto ambiental pode ser encontrada em algumas Constituições estaduais, como a Constituição do Rio Grande do Sul (art. 251, § 1º, V) e a Constituição do Paraná (art. 207, § 1º, V).

[210] Cf. COLAÇO ANTUNES, *O procedimento administrativo...*, p. 316. A Resolução 01/86 do Conselho Nacional do Meio Ambiente considera impacto ambiental qualquer alteração das propriedades físicas, químicas e biológicas do ambiente, causada por qualquer forma de matéria ou energia resultante das atividades humanas que, direta ou indiretamente, afetam a saúde, a segurança, o bem-estar da

administrativo que tem por objeto avaliar objetivamente as alterações da realidade ambiental existente, primária ou secundária, positiva ou negativa, direta ou indiretamente causada por empreendimento público ou privado.[211] Trata-se, então, de uma atividade desenvolvida para identificar, descrever e estimar os efeitos que uma determinada obra irá causar no ambiente, bem como, eventualmente, indicar as medidas que deverão ser adotadas como forma de prevenir conseqüências negativas no caso de o empreendimento ser efetivamente executado. Essa quantificação global do impacto sobre o ambiente não se deve resumir a critérios técnicos, econômicos e políticos, mas considerar também aspectos sociais, sanitários e culturais. Em verdade, nenhum dos efeitos decorrentes do impacto ambiental deve ser desprezado, notadamente porque o conceito de avaliação de impacto ambiental "pressupõe a consciência de que os meios que a civilização industrial contemporânea coloca à disposição da intervenção humana podem conduzir a irremediáveis fraturas na continuidade da evolução história do território ou causar degradação irreversível dos recursos ambientais".[212] Nesse sentido, como acentua Colaço Antunes, os procedimentos administrativos de avaliação ambiental concorrem decisivamente para a concretização dos objetivos constitucionais de proteção do ambiente e de utilização racional dos recursos naturais, especialmente porque têm como função essencial a defesa do ambiente com base nos princípios que informam o Direito do ambiente e na racionalidade ambiental.[213]

Isso compreendido, deve-se analisar a distribuição de competência entre a União, Estados e Municípios quanto às questões que dizem respeito ao procedimento de estudo de impacto ambiental.

---

população, as atividades econômicas, a fauna, a flora, as condições estéticas e sanitárias do ambiente e a qualidade dos recursos ambientais (art. 1º). Conforme a Convenção da Comissão das Nações Unidas para a Europa sobre a Avaliação de Impacto Ambiental Transfronteiriço, realizada no ano de 1991, em Espoo, na Finlândia, impacto significa "qualquer efeito de uma atividade proposta sobre o meio ambiente, notadamente sobre a saúde e a segurança, a flora, a fauna, o solo, o ar, a água, o clima, a paisagem e os monumentos históricos ou outras construções ou a interação entre esses fatores" (art. 1º, VII) [Cf. LEME MACHADO, *Direito ambiental...*, p. 196].

211 Segundo Colaço Antunes, em geral, não há grandes dificuldades para a consideração e a verificação dos efeitos diretamente referidos à obra que se pretende executar, é dizer, dos "impactos diretos ou indiretos" decorrentes de um empreendimento, na medida em que o controle das transformações ambientais se dá pela fixação de *standards* de concentração máxima de substâncias que podem ser lançadas no ambiente e de *standards* da qualidade do ambiente, incluídos os efeitos sinérgicos e de acumulação. Mais difícil, contudo, é a verificação dos efeitos indiretos ou secundários que, por exigirem conhecimento de regras de funcionamento de ecossistemas complexos e delicados, dificilmente quantificáveis, não se deixam apreender com segurança e precisão. Aliás, não raras vezes, exatamente esses efeitos mediatos de longo prazo são as mais determinantes e importantes transformações ambientais globais a serem consideradas na decisão final de licenciamento de um empreendimento [Cf. COLAÇO ANTUNES, op. cit., p. 317-318].

212 Cf. COLAÇO ANTUNES, *O procedimento administrativo...*, p. 310.

213 Cf. Ibidem, p. 192.

Direito Fundamental ao Ambiente

3.4.1.2. A repartição de competência

Relativamente à competência legislativa concorrente, a repartição segue o modelo já analisado, cabendo à União a competência para estabelecer as normas gerais, aos Estados a competência para suplementar a normalização geral com normas específicas, bem como a competência complementar no caso de ausência da normalização geral, e aos Municípios a competência suplementar nos assuntos de interesse local. A respeito, merece registro a decisão do Supremo Tribunal Federal que declarou inconstitucional a norma do art. 182, § 3°, da Constituição do Estado de Santa Catarina, que dispensava a realização de estudo de impacto ambiental no caso de "áreas de florestamento ou reflorestamento para fins empresariais". Essa decisão está assentada em duas razões. Em primeiro lugar, a norma estadual contraria o art. 225, § 1°, IV, da Constituição Federal, que prevê, sem exceção, a exigência de estudo prévio de impacto ambiental para atividades que sejam potencialmente causadoras de significativa degradação ao ambiente. Em segundo lugar, mesmo admitindo-se a possibilidade de que o legislador infraconstitucional possa excluir da exigência do estudo de impacto ambiental de obra ou atividade por entender que não seja causadora de significativa degradação ao ambiente, pela distribuição de competência, "apenas lei federal seria apta a excluir hipóteses à incidência do preceito geral, já que se trata de matéria nitidamente inserida no campo de abrangência das normas gerais sobre conservação da natureza e proteção do ambiente, e não de normas complementares, que são de atribuição constitucional dos Estados-membros".[214] Desse modo, a decisão reconhece que a norma estadual é materialmente inconstitucional por contrariar norma da Constituição em sentido contrário, e formalmente inconstitucional por desviar-se do modelo de distribuição de competência legislativa concorrente em matéria ambiental.

Relativamente à competência comum, a repartição de competência definida pela normalização infraconstitucional estabelece que incumbe aos Estados e, em caráter supletivo, ao IBAMA a exigência do estudo de impacto ambiental, conforme a norma do art. 10, *caput*, da Lei 6.938/81, e do art. 1° da Resolução 01/86 do Conselho Nacional do Meio Ambiente. Relativamente aos Municípios, como se pode extrair das normas do art. 5°, parágrafo único, e do art. 6°, parágrafo único, ambos da referida Resolução 01/86, admite-se a competência para fixar "diretrizes adicionais" e formular

---

[214] Cf. STF. ADIn 1.086-7/SC, j. 01/08/94, *Revista de Direito Ambiental*, São Paulo, n. 2, abr./jun., 1996, p. 200-201. Precisamente a esse enunciado contido na decisão do Supremo Tribunal Federal, pode-se objetar que tampouco lei federal poderia dispensar, *a priori*, a realização de estudo de impacto ambiental porque a exigência ou não do procedimento administrativo está condicionada a que a obra ou empreendimento que se pretenda licenciar seja ou não causador de significativa degradação ambiental, conforme se pode concluir da norma do art. 225, § 1°, IV, da Constituição.

"instruções adicionais" que se fizerem necessárias "pelas peculiaridades do projeto e características ambientais da área". Assim, compete aos Estados a exigência, o exame e a aprovação do estudo de impacto ambiental, remanescendo essa competência para o IBAMA quando se tratar de empreendimento de que possa resultar significativa degradação ambiental de âmbito nacional ou regional, conforme as normas do art. 10, § 4º, da Lei 6.938/81 e do art. 4º da Resolução 237/97 do Conselho Nacional do Meio Ambiente.[215]

3.4.1.3. A significativa degradação ambiental e a obrigatoriedade do procedimento

Uma das mais importantes discussões a respeito da efetividade do direito fundamental ao ambiente pela realização do direito ao procedimento administrativo de estudo de impacto ambiental tem como elemento central a definição das obras ou empreendimentos cujo licenciamento ambiental não prescinde de prévio estudo de impacto ambiental. Em essência, essa questão diz respeito à compreensão da norma segundo a qual a instalação de obra ou de atividade causadora de significativa degradação ao ambiente está condicionada à realização de estudo prévio de impacto ambiental. A complexidade da questão está justificada pela dificuldade de integração do conceito indeterminado *significativa degradação ao ambiente*. Algumas atividades, pelas próprias particularidades e natureza, podem facilmente ser incluídas entre aquelas causadoras de significativa degradação ambiental, quando, sem mais, o procedimento de estudo de impacto ambiental deve ser exigido pelo órgão ambiental competente. Entretanto, há atividades que não se deixam incluir claramente entre aquelas causadoras de significativa degradação ambiental, hipótese em que a exigibilidade do procedimento de impacto ambiental estará justificada racionalmente quando se conseguir definir concretamente a significação dos efeitos diretos e indiretos do empreendimento para o ambiente. Assim postas as coisas, deve-se perguntar pelas estratégias que podem ser utilizadas para a caracterização das hipó-

---

[215] Conforme a norma do art. 4º da Resolução 237/97 do Conselho Nacional do Meio Ambiente, compete ao IBAMA o licenciamento ambiental de empreendimentos e atividades com significativo impacto ambiental de âmbito nacional ou regional, como aquelas: *i*) localizadas ou desenvolvidas conjuntamente no Brasil e em país limítrofe; no mar territorial; na plataforma continental; na zona econômica exclusiva; em terras indígenas ou em unidades de conservação do domínio da União; *ii*) localizadas ou desenvolvidas em dois ou mais Estados; *iii*) cujos impactos ambientais diretos ultrapassem os limites territoriais do Brasil ou de um ou mais Estados; *iv*) destinadas a pesquisar, lavrar, produzir, beneficiar, transportar, armazenar e dispor material radioativo, em qualquer estágio, ou que utilizem energia nuclear em qualquer de suas formas e aplicações; *v*) bases ou empreendimentos militares. Entende-se que a competência para exigir, apreciar e aprovar o estudo de impacto ambiental, nessas hipóteses, é do IBAMA, porque se trata do órgão que detém a competência para o licenciamento ambiental dos empreendimentos e atividades correspondentes às áreas e situações especificadas no art. 4 da Resolução 237/97.

Direito Fundamental ao Ambiente

teses de configuração de posição fundamental jurídica definitiva ao procedimento de estudo de impacto ambiental, ou seja, aquelas situações em que a realização do estudo prévio de impacto ambiental pode ser exigida.

A principal estratégia em direção à definição das hipóteses de configuração do direito ao procedimento de estudo de impacto ambiental está na normalização infraconstitucional da Resolução 01/86 do Conselho Nacional do Meio Ambiente. A norma do art. 2º da Resolução 01/86 apresenta um catálogo de atividades e empreendimentos que obrigatoriamente estão condicionados ao procedimento de estudo de impacto ambiental,[216] hipóteses em que se acha configurado o direito *definitivo* ao procedimento administrativo de estudo ambiental integrante do conjunto de posições fundamentais jurídicas do direito fundamental ao ambiente.[217] Trata-se de normalização infraconstitucional geral dada pelo legislador nacional, no âmbito da competência legislativa da União, que não pode ser restringida pela competência legislativa dos Estados e dos Municípios, devendo-se concluir que é vedada a dispensa, pela legislação estadual ou municipal, da realização do estudo de impacto ambiental quando para a mesma atividade é exigido o procedimento de estudo de impacto ambiental pela normalização geral.[218] Se o catálogo de atividades relacionadas no art. 2º da Resolução 01/86 serve, por um lado, para definir aquelas hipóteses em que há o direito definitivo ao procedimento de impacto ambiental porque o próprio legislador infraconstitucional já reconheceu a significação da degradação ambiental, por outro não exclui que outras atividades possam exigir o estudo de impacto ambiental. Se o próprio mandamento constitucional contido na norma do art. 225, § 1º, IV, da Constituição, estabelece a obrigatoriedade

---

[216] Integram o catálogo do art. 2º da Resolução 01/86, por exemplo, as seguintes atividades: estradas de rodagem com duas ou mais faixas de rolamento, ferrovias, portos e terminais de minério, petróleo e produtos químicos, aeroportos, oleodutos, gasodutos, minedutos, troncos coletores e emissários de esgotos sanitários, linhas de transmissão de energia elétrica, acima de 230 KV, obras hidráulicas para exploração de recursos hídricos, tais como barragens para fins elétricos, acima de 10 MW, barragens de saneamento ou de irrigação, abertura de canais para navegação, drenagem e irrigação, retificação de cursos d'água, abertura de barras e embocaduras, transposição de bacias, diques, extração de combustível fóssil, aterros sanitários, processamento final de resíduos tóxicos ou perigosos, complexos e unidades industriais, distritos industriais, zonas estritamente industriais, exploração econômica de madeira ou lenha em áreas acima de 100 hectares ou menores, quando atingir áreas significativas em termos percentuais ou de importância do ponto de vista ambiental, projetos urbanísticos acima de 100 hectares ou áreas de relevante interesse ambiental, qualquer atividade que utilizar carvão vegetal, em quantidade superior a dez toneladas por dia, projetos agropecuários com área superior a mil hectares ou menos, quando em termos percentuais ou de importância do ponto de vista ambiental, inclusive nas áreas de proteção ambiental. As atividades especificadas na Lei 6.803/80 e nas Resoluções 11/86 e 5/87 do Conselho Nacional do Meio Ambiente também integram o catálogo daquelas que exigem a elaboração do estudo prévio de impacto ambiental.

[217] Aqui, mais correto do que afirmar que a administração pública tem direito de exigir a elaboração do estudo de impacto ambiental [Cf. LEME MACHADO, *Direito ambiental...*, p. 207], é dizer que todos os titulares do direito fundamental ao ambiente (art. 225, *caput*, da Constituição) têm direito à realização do estudo de impacto ambiental (art. 225, § 1º, IV, da Constituição).

[218] Cf. MIRRA, *Impacto ambiental*, p. 63.

do estudo de impacto ambiental para as atividades causadoras de degradação ambiental, somente isso é suficiente para a integração do conceito indeterminado e para que a avaliação do impacto ambiental seja exigida. A conclusão é que o catálogo da normalização infraconstitucional geral não é exaustivo, mas meramente *exemplificativo*,[219] de modo que outras atividades podem ser consideradas como causadoras de significativa degradação ao ambiente, seja pela legislação, estadual ou municipal, seja pelo órgão administrativo competente.

A realização do direito ao procedimento de estudo de impacto ambiental pode encontrar maiores objeções, contudo, quando a exigibilidade da avaliação ambiental tiver de ser retirada da própria integração do conceito indeterminado de *significativa degradação ambiental* contido na norma constitucional, o que somente pode ser obtido se considerada uma hipótese de análise concreta.[220] Em outras palavras, a configuração do direito ao procedimento administrativo de estudo de impacto ambiental depende de a atividade ser considerada, no caso concreto, como causadora de significativa degradação ambiental. A decisão está inserida no âmbito da competência administrativa dos órgãos estaduais e do órgão federal, conforme o modelo de repartição de competência estabelecido pela Constituição. Isso, contudo, não significa que a realização do direito ao procedimento do estudo de impacto ambiental esteja subordinada ao arbítrio e tampouco à discricionariedade do órgão administrativo competente. Existem somente duas alternativas possíveis diante de uma pretensão de desenvolvimento de uma determinada atividade ou empreendimento. Ou a atividade *é* causadora de significativa degradação ambiental ou a atividade *não é* causadora de significativa degradação ambiental. Somente a primeira hipótese configura o direito ao procedimento de estudo de impacto ambiental, situação em que a noção de discricionariedade administrativa não tem sentido. Tampouco dessa noção se trata quando se está diante da integração dos termos indeterminados do conceito de significativa degradação ambiental.

A respeito dessa questão é necessário observar que a associação entre conceito jurídico indeterminado e discricionariedade administrativa, antes admitida, passou a ser rejeitada depois da promulgação da Lei Fundamental de Bonn. Com fundamento no art. 19, IV, da Lei Fundamental, "que concede uma proteção jurídica ampla e completa do cidadão diante da atuação

---

[219] Cf. MIRRA, *Impacto ambiental*, p. 42. No mesmo sentido: LEME MACHADO, *Direito ambiental...*, p. 206; MILARÉ, *Direito do ambiente*, p. 329; CAPPELLI, Sílvia. O estudo de impacto ambiental na realidade brasileira. *Revista do Ministério Público do Rio Grande do Sul*, Porto Alegre, n. 27, p. 45-60, 1992, p. 54.

[220] A ausência de referenciais concretos esvazia tentativas como a de Leme Machado, segundo o qual "significativa é o contrário de insignificante, podendo-se entender como a agressão ambiental provável que possa causar dano sensível, ainda que não seja excepcional ou excessivo" [Cf. LEME MACHADO, *Direito ambiental...*, p. 194].

Direito Fundamental ao Ambiente

administrativa antijurídica", entendeu-se que os tribunais administrativos são "obrigados a revisar completamente as decisões administrativas no aspecto jurídico e fático, também quando se trata de conceitos jurídicos indeterminados".[221] É interessante observar que até a denominada "doutrina do espaço de apreciação" de Bachof nega que o emprego de conceitos indeterminados concede à autoridade administrativa um "espaço de poder discricionário".[222] Aliás, referindo-se à doutrina do espaço de apreciação, observa Maurer que a existência de um conceito jurídico indeterminado por si só não abre um espaço de apreciação, devendo-se aceitar esse espaço somente em hipóteses excepcionais "quando fundamentos especiais falam a favor disso e existe um reconhecimento expresso ou, pelo menos, concludente pelo dador de leis".[223] No caso das decisões de prognoses e de valoração de risco ambiental – juízos de probabilidade dos quais são extraídas conclusões futuras – pode-se reconhecer um espaço de apreciação, contudo, os tribunais "controlam completamente o grau de probabilidade (por exemplo, suficientemente provável, certo, excluído pela razão prática e assim por diante)", a correção e a integridade da base do prognóstico.[224] O que essa análise permite concluir é que o conceito de *significativa degradação ambiental* não conduz à discricionariedade da autoridade administrativa competente no sentido de excluir o controle jurisdicional da exigibilidade ou não procedimento de estudo de impacto ambiental.

É essa compreensão que se deve dar à norma do art. 3º, parágrafo único, da Resolução 237/97 do Conselho Nacional do Meio Ambiente, segundo a qual o órgão ambiental competente, ao verificar que a atividade não é potencialmente causadora de significativa degradação ao ambiente, definirá os estudos ambientais pertinentes ao respectivo processo de licenciamento. Essa norma, em hipótese alguma, permite concluir pela discricionariedade do órgão ambiental competente no sentido de poder dispensar o estudo de impacto ambiental, mas prevê, na verdade, um *plus* que autoriza ao órgão ambiental exigir outros estudos, diversos do estudo de impacto ambiental,[225] quando racionalmente concluir que a atividade não é causa-

---

[221] Cf. MAURER, Hartmut. *Elementos de direito administrativo alemão.* Tradução de Luís Afonso Heck. Porto Alegre: Fabris, 2001, p. 56.

[222] Cf. Ibidem, p. 57. Segundo Colaço Antunes, a doutrina alemã levou a cabo uma depuração da categoria da discricionariedade, excluindo da noção de discricionariedade tanto os conceitos jurídicos indeterminados como, dentro dessa mesma categoria de conceitos, os pressupostos balizados pelo conceito de "margem de apreciação". A conclusão disso é que a determinação jurídica dos conceitos indeterminados não comporta uma "verdadeira discricionariedade administrativa" [Cf. COLAÇO ANTUNES, *O procedimento administrativo...*, p. 241-242, nota 578].

[223] Cf. MAURER, *Elementos...*, p. 58.

[224] Cf. Ibidem, p. 61.

[225] São exemplos de estudos alternativos o relatório ambiental preliminar, o relatório de viabilidade ambiental, o relatório de avaliação de impacto ambiental e o relatório ambiental simplificado [Cf. MIRRA, *Impacto ambiental*, p. 54].

dora de significativa degradação ambiental. Aliás, resulta evidente da norma do art. 225 da Constituição que "não há qualquer discricionariedade para a administração pública quanto a exigir ou não o estudo de impacto ambiental na hipótese de pedido de licenciamento de atividade ou obra potencialmente causadora de significativa degradação do meio ambiente", não havendo, por isso, "espaço para qualquer subjetividade", pois se trata de atividade administrativa de conteúdo vinculado.[226]

Assim, configura-se o direito ao procedimento administrativo de estudo de impacto ambiental, independentemente do catálogo de atividades relacionadas na normalização infraconstitucional, bastando que se pretenda executar alguma atividade ou empreendimento causador de significativa degradação ambiental.[227] Todos os titulares do direito fundamental ao ambiente são e ecologicamente equilibrado, nessa hipótese, detêm posições fundamentais jurídicas definitivas à realização do procedimento de estudo de impacto ambiental que deve ser exigido pelo órgão ambiental competente daquele que pretender desenvolver a atividade causadora de degradação ambiental. A correção desse enunciado pode ser demonstrada pela decisão do Tribunal de Justiça de São Paulo, que concluiu pela procedência de ação popular para declarar a nulidade do ato administrativo de licenciamento ambiental não precedido de estudo de impacto ambiental relativo à construção de um posto de venda de combustível em área de proteção ambiental.[228] Em outra decisão, acolhendo ação civil pública, o mesmo Tribunal reconheceu o direito ao procedimento administrativo de estudo de impacto ambiental para a construção de um *shopping center*, integrando diretamente o conceito de *significativa degradação ambiental*.[229] Essas duas decisões

---

[226] Cf. MARINONI, Luiz Guilherme. *Tutela inibitória*. São Paulo: Revista dos Tribunais, 2003, p. 97. Diferentemente, Krell observa que a decisão administrativa de exigir ou não estudo de impacto ambiental é discricionária porque envolve o "exercício de um juízo técnico-valorativo" sobre a possibilidade de a degradação ambiental da atividade ou empreendimento ser significativa ou não [Cf. KRELL, *Discricionariedade administrativa...*, p. 120]. O problema desse entendimento está em deixar de considerar que o procedimento administrativo de estudo de impacto ambiental integra o conjunto de posições fundamentais jurídicas do direito fundamental ao ambiente. Dizer que essa questão pertence ao espaço da discricionariedade administrativa significa excluir *a priori* a posição fundamental jurídica definitiva ao procedimento de estudo de impacto ambiental. Por isso, então, a decisão administrativa quanto à exigibilidade do procedimento de estudo de impacto ambiental não se insere no âmbito da discricionariedade administrativa.

[227] Cf. STJ. Med. Caut. 2136/SC. j. 22/05/2002. Disponível em: http://www.stf.gov.br. Acesso em: 06 nov. 2003.

[228] Cf. TJSP. Ac. 047.426.5/6-00. j. 10/11/1999. Disponível em: http://www.tj.sp.gov.br. Acesso em 10 nov. 2003. No mesmo sentido, o Tribunal de Justiça do Rio Grande do Sul reconheceu a legitimidade dos autores de ação popular para exigir estudo de impacto ambiental prévio à construção de um edifício de nove andares em pacato balneário à beira-mar [Cf. TJRS. Ag. Inst. 7000526430. j. 14/05/2003. Disponível em: http://www.tj.rs.gov.br. Acesso em 10 nov. 2003].

[229] Cf. TJSP. Ac. 108.416-5/4, j. 17/08/1999. Disponível em: http://www.tj.sp.gov.br. Acesso em 10 nov. 2003. O Tribunal de Justiça do Rio Grande do Sul, acolhendo ação civil pública, determinou a realização de estudo de impacto ambiental em relação a situação de depósito de lixo em local aberto [Cf. TJRS. Reex. Nec. 70000289884. j. 15/12/1999. Disponível em: http://www.tj.rs.gov.br. Acesso em 10 nov. 2003.

Direito Fundamental ao Ambiente

trazem os dois instrumentos processuais mais eficazes para a exigibilidade jurisdicional do direito ao procedimento de estudo de impacto ambiental, que são a ação popular e a ação civil pública.

3.4.1.4. A marcha do procedimento

O direito ao procedimento administrativo de estudo de impacto ambiental como parte integrante do conjunto de posições fundamentais jurídicas do direito fundamental ao ambiente não se esgota na exigibilidade do estudo de impacto ambiental. Requer, além disso, que o desenvolvimento das fases do procedimento se dê em conformidade com o direito fundamental ao ambiente, porque de nada adiantaria garantir a exigibilidade do estudo de impacto ambiental se o seu procedimento não considerasse o conteúdo normativo do direito fundamental ao ambiente. Como procedimento prévio ao licenciamento ambiental, o procedimento administrativo de estudo de impacto ambiental tem seu desenvolvimento iniciado com o requerimento do interessado na execução de uma determinada atividade ou empreendimento.

Na fase preliminar do procedimento, desenvolve-se a elaboração das diretrizes gerais e adicionais a que se refere a norma do art. 5º da Resolução 01/86 do Conselho Nacional do Meio Ambiente. Isso significa que o estudo de impacto ambiental, além de considerar todos os princípios e os objetivos necessários à preservação do ambiente, deve: *i*) contemplar todas as alternativas tecnológicas e a localização do projeto, considerando, inclusive, a possibilidade de não-execução do projeto; *ii*) avaliar os impactos ambientais decorrentes da implantação e da operação da atividade; *iii*) definir a área direta ou indiretamente afetada pelos impactos, isto é, a área de influência do projeto; *iv*) considerar a compatibilidade do projeto com os planos e programas governamentais previstos na área de influência do projeto.

A segunda fase correspondente às atividades técnicas próprias da avaliação de impacto ambiental, desdobradas em: *i*) diagnóstico ambiental; *ii*) análise dos impactos ambientais do projeto; *iii*) definição das medidas de mitigação; *iv*) programa de acompanhamento, realizáveis por uma equipe técnica multidisciplinar.[230] O diagnóstico ambiental incidente sobre a área

---

[230] A norma do art. 7º da Resolução 01/86 do Conselho Nacional do Meio Ambiente, segundo a qual o estudo de impacto ambiental deveria ser realizado por equipe técnica multidisciplinar independente do proponente do projeto, foi revogada pela norma do art. 11, *caput*, da Resolução 237/97. Assim, então, também profissionais vinculados ao empreendedor podem integram a equipe técnica responsável pela elaboração do estudo de impacto ambiental. Diferentemente, a norma do art. 74 do Código Estadual do Meio Ambiente do Rio Grande do Sul (Lei Estadual 11.520/00) estabelece que o estudo de impacto ambiental e o relatório de impacto ambiental devem ser realizados por equipe multidisciplinar habilitada, cadastrada no órgão ambiental competente, não dependente direta ou indiretamente do proponente do projeto. Na normalização estadual, portanto, retoma-se a orientação da Resolução 01/86 no sentido de excluir-se qualquer relação de dependência entre o proponente do projeto e a equipe multidisciplinar encarregada do estudo de impacto ambiental.

de influência do projeto tem por objetivo a descrição da situação ambiental antes da implantação da atividade, devendo considerar tanto os aspectos ecológicos como os elementos socioeconômicos. A análise do impacto ambiental do projeto tem por objetivo a identificação e avaliação da magnitude dos impactos, considerando seus aspectos positivos e negativos, diretos e indiretos, imediatos, a médio e a longo prazos, temporários e permanentes, além do grau de reversibilidade do projeto. A definição das medidas de mitigação consiste na identificação das medidas capazes de suprimir ou reduzir os efeitos negativos do projeto, entre as quais se incluem os equipamentos de controle e sistemas de tratamento de resíduos e emissões. A elaboração do programa de acompanhamento e monitoramento dos impactos negativos e positivos do projeto tem em consideração os acontecimentos ambientais que podem ocorrer ao longo da execução e operação do projeto, prevendo as condições de manejo de seus efeitos.

A terceira fase corresponde à elaboração do relatório de impacto ambiental, que tem por objetivo apresentar uma síntese das conclusões da equipe multidisciplinar, notadamente em relação à viabilidade do projeto, seu impacto sobre o ambiente e às alternativas possíveis e convenientes.[231] Ainda que se trate de um instrumento técnico, o relatório de impacto ambiental apresentado pela equipe multidisciplinar deve ser formulado de forma clara e objetiva, de modo que a linguagem nele contida possa permitir a adequada compreensão dos aspectos positivos e negativos do projeto, bem como de todas as conseqüências de sua implementação na área de influência. Além disso, o relatório de impacto ambiental deve conter a conclusão da equipe técnica quanto à realização ou não do empreendimento.[232]

A quarta fase corresponde à publicização do estudo de impacto ambiental e do respectivo relatório de impacto ambiental. A publicidade no procedimento administrativo de estudo de impacto ambiental corresponde à alternativa de realização do direito à informação e do direito à participação como posições fundamentais jurídicas integrantes do feixe de posições fundamentais jurídicas do direito fundamental ao ambiente. O direito à informação ambiental, como posição fundamental jurídica integrante do

---

[231] Conforme a norma do art. 9º da Resolução 01/86 do Conselho Nacional do Meio Ambiente, o relatório de impacto ambiental deve refletir as conclusões do estudo de impacto ambiental, devendo conter: *i*) os objetivos e justificativas do projeto; *ii*) a descrição do projeto e suas alternativas tecnológicas e locais, com especificação da área de influência, as matérias-primas, a mão-de-obra, as fontes de energia, os processos operacionais, os prováveis efluentes, as emissões, os resíduos de energia, os empregos diretos e indiretos a serem gerados; *iii*) a síntese dos resultados do estudo de diagnóstico ambiental da área de influência do projeto; *iv*) a descrição dos prováveis impactos ambientais da implantação e operação da atividade; v) a caracterização da qualidade ambiental futura da área de influência; *vi*) a descrição do efeito esperado das medidas mitigatórias previstas em relação aos impactos negativos; *vii*) o programa de acompanhamento de monitoramento dos impactos; *viii*) a recomendação quanto à alternativa mais favorável.

[232] Cf. MIRRA, *Impacto ambiental*, p. 78.

Direito Fundamental ao Ambiente

103

direito fundamental ao ambiente, significa que cada titular do direito ao ambiente são e ecologicamente equilibrado também é titular do direito ao acesso adequado a informações relativas ao ambiente de que disponham as autoridades públicas competentes, inclusive sobre materiais e atividades perigosas.[233] O direito à participação ambiental, como posição fundamental jurídica integrante do direito fundamental ao ambiente, assegura a cada titular do direito ao ambiente a possibilidade de participar na formação da vontade estatal ambiental, é dizer, na tomada de decisões administrativas e judiciais relativamente às questões do ambiente. Assim, o direito à informação ambiental e o direito à participação ambiental configuram posições fundamentais jurídicas integrantes do todo que conforma o direito fundamental ao ambiente. Por isso, então, o direito à informação e o direito à participação atuam juntos no sentido da própria realização do direito fundamental ao ambiente. Isso porque a realização do direito à participação depende da realização do direito à informação, pois aqueles que detêm a informação é que podem atuar e participar adequadamente da tomada de decisões no âmbito das questões ambientais. O direito à informação e o direito à participação como modalidades de manifestação do direito fundamental ao ambiente vão encontrar justificação, por intermédio do procedimento administrativo de estudo de impacto ambiental, na normalização constitucional e infraconstitucional. A norma do art. 225, § 1º, IV, da Constituição dispõe expressamente sobre a publicidade do estudo prévio de impacto ambiental, e a norma do art. 225, *caput*, estabelece que incumbe à coletividade o dever de defender e preservar o ambiente para as gerações presentes e futuras. A normalização infraconstitucional sobre o procedimento administrativo de estudo de impacto ambiental assegura o direito à informação e o direito à participação na tomada das decisões do licenciamento ambiental. Desde o seu início, o procedimento administrativo de estudo de impacto ambiental deve ser objeto de publicidade, conforme dispõem as normas do art. 10º, § 1º, da Lei 6.938/81[234] e do art. 17, § 4º, do Decreto 99.274/90.[235] Aliás, a Resolução 06/86 do Conselho Nacional do

---

[233] O princípio 10 da Declaração do Rio de Janeiro da Conferência das Nações Unidas para o Meio Ambiente e Desenvolvimento de 1992 está assim configurado: "O melhor modo de tratar as questões ambientais é com a participação de todos os cidadãos interessados, em vários níveis. No plano nacional, toda pessoa deverá ter acesso adequado à informação sobre o ambiente de que dispõem as autoridades públicas, incluída a informação sobre os materiais e atividades que oferecem perigo em suas comunidades, assim como a oportunidade de participar dos processos de adoção de decisões. Os Estados deverão facilitar e fomentar a sensibilização e a participação do público, colocando a informação à disposição de todos. Deverá ser proporcionado acesso efetivo aos procedimentos judiciais e administrativos, entre os quais o ressarcimento dos danos e os recursos pertinentes."

[234] Essa norma estabelece que os pedidos de licenciamento, sua renovação e respectiva concessão devem ser publicados no jornal oficial do Estado, bem como em um periódico regional ou local de grande circulação.

[235] Essa norma dispõe que os pedidos de licenciamento, em qualquer modalidade, sua renovação e respectiva concessão da licença, resguardado o sigilo industrial, deve ser objeto de publicação resumi-

Meio Ambiente estabelece que se deve dar conhecimento público à própria determinação, pelo órgão competente, do estudo de impacto ambiental, disso se concluindo que todos são titulares do direito a tomar conhecimento da pretensão de desenvolvimento de uma determinada atividade em uma determinada área, bem como de que se irá realizar o estudo de impacto ambiental que poderá, inclusive, ser acompanhado ao longo de todo o procedimento administrativo.[236] No mesmo sentido, a norma do art. 11, *caput*, da Resolução 01/86 do Conselho Nacional do Meio Ambiente, estabelece que, respeitado o sigilo industrial,[237] o relatório de impacto ambiental deve estar acessível ao público, permanecendo cópias à disposição dos interessados. Acrescenta a norma do art. 11, § 2º, que, ao determinar a realização do estudo de impacto ambiental e a apresentação do relatório de impacto ambiental, o órgão ambiental competente deverá fixar prazo para recebimento de comentários feitos pelos órgãos públicos e demais interessados. Além de viabilizar que todos os interessados e os órgãos públicos apresentem comentários a respeito do próprio relatório de impacto ambiental, o procedimento administrativo de estudo de impacto ambiental prevê a possibilidade de realização de audiência pública com a finalidade de expor o conteúdo do projeto em análise, do estudo de impacto ambiental e do próprio relatório de impacto ambiental, bem como dirimir dúvidas e recolher sugestões.[238] Trata-se de uma oportunidade de realização do direito à informação e à participação, especialmente porque o órgão ambiental tem a possibilidade de prestar informações sobre o impacto ambiental do projeto diretamente às pessoas que irão sofrer suas conseqüências.[239] Além disso, nesse momento, todos têm a possibilidade de se manifestarem criticamente

---

da, às expensas do empreendedor, em jornal oficial do Estado e em um periódico de grande circulação, regional ou local.

[236] Cf. LEME MACHADO, *Direito ambiental...*, p. 227.

[237] A questão do respeito ao sigilo industrial deve ser analisada em melhor detalhamento. Isso porque a situação posta sugere a possibilidade de um conflito entre o direito fundamental ao ambiente e o direito fundamental do titular da informação privada secreta. Se, eventualmente, o proponente do projeto se opuser à publicização de alguma informação constante do estudo de impacto ambiental por entendê-la resguardada pelo sigilo industrial, a questão que se coloca é saber qual deve ser a decisão do órgão ambiental. Se acolhe a oposição do empreendedor, sem mais, poderá resultar violado o direito fundamental ao ambiente. Se nega a oposição do empreendedor, poderá, sem mais, violar o direito à privacidade de informação secreta do proprietário. A solução para essa colisão de princípios deve ser orientada pela lei da ponderação. Se assim é, o respeito ao sigilo industrial a que se refere a normalização infraconstitucional não pode deixar de ser interpretado conforme o modelo de regras e princípios. A respeito, ver o item 4.3.1, Capítulo 4.

[238] Conforme dispõe o art. 1º da Resolução 09/87 do Conselho Nacional do Meio Ambiente. A realização de audiência pública já havia sido prevista pela norma do art. 11, § 2º, da Resolução 01/86.

[239] A fim de alcançar efetividade ao direito à informação e à participação, a norma do art. 85, VI, do Código Estadual do Meio Ambiente do Rio Grande do Sul (Lei Estadual 11.520/00), exige a presença dos representantes do órgão de licenciamento, da equipe técnica analista e da própria equipe multidisciplinar realizadora do estudo de impacto ambiental ao ensejo da realização da audiência pública. Se essa providência não for observada, a conseqüência é a nulidade da audiência pública e, portanto, de todos os atos seguintes do procedimento administrativo, é dizer, aprovação e licenciamento do projeto.

Direito Fundamental ao Ambiente

a respeito do estudo de impacto ambiental, do relatório de impacto ambiental e, obviamente, sobre o próprio projeto proposto, indicando alternativas a problemas apontados ou sugerindo a não-aprovação do projeto. A audiência pública será realizada sempre que o órgão ambiental competente julgar necessário ou quando ela for requerida por entidade civil, pelo órgão do Ministério Público ou por cinqüenta ou mais cidadãos,[240] configurando nulidade que inquina o procedimento para frente, inclusive quanto ao parecer final e ulterior licenciamento ambiental, a não-realização da audiência quando solicitada.[241] A fim de que a audiência pública cumpra efetivamente seus objetivos, é necessário ela seja desenvolvida de modo a permitir aos interessados tanto o acesso às informações como a própria participação no procedimento. De nada adiantaria a realização de uma audiência pública formalmente perfeita se, sob o enfoque substancial, por exemplo, não se permitir acesso a todas as informações; não se dispuserem aos interessados todos os documentos; não se divulgar adequadamente a data e local de sua realização; não se designar a audiência pública em prazo razoável;[242] não se permitir manifestação, oral ou por escrito, dos interessados ou não se permitir a juntada de documentos. A audiência pública constitui-se no último momento administrativo do procedimento de estudo de impacto ambiental antes do parecer final de aprovação ou não do projeto pelo órgão ambiental competente.

---

[240] Conforme a norma do art. 2º da Resolução 09/87 do Conselho Nacional do Meio Ambiente. Após o recebimento do relatório de impacto ambiental, o órgão ambiental, mediante publicação de edital na imprensa local, deverá fixar prazo, no mínimo de 45 dias, para a solicitação da audiência pública, segundo o art. 2º, § 1º, da Resolução 09/87. É interessante observar que a norma do art. 3º, *caput*, da Resolução 237/97 do Conselho Nacional do Meio Ambiente, ao estabelecer que o licenciamento ambiental de empreendimentos e obras consideradas efetiva ou potencialmente causadoras de significativa degradação ambiental dependem da realização de estudo de impacto ambiental e do respectivo relatório de impacto ambiental, é expressa em assegurar a publicidade e a garantia da realização de audiência pública nesse procedimento. Em alguns Estados, como Goiás, Maranhão, Mato Grosso, Mato Grosso do Sul, Pernambuco e São Paulo, conforme o disposto nas próprias Constituições estaduais, a realização da audiência pública é obrigatória [Cf. LEME MACHADO, *Direito ambiental...*, p. 234].

[241] Conforme estabelece a norma do art. 2º, § 2º, da Resolução 09/87 do Conselho Nacional do Meio Ambiente. A norma do art. 85, I, do Código Estadual do Meio Ambiente do Rio Grande do Sul, estabelece a obrigatoriedade da convocação da audiência pública pelo órgão ambiental a requerimento de: *i*) entidade legalmente constituída, governamental ou não; *ii*) cinqüenta *pessoas*, diferentemente da Resolução 09/87 que se refere a *cidadãos*; *iii*) Ministério Público Estadual ou Federal. A conseqüência do não-atendimento do requerimento da audiência pública é a nulidade da licença ambiental eventualmente concedida, conforme estabelece a norma do art. 85, § 2º, do Código Estadual do Meio Ambiente do Rio Grande do Sul.

[242] A Resolução 09/87 do Conselho Nacional do Meio Ambiente não estabelece prazo para a designação da audiência pública. Contudo, se não se observar prazo razoável a fim de que os interessados e outros órgãos públicos tenham condições de se inteirar das informações constantes do estudo de impacto ambiental e do relatório de impacto ambiental até a realização da audiência pública, o direito à informação e o direito à participação, como posições fundamentais jurídicas do direito fundamental ao ambiente, serão substancialmente frustrados. Em atenção a isso, o art. 85 do Código Estadual do Ambiente do Rio Grande do Sul estabelece que a audiência deverá ser designada com antecedência mínima de 30 dias, publicando-se o edital no Diário Oficial do Estado e em periódicos de grande circulação, devendo os solicitantes da audiência ser cientificados por correspondência registrada.

A realização do direito ao procedimento administrativo de estudo de impacto ambiental requer, então, que o procedimento administrativo tenha o seu desenvolvimento em conformidade com todas essas etapas, o que significará alternativa de satisfação do direito fundamental ao ambiente. O afastamento das linhas acima traçadas para as diversas fases do procedimento poderá caracterizar lesão à posição fundamental jurídica do direito ao procedimento de estudo de impacto ambiental e, desse modo, ao direito fundamental ao ambiente. Assim, por exemplo, se o procedimento não contemplar todas as alternativas tecnológicas; não apresentar um adequado diagnóstico ambiental da área de influência do projeto; não apresentar a análise dos impactos ambientais do projeto e suas alternativas,[243] deixando de identificar e avaliar a correta dimensão dos impactos positivos e negativos, diretos e indiretos, imediatos, a médio e a longo prazos, temporários e permanentes; não definir as medidas de mitigação relativas aos efeitos negativos do projeto; não apresentar o programa de acompanhamento e monitoramento dos impactos negativos e positivos do projeto; não apresentar o relatório de impacto ambiental com as conclusões da equipe multidisciplinar, especialmente em relação à viabilidade do projeto.[244] Até mesmo a habilitação e qualificação da equipe multidisciplinar pode comprometer a satisfação do direito ao procedimento. Se essas forem as hipóteses, os titulares do direito fundamental ao ambiente são e ecologicamente equilibrado (art. 225, *caput*, da Constituição, *primeira frase*[245]), mesmo porque se lhes incumbe o dever de defendê-lo e preservá-lo para as presentes e futuras gerações (art. 225, *caput,* da Constituição, *última frase*[246]), poderão exigir administrativa ou judicialmente que o procedimento de estudo de impacto ambiental retome o seu curso conforme o direito fundamental ao ambiente, seja pela via de requerimentos e recursos administrativos, seja pelas vias processuais do mandado de segurança, da ação popular, da ação civil pública ou qualquer outro mecanismo de movimentação da atividade jurisdicional.

3.4.1.5. A discricionariedade reduzida a zero

Concluído o procedimento de estudo de impacto ambiental, deve o órgão ambiental competente deliberar sobre a aprovação ou não do em-

---

[243] Conforme a norma do art. 81, II, do Código Estadual do Meio Ambiente do Rio Grande do Sul, o estudo de impacto ambiental e o relatório de impacto ambiental podem ser invalidados nas hipóteses de "ausência de eqüidade, uniformidade metodológica e grau de aprofundamento equivalente no estudo das diferentes alternativas locacionais e tecnológicas".

[244] Segundo a norma do art. 81, *caput*, do Código Estadual do Meio Ambiente do Rio Grande do Sul, configura hipótese de invalidação do procedimento de estudo de impacto ambiental e do relatório de impacto ambiental o descumprimento de qualquer uma das exigências contidas nos arts. 72 a 80, é dizer, das normas que tratam do procedimento do estudo de impacto ambiental.

[245] É dizer, "todos têm direito ao meio ambiente ecologicamente equilibrado".

[246] É dizer, "impondo-se ao poder público e à coletividade o dever de defendê-lo e preservá-lo para as presentes e futuras gerações".

Direito Fundamental ao Ambiente

preendimento ou da atividade que se pretende desenvolver. A questão que se apresenta nesse momento diz respeito ao peso que as conclusões do estudo de impacto ambiental exercem sobre a decisão do órgão ambiental. Na hipótese de o estudo de impacto ambiental concluir pela não-execução do projeto proposto, dispõe o órgão ambiental de discricionariedade para decidir diferentemente e, assim, expedir a competente licença ambiental? E, na hipótese de o estudo de impacto ambiental concluir pela viabilidade do projeto, desde que executado conforme determinadas alternativas, poderia o órgão ambiental afastar-se dessas alternativas, indicando outras? Nessa mesma hipótese, poderia o órgão ambiental, em vez de se afastar das alternativas sugeridas pelo estudo de impacto ambiental, escolher qualquer uma delas, inclusive a mais gravosa para o ambiente?

Sobre essas questões, a argumentação desenvolvida por Mirra é no sentido de que as conclusões do estudo de impacto ambiental atuam como diretrizes de orientação para o órgão administrativo ambiental, reduzindo sua discricionariedade, mas não a ponto de vinculá-lo obrigatoriamente.[247] Isso está assentado no fato de que o estudo de impacto ambiental deve ser tomado como instrumento de orientação e de informação do órgão ambiental quanto às conseqüências ambientais de determinado empreendimento. Se a decisão do órgão ambiental estiver no mesmo sentido das conclusões do estudo de impacto ambiental, elas deverão constituir elementos integrantes da motivação do ato administrativo de decisão. Ou seja, as conclusões do estudo de impacto ambiental integram a decisão final do órgão ambiental competente. Se, por outro lado, o órgão ambiental decidir diferente do concluído no estudo de impacto ambiental, deverá fazê-lo justificadamente e desde que escolha a "melhor solução" para defesa do ambiente.[248] Essa tese, sem embargo, ou não está suficientemente esclarecida e por isso se apresenta contraditória, ou em nada é diferente da outra, que é a correta, segundo a qual a discricionariedade do órgão ambiental, ante as conclusões do estudo de impacto ambiental, pode restar reduzida a zero.[249] Isso, contudo, precisa ser racionalmente justificado.

[247] Cf. MIRRA, *Impacto ambiental*, p. 85. No mesmo sentido, Leme Machado observa que para acolher ou deixar de acolher as diretrizes do estudo de impacto ambiental, o órgão ambiental deverá fundamentar sua decisão [Cf. LEME MACHADO, *Direito ambiental...*, p. 242]. Segundo Milaré e Benjamin, o papel do estudo de impacto ambiental é limitar a discricionariedade administrativa em matéria ambiental, sem, contudo, aniquilá-la por inteiro. As conclusões do estudo de impacto ambiental não retiram do administrador a apreciação da conveniência e oportunidade para escolher, por um exemplo, uma entre várias alternativas possíveis, ainda que não a ótima sob o ponto de vista da proteção do ambiente [Cf. MILARÉ, Edis; BENJAMIM, Antônio Herman. *Estudo prévio de impacto ambiental*. São Paulo: Revista dos Tribunais, 1993, p. 68].

[248] Cf. MIRRA, *Impacto ambiental,* p. 87.

[249] Poder discricionário significa que a administração pode escolher entre diferentes alternativas. Quando, em um caso particular, a possibilidade de escolha está reduzida a uma *única* alternativa, pois a escolha de qualquer outra caracterizaria exercício do poder discricionário vicioso, a discricionariedade está reduzida a zero [Cf. MAURER, *Elementos de direito...*,p. 52-53]. Alexy refere-se a "redução discricional a zero" como "caso especial" de exceção ao enunciado de que em atos discricionários

Em primeiro lugar, deve-se reconhecer o fenômeno da visível redução da discricionariedade administrativa propriamente dita em favor da denominada "discricionariedade técnica" por intermédio da fixação de parâmetros objetivos para a atividade dos poderes públicos, especialmente porque esses parâmetros são confiados a órgãos distintos daqueles que detêm o poder decisório.[250] Isso, em grande medida, pode ser atribuído à influência do significativo desenvolvimento técnico-científico exercida sobre os processos públicos de decisão, condicionando o legislador, a administração e o próprio juiz. Segundo Colaço Antunes, o estágio atual do conhecimento científico e tecnológico, afora atuar diretamente sobre o momento da produção do legislador, bem como durante a vigência da normalização posta pelo legislador, inclusive para implicar sua inconstitucionalidade, informa claramente o comportamento da administração, notadamente sob o ponto de vista organizativo e funcional.[251]

Sem embargo, para que se tenha correção daquilo que está sendo afirmado, é necessário definir em que medida a discricionariedade administrativa se afasta da discricionariedade técnica. Desde já, deve-se reconhecer a impropriedade da denominação discricionariedade técnica,[252] pois se a noção jurídica de técnica tem o significado de um conjunto de conhecimentos certos, frutos de análise do tipo científico,[253] então, no caso de somente a técnica determinar a solução do problema, não haverá discricionariedade.[254] A rigor, a expressão "discricionariedade técnica" deve ser abandonada, pois

---

existem várias decisões juridicamente possíveis [Cf. ALEXY, Robert. Vícios no exercício do poder discricionário. *Revista dos Tribunais*, São Paulo, v. 799, p. 1-46, set. 2000, p. 41].

[250] Além disso, deve-se acrescentar a tendência de a discricionariedade transferir a esfera de competência de decisão de órgãos monocráticos para órgãos colegiados [Cf. COLAÇO ANTUNES, *O procedimento...*, p. 198].

[251] Cf. COLAÇO ANTUNES, *O procedimento...*, p. 262.

[252] Segundo Colaço Antunes, o termo discricionariedade técnica é "absolutamente impróprio" e para isso contribui a falta de uma clara distinção, no âmbito do procedimento, daquilo que deve ser reservado para os juízos técnicos em relação ao que está inserido no espaço da "verdadeira escolha administrativa". Deve-se acrescentar que as complexas relações entre os juízos técnicos, as escolhas políticas e as escolhas discricionárias ainda têm contribuído para explicar não apenas a persistência na linguagem jurídica do termo "discricionariedade técnica" como também a resistência da doutrina e jurisprudência em admitir o controle jurisdicional das avaliações técnicas de tipo complexo [Cf. Ibidem, p. 275]. No mesmo sentido, Grau sustenta que a "tese da 'discricionariedade técnica' é insustentável" [Cf. GRAU, Eros Roberto. Poder Discricionário. *Revista de Direito Público*, São Paulo, n. 93, p. 41-46, jan./mar., 1990, p. 44].

[253] Essa noção não se restringe às denominadas ciências exatas, mesmo porque essas também não estão isentas de certa margem de opinião, incluindo também as ciências sociais e humanas [Cf. COLAÇO ANTUNES, op. cit., p. 234]. Além disso, já se reconhece que "a própria idéia de certeza científica é um mito progressivamente em destruição", notadamente pelos limites da racionalidade e da possibilidade do conhecimento [Cf. PEREIRA, César A. Guimarães. Discricionariedade e apreciações técnicas da administração. *Revista de Direito Administrativo*, Rio de Janeiro, n. 231, p. 217-267, jan./mar., 2003, p. 264].

[254] Segundo Salaverria, "discricionariedade" e "técnica", consideradas suas "antitéticas" definições, são conceitos que se excluem reciprocamente [Cf. SALAVERRÍA, Juan Igartua. *Discricionalidad técnica, motivación y control jurisdicional*. Madrid: Civitas, 1998, p. 27].

Direito Fundamental ao Ambiente

nos casos em que há discrição, há discrição pura e simples, e não discrição técnica; por outro lado, nos casos em que não há discrição, discrição não há, inclusive discrição técnica.[255] De todo modo, a expressão é normalmente utilizada nos casos em que a decisão do titular do poder é tomada com base em pressupostos e critérios extraídos de normas técnicas, entendendo-se, em razão disso, que o comportamento administrativo está definido de modo vinculante. Assim, por discricionariedade técnica deve-se entender aquele juízo tomado com fundamentação em cânones científicos e técnicos, ao passo que o juízo da discricionariedade administrativa se manifesta na liberdade de escolha que incide sobre alternativas juridicamente corretas.

O procedimento administrativo de estudo de impacto ambiental é um caso em que a decisão administrativa se deixa levar por cânones científicos e técnicos, inserindo-se no âmbito das denominadas "apreciações técnicas"[256] da administração, o que pode ser demonstrado, em primeiro lugar, pelo fato de que o estudo de impacto ambiental somente pode atingir os fins a que se propõe na medida em que se valer de conhecimentos do tipo científico e, em segundo lugar, pelo fato de que essas normas técnicas têm condições de resolver, na íntegra, os problemas da avaliação ambiental. Segundo Colaço Antunes, o parecer é um "juízo sobre os efeitos ambientais de um projeto e não um juízo sobre a aceitabilidade dos mesmos", configurando um "*aclaramento técnico-científico*" dirigido a determinar e avaliar certos fatos essenciais para o órgão competente decidir. Com isso, não se

---

[255] Cf. PEREIRA, *Discricionariedade...*, p. 261. Segundo Pereira, o termo "discricionariedade técnica" serve apenas para causar equívocos, pois pode fazer supor que todos os juízos técnicos da administração não admitem controle judicial porque discricionários, bem como que haveria um tipo de discricionariedade submetida a um regime diferente do regime da discricionariedade administrativa. Além disso, a noção de "discricionariedade técnica" pode sugerir que "todas as atividades administrativas relacionadas a questões técnicas são vinculadas e excluem a discrição" (Ibidem, p. 261). Tanto isso está correto que o termo "discricionariedade técnica" pode ser empregado para referir, pelo menos, cinco sentidos distintos. A um, o termo "discricionariedade técnica" pode ser empregado para referir-se às hipóteses em que a administração dispõe de "liberdade" para preencher conceitos técnicos previstos na lei. Nesse caso, segundo Pereira, não há discricionariedade, pois o conceito técnico, empregado pela lei, é definido mediante uma apreciação técnica da administração, conforme os critérios e procedimentos técnicos próprios. A dois, o termo "discricionariedade técnica" pode ser utilizado para referir-se àquelas escolhas administrativas relativas a campos especializados de conhecimento, como, por exemplo, os critérios para a atribuição de notas em concurso de provimento do cargo de engenheiro químico. Nesse caso, igualmente, não se trata de discricionariedade, pois a administração, ao corrigir uma prova, "não formula uma apreciação técnica". A três, a noção de "discricionariedade técnica" tem sido utilizada para referir-se àquelas situações em que a decisão administrativa apresenta, primeiro, um juízo técnico, que é o momento em que se dá uma apreciação exclusivamente técnica da administração, e, segundo, um juízo administrativo discricionário, construído com base no juízo técnico precedente. Aqui, há discricionariedade nesse segundo momento. A quatro, a noção de "discricionariedade técnica" aparece naquelas situações em que a administração deve responder, a partir de prognósticos, a hipóteses científicas não suficientemente comprovadas, é dizer, naquelas situações em que o conhecimento científico ainda não consegue responder adequadamente às indagações que lhe são postas. Nesse caso, há discricionariedade efetivamente. A cinco, o termo "discricionariedade técnica" pode ser remetido à liberdade da administração na atividade de instrução de procedimentos administrativos, é dizer, na fixação de "padrões de instrução" (Ibidem, p. 256-260).

[256] Cf. PEREIRA, *Discricionariedade...*, p. 262.

confundem os critérios e meios que são empregados para resolver uma determinada questão prática por intermédio de uma prévia composição de interesses, isto é, com a "avaliação técnica do tipo operativo". O que interessa da avaliação técnica é a verificação, pela ciência e pela técnica, conforme critérios objetivos, da existência, da quantidade e da qualidade de certos fatos, proporcionando *"resultados suficientemente certos e verificáveis"*. Se assim é, então, o órgão administrativo ambiental resulta vinculado, perdendo o caráter arbitrário de seu comportamento, pois deve atuar de modo a melhor realizar o interesse público. A conclusão é que o procedimento de estudo de impacto ambiental corresponde a um momento cognoscitivo e implica juízos e não escolhas, com a particularidade desta operação se desenrolar à luz do interesse público primário (ambiente) e não de qualquer interesse secundário ou dos particulares, na base de critérios técnicos que impõem uma certa conduta.[257]

Deve-se observar que na atividade administrativa discricionária o vínculo normativo é incompleto e, naquilo que pode ser completado para a tomada da decisão, a administração não é livre arbitrariamente, porque a "vinculação do ato discricionário não está apenas no fim (legal)", mas "também no *meio*, por força dos princípios da objetividade, imparcialidade e proporcionalidade, na criteriosa complementação dos pressupostos, que só pode ser aquela que sirva da melhor forma à realização do interesse público".[258] Segundo Salaverría, a discricionariedade não é um *"prius* ante um espaço vazio oferecido à administração para que esta atue dentro daquele com folga, senão um *posterius"*. Haverá uma "margem discricional" quando sobre a solução aparecerem várias soluções razoáveis, sendo possível escolher qualquer uma delas. Contudo, essa margem não é algo *"dado a priori*, senão algo *ganhado"*. Portanto, pode-se afirmar que o exercício do poder discricionário pressupõe dois elementos: "uma *opção* (entre várias soluções realmente possíveis) *razoável* (no marco sócio-cultural determinado)".[259] O significado disso é que a indeterminação de uma quota-parte dos pressupostos da decisão não representa ausência de vínculo, mas apenas a sua não-cognoscibilidade *a priori*, compensada pela necessidade de desenvolver uma atividade técnica de investigação (procedimento administra-

---

[257] Cf. COLAÇO ANTUNES, *O procedimento...*, p. 236-237 (itálico no original).

[258] Cf. Ibidem, p. 250 (itálico no original). Se, na competência vinculada, o critério para a decisão administrativa do caso concreto já está posto pelo ordenamento jurídico, na competência discricionária, nos limites severos que compõem as fronteiras da margem de liberdade dada pela moldura normativa, não há restrições ou limites. Mesmo assim, o exercício da discricionariedade estará sempre submetido ao controle da racionalidade e da proporcionalidade. Em realidade, "todo ordenamento se coordena para delimitar – tanto em abstrato quanto no caso concreto – o exercício da atividade administrativa e, desse modo, reduzir (freqüentemente a nada) a dita margem de liberdade". Aliás, "o próprio exercício da liberdade dentro dessa margem é condicionado pela finalidade a ser atingida e pelo critério da razoabilidade" [Cf. PEREIRA, *Discricionariedade...*, p. 231].

[259] Cf. SALAVERRÍA, *Discricionalidad...*, p. 45.

Direito Fundamental ao Ambiente

tivo de estudo de impacto ambiental). Essa incompletude do vínculo *a priori* impõe que o vínculo se forme *a posteriori*, em face de a administração estar obrigada a avaliar corretamente os eventos, isto é, os fatos que se apresentam ao longo do curso da atividade administrativa procedimental.[260] Assim, deve-se concluir que há vinculação tanto na atividade vinculada como na atividade discricionária, pois "não existe um poder discricionário livre, mas somente um juridicamente vinculado".[261] A diferença é que, na atividade vinculada, o vínculo é conhecido *a priori* e, na atividade discricionária, o vínculo somente pode ser conhecido *a posteriori*, conforme resultar apurado na fase de instrução do procedimento administrativo. É dizer, o "vínculo *a posteriori* formaliza-se à medida que aumenta procedimentalmente a tomada de conhecimento da situação de fato considerada".[262] Desse modo, discricionariedade não se identifica com um comportamento livre e voluntário da administração no sentido de uma liberdade de escolha, mas com o poder de individualizar a escolha, a decisão mais adequada, é dizer, mais coerente com o fim que a lei impõe. Trata-se, pois, de uma *"discricionariedade instrutoriamente objetiva"*.[263]

O acerto dessa configuração da discricionariedade administrativa resulta confirmado quando se examina o que se passa com o procedimento administrativo de impacto ambiental e a decisão administrativa que se lhe deve seguir. Um aspecto a ser destacado, inicialmente, diz respeito à *posição* que o estudo de impacto ambiental e o relatório de impacto ambiental ocupam no procedimento de administrativo de impacto ambiental, sobretudo em relação ao licenciamento ambiental. O fato de o estudo de impacto ambiental e o relatório de impacto ambiental serem *prévios* à decisão administrativa de licenciamento ambiental é significativo pelo efetivo condicionamento que as normas técnicas e científicas exercem sobre a decisão. É por isso que resulta comprometida a idéia da discricionariedade técnica como algo neutro e de aplicação mecânica, capaz de influenciar as decisões sem, contudo, condicioná-las de algum modo.[264] Assim, não se pode deixar de reconhecer que a decisão administrativa final sobre o licenciamento ambiental será fortemente condicionada pelos resultados colhidos pela atividade administrativa cognoscitiva do procedimento de estudo de impacto ambiental, sendo correto afirmar que o "ato conclusivo do procedimento,

---

[260] Cf. COLAÇO ANTUNES, op. cit., p. 252 (itálico no original).

[261] Cf. MAURER, *Elementos de...*, p. 50.

[262] Cf. COLAÇO ANTUNES, *O procedimento...*, p. 260.

[263] Cf. Ibidem, p. 260 (grifo no original). Consideradas as coisas nesse sentido, o procedimento administrativo constitui-se no meio idôneo para aclarar e, em certa medida, uniformizar, tanto o vínculo *a priori*, como o vínculo *a posteriori*, o que significa o "procedimento *como direito comum da atividade administrativa*" (Ibidem, p. 261).

[264] Conforme parecem sugerir Mirra [Cf. MIRRA, *Impacto ambiental*, p. 85] e Leme Machado [Cf. LEME MACHADO, *Direito ambiental*, p. 242].

ainda que abstratamente discricionário, resulta em concreto de todo vinculado aos resultados adquiridos na instrução".[265] A conseqüência é que a discricionariedade administrativa apresenta uma configuração *"fundamentalmente objetiva"*, em que não há espaço para a liberdade de escolha da autoridade.[266] Segundo Colaço Antunes, uma das circunstâncias que faz vinculado o parecer conclusivo do procedimento de impacto ambiental é que ele recorre a conhecimentos científicos e técnicos em relação a fatos que são absolutamente determinantes para a tomada de decisões e que terão repercussão para o ambiente. Por essa razão, não deve surpreender que a atividade administrativa, embora abstratamente discricionária, assuma as vestes de mera formalização da fase de instrução e apresente características de aplicação mecânica do colhido pelo procedimento, notadamente quando não restar para a autoridade administrativa uma única ou nenhuma escolha.[267] É duvidoso, nesse caso, que se possa falar em discricionariedade, pois se está diante de uma hipótese em que uma série de circunstâncias recomenda um comportamento administrativo vinculado em concreto.[268]

O estudo de impacto ambiental consubstancia a concepção de discricionariedade objetiva, vinculada no meio, e não apenas no fim – defesa do bem público ambiente. Desse modo, a escolha da administração será sempre menos opinável, isto é, menos sujeita a considerações subjetivas de oportunidade política para, ao contrário, constituir-se em resultado de avaliações empíricas, objetivas, científicas e, por isso, verificáveis racionalmente. O conteúdo da decisão administrativa será o resultado do esforço instrutório e da investigação empírica realizada, devendo-se acrescentar que o procedimento de estudo de impacto ambiental deve ser considerado como um procedimento de investigação técnico-científico, cujo objetivo é alcançar a verdade científica relativa ao impacto ambiental resultante da atividade que se pretende licenciar. Se assim é, então, não haverá muito espaço para decisões administrativas desvinculadas desses elementos.

---

[265] Cf. COLAÇO ANTUNES, *O procedimento...*, p. 269.

[266] Cf. Ibidem, p. 270.

[267] É interessante observar, por exemplo, que as normas técnicas para a instalação de uma central nuclear prescrevem tantas cautelas que seu cumprimento poderia deixar pouquíssimas escolhas legítimas, ou, pelo menos em teoria, uma única escolha ou mesmo nenhuma. Considerando também o caráter científico do procedimento de impacto ambiental, mais estreito fica o espaço para uma escolha abstratamente discricionária, disso resultando a conclusão de que a autoridade administrativa está diante de um ato vinculado [Cf. COLAÇO ANTUNES, *O procedimento...*, p. 272]. A situação se complica, contudo, caso o procedimento de estudo de impacto ambiental deixe aberta duas ou mais escolhas, abstratamente legítimas. A solução para isso não está na decisão causal e arbitrária, mas naquele tipo que considera, além dos princípios da igualdade, imparcialidade e justiça, o princípio da proporcionalidade. Nesse caso tem relevância a ponderação entre os interesses envolvidos, é dizer, os sociais, econômicos e ambientais, no sentido de que seja tomada a melhor decisão [Cf. Ibidem, p. 272-273, nota 648].

[268] Como é o caso do cumprimento das normas técnicas e de uma esclarecida participação do público [Cf. Ibidem, p. 273].

Direito Fundamental ao Ambiente

Nesse sentido, é correto afirmar que o procedimento administrativo de impacto ambiental, considerado como subprocedimento do procedimento principal de licenciamento ambiental, conforme o caso concreto, pode reduzir o poder discricionário a zero. Se "poder discricionário significa que a administração pode escolher entre alternativas diferentes", no caso em que essa possibilidade está reduzida a uma única, porque a escolha de qualquer outra implicaria "exercício de poder discricionário vicioso", a autoridade está *obrigada*" a escolher a única alternativa ainda restante.[269] Nesse caso, segundo Maurer, fala-se em "redução do poder discricionário a zero" ou de "contração do poder discricionário".[270]

A discussão em torno do poder discricionário conferido à administração, no âmbito do procedimento administrativo de estudo de impacto ambiental, envolve também o tema dos "vícios no exercício do poder discricionário". Um sistema de vícios no exercício do poder discricionário pode ser configurado com a seguinte divisão dos vícios: *i*) vícios do resultado e processo; *ii*) vícios jurídico-ordinários e jurídico-constitucionais; *iii*) vícios da subsunção e ponderação; e *iv*) vícios quanto ao conteúdo e estruturais.[271] Nesse sistema, configurado por Alexy, os quatro critérios da divisão se cruzam de modo que cada vício no exercício do poder discricionário pode

---

[269] Cf. MAURER, *Elementos de...*, p. 53.

[270] Cf. Ibidem, p. 53.

[271] Cf. ALEXY, Vícios no exercício..., p. 38. Há vícios do *resultado* quando a decisão discricionária "infringe quanto ao conteúdo Direito vigente" (Ibidem, p. 26). Os vícios do *processo* são o do "processo de idéias, de vontade e de argumentação" que não estão relacionados diretamente com o conteúdo da decisão discricionária, "mas com a sua realização, sua obtenção ou sua fundamentação" (Ibidem, p. 27). A respeito, é necessária a advertência de que vícios do procedimento no sentido de leis do procedimento administrativo não devem ser classificados como vícios no exercício do poder discricionário. Há quatro tipos de *vícios jurídico-ordinários*: *i*) infração contra o texto da norma que concede o poder discricionário; *ii*) infração contra a finalidade da norma; *iii*) infração contra o texto de outras normas jurídico-ordinárias que devem ser observadas na atuação discricionária; e *iv*) infração contra finalidades de outras normas jurídico-ordinárias que devem ser observadas na atuação administrativa (Ibidem, p. 31). Os *vícios jurídico-constitucionais* são baseados na violação de direitos fundamentais ou de outras normas constitucionais. Constitui vício jurídico-constitucional deixar a decisão administrativa de observar os princípios do Estado de direito, da igualdade, da proporcionalidade e da confiança. É interessante observar que os vícios jurídico-constitucionais e os jurídico-ordinários podem ser tanto vícios do resultado como do processo. Os vícios resultantes de infração ao princípio da proporcionalidade são vícios de resultado (Ibidem, p. 33). Quanto à aplicação do Direito, os vícios podem ser de *subsunção* e de *ponderação*. São de subsunção todos os vícios na aplicação ou não-aplicação da norma que não apresentam vícios de ponderação. Os vícios de ponderação da atuação administrativa ocorrem pela violação do mandamento de ponderação que pode ser assim formulado: o exercício do poder discricionário requer que a autoridade pondere os pontos de vistas ou circunstâncias favoráveis e desfavoráveis a sua medida. A ponderação, estruturada pelo princípio da proporcionalidade, "forma o critério mais importante para a atuação discricionária" (Ibidem, p. 34). Um vício é quanto ao *conteúdo* quando o resultado infringe Direito vigente ou quando a fundamentação somente pode sustentar um resultado contrário ao Direito vigente. Os vícios *estruturais* dizem com a "forma do processo de atuação discricionária" e, por isso mesmo, nunca são vícios de resultado – porque o vício de resultado será sempre um vício de conteúdo. São quatro os vícios estruturais: *i*) não-concordância entre fundamentação e motivação; *ii*) deficiência do poder discricionário; *iii*) falta de ponderação; e *iv*) déficit de ponderação (Cf. ALEXY, Vícios no exercício..., p. 36).

ser caracterizado em quatro aspectos, admitindo várias combinações. Assim, a atuação administrativa poderá ser viciada quanto ao conteúdo, apresentar vício de resultado, vício jurídico-constitucional e vício de ponderação. Qualquer um dos vícios citados conduz à antijuridicidade do ato. Quando a administração está obrigada a "escolher" uma única alternativa, a escolha de qualquer uma outra caracteriza vício de conformidade ao Direito, isto é, infração de uma norma jurídica relacionada ao exercício do poder discricionário. Por isso mesmo, quando a autoridade administrativa ambiental, conforme as circunstâncias do caso concreto, está diante procedimento administrativo de estudo de impacto ambiental conclusivo no sentido de que não deve ser expedido o licenciamento ambiental, somente nesse sentido pode ser a decisão. Se de outro modo atuar a administração, haverá vício no exercício do poder discricionário. Será um vício de resultado porque o exercício do poder discricionário estará viciado por infração ao Direito vigente. Poderá ser vício de processo se a fundamentação da decisão administrativa se apresentar de forma defeituosa, isso decorrendo de vícios estruturais do processo, como falta ou déficit de ponderação. Do mesmo modo, poderá ser um vício jurídico-constitucional porque não observado o princípio da proporcionalidade, falando as circunstâncias do caso concreto contra a medida administrativa de licenciamento ambiental. Porque qualquer um desses vícios no exercício do poder discricionário são vícios de Direito, eles são controláveis juridicamente.[272]

É nesse ponto que se põe a questão do controle da discricionariedade administrativa por intermédio do qual a "noção de poder discricionário desce do pedestal", convertendo-se a atividade administrativa em "atos cada vez mais suscetíveis de controle de *mérito*", pois o ordenamento jurídico-constitucional e a jurisprudência estão cada vez menos dispostos a reconhecer, em favor da administração, o poder e o direito de se enganar.[273] A administração não pode errar, pois tal representa um grave déficit de realização dos direitos fundamentais, quando não do interesse público. Por isso, entende-se que a decisão administrativa viciada no "mérito", antes de tudo, é uma decisão inadequada, no mínimo, por força do princípio da proporcionalidade. Mesmo que se sustente a existência de alguma parcela de mérito que não esteja sujeita ao controle jurisdicional, isso não pode ser posto *a priori*, mas somente *a posteriori*, não se justificando qualquer argumentação que pretenda excluir alguma discussão do controle tão-somente com base no fato de que o assunto diz respeito ao mérito. É dizer, *a priori* nada pode ser excluído do controle da correção material da decisão administrativa. Assim, da discricionariedade não resulta poder para uma escolha livre entre várias possíveis, todas abstratamente legítimas, mas poder "apa-

---

[272] Cf. ALEXY, Vícios no exercício..., p. 26.
[273] Cf. COLAÇO ANTUNES, *O procedimento...*, p. 288.

Direito Fundamental ao Ambiente   **115**

rentemente mais circunscrito e delicado, de definir, entre as várias hipóteses possíveis, a única *escolha de boa e correta administração*, logo, a *melhor*, afastando todas as outras".[274]

O que isso evidencia é a insuficiência de se dizer que a atividade discricionária é vinculada no fim, pois também é vinculada no "meio", como resultado de uma "instrução aberta e complexa" que, analisando os fatos e as informações científicas da hipótese de que trata, "consente a identificação, o equilíbrio de interesses e a individualização do interesse público ambiental".[275] A conclusão disso é que o controle de uma decisão administrativa, por intermédio de normas técnicas ou de *standards* fixados na lei, em matéria de poluição das águas ou da atmosfera, é um controle essencialmente exercido sobre a qualidade objetiva do ato administrativo; portanto, trata-se de um controle de mérito. Do que se cuida, então, é da possibilidade de um controle "jurisdicional penetrante sobre a administração",[276] porque não existe um poder discricionário livre, mas somente "juridicamente vinculado". A autoridade que se desvia dessa vinculação, atua antijuridicamente, devendo-se observar que "os tribunais estão obrigados a revisar a observância das vinculações do poder discricionário".[277]

Com isso, as questões anteriormente suscitadas podem ser racionalmente respondidas. No que diz com a realização do direito ao procedimento de impacto ambiental como posição jurídica integrante do feixe de posições jurídicas do direito fundamental ao ambiente, se a conclusão do estudo de impacto ambiental e do relatório de impacto ambiental é no sentido da não-execução do projeto pretendido, a decisão administrativa do órgão ambiental competente não poderá ser outra senão negar o licenciamento ambiental do empreendimento. Não difere disso a hipótese em que o estudo de impacto ambiental conclui pela viabilidade do projeto, desde que executado conforme determinadas alternativas. A decisão administrativa não dispõe de margem de liberdade para, no caso concreto, discricionariamente, decidir por outras alternativas e assim afastar-se das indicadas no estudo de impacto ambiental e no relatório de impacto ambiental. Igualmente, na hipótese de o estudo de impacto ambiental indicar várias alternativas, não poderá o órgão ambiental, no caso concreto, escolher aquela que for mais gravosa ao ambiente. Em todas essas hipóteses, é significativa a importância do princípio da prevenção e do princípio da precaução ambiental relativamente à ausência de conhecimento científico suficiente sobre eventuais efeitos negativos de determinados empreendimentos para o ambiente. Por isso, qualquer decisão administrativa que disso se afastar é implicativa de

---

[274] Cf. COLAÇO ANTUNES, *O procedimento...*, p. 289 (itálico no original).

[275] Cf. Ibidem, p. 290.

[276] Cf. Ibidem, p. 295.

[277] Cf. MAURER, *Elementos de...*, p. 50.

116   *Anizio Pires Gavião Filho*

lesão ao direito ao procedimento administrativo de estudo de impacto ambiental e, evidentemente, ao direito fundamental ao ambiente, passível, por isso, de correção pela via dos mecanismos processuais de movimentação da atividade jurisdicional.

3.4.2. O procedimento administrativo de licenciamento ambiental

O direito fundamental ao ambiente vai encontrar na configuração de posições jurídicas definitivas e *prima facie* do direito ao procedimento administrativo de licenciamento ambiental uma das importantes alternativas de realização. O direito fundamental ao ambiente do qual todos são titulares, conforme a norma do art. 225, *caput*, da Constituição, alcança justificação racional à exigibilidade de que a localização, a instalação, a ampliação e a operação de empreendimentos e atividades utilizadoras de recursos naturais ambientais consideradas efetiva ou potencialmente poluidoras ou daquelas que, sob qualquer forma, possam causar degradação ambiental,[278] seja precedida de um procedimento administrativo de licenciamento ambiental. A hipótese configura posições fundamentais jurídicas definitivas e *prima facie* não somente à exigibilidade do procedimento administrativo de licenciamento ambiental como a que o seu desenvolvimento observe conformidade com o direito fundamental ao ambiente.

Uma vez caracterizada a situação de efetiva ou potencial degradação ambiental em razão da localização, da instalação, da ampliação e da operação de empreendimentos e atividades utilizadoras de recursos naturais ambientais, todos têm direito ao procedimento administrativo de licenciamento ambiental, inclusive com a possibilidade de configuração de posição fundamental jurídica definitiva, em face ao órgão ambiental competente. Nesse caso, não haverá espaço para as escolhas, porque de discricionariedade não mais se trata, cabendo aqui o que foi dito em relação à exigibilidade do procedimento administrativo de estudo de impacto ambiental. Aliás, deve-se observar que, na hipótese de o procedimento de estudo de impacto ambiental ser de realização obrigatória, é dizer, quando se tratar de atividade potencialmente causadora de *significativa* degradação ambiental, ele pode ser considerado como um tipo de subprocedimento do procedimento principal, que é o próprio procedimento administrativo de licenciamento ambiental. Nesse caso, é certa a exigibilidade do procedimento de licenciamento ambiental. Entretanto, disso não se deve concluir que, na hipótese de o procedimento administrativo de impacto ser dispensável, também o será o procedimento de administrativo de licenciamento

---

[278] Cf. art. 1º, I, da Resolução 237/97 do Conselho Nacional do Meio Ambiente; art. 17, *caput*, do Decreto 99.274/90; art. 55, *caput*, do Código Estadual do Meio Ambiente do Rio Grande do Sul.

Direito Fundamental ao Ambiente

ambiental. Para a configuração do direito ao procedimento de licenciamento ambiental requer-se apenas a caracterização de uma situação de efetiva ou potencial degradação ambiental em razão da localização, da instalação, da ampliação e da operação de empreendimentos e atividades utilizadoras de recursos naturais ambientais.

Em uma dimensão objetiva do direito fundamental, ou seja, do dever objetivo decorrente do direito fundamental ao ambiente, o licenciamento ambiental, como instrumento de prevenção da política ambiental,[279] pode ser considerado como o procedimento de que se utiliza o órgão ambiental competente para verificar, no caso concreto, a possibilidade de compatibilização entre o desenvolvimento econômico e a preservação do ambiente. Em última análise, para fins de cumprimento da norma do desenvolvimento sustentável,[280] verifica-se a compatibilidade da atividade humana que se pretende desenvolver com a preservação do ambiente.

3.4.2.1. A repartição de competência

A repartição de competência para o procedimento de licenciamento ambiental não se afasta do modelo do procedimento administrativo de estudo de impacto ambiental. A divisão da competência legislativa concorrente confere, à União, competência para estabelecer as normas gerais; aos Estados, competência para suplementar a normalização geral com normas específicas, bem como competência complementar no caso de ausência da normalização geral; e, aos Municípios, competência suplementar nos assuntos de interesse local. Desse modo, a análise da competência legislativa concorrente em relação ao procedimento administrativo de licenciamento ambiental não exige detalhamento mais específico. O mesmo, contudo, não se pode afirmar quando o assunto diz respeito à repartição de competência comum.

Em relação à competência comum, conforme o modelo de repartição dado pela Constituição, órgãos federais, estaduais e municipais detêm competência para instaurar, analisar e decidir os procedimentos administrativos de licenciamento ambiental. A dificuldade, contudo, está em definir *quais* atividades podem ser objeto de licenciamento, e por *quem*. A solução para essa questão deve ser encontrada por intermédio de critérios que definam se a competência para o licenciamento de determinada atividade é de um órgão ambiental federal, estadual ou municipal.

---

[279] A norma do art. 9º, IV, da Lei 6.938/81, inclui o licenciamento ambiental no catálogo de instrumentos da Política Nacional do Meio Ambiente.

[280] O princípio 4º da Declaração da Conferência das Nações Unidas do Rio de Janeiro, de 1992, dispõe que "para se alcançar o desenvolvimento sustentável, a proteção do meio ambiente deve constituir parte integrante do processo do desenvolvimento e não pode ser considerada isoladamente".

O primeiro critério é o da exclusão da possibilidade de um empreendimento ser, ao mesmo tempo, objeto de licenciamento por órgão federal, estadual e municipal, pois a norma do art. 7º da Resolução 237/97 do Conselho Nacional do Meio Ambiente dispõe expressamente que "os empreendimentos e atividades serão licenciados em um único nível de competência". Contudo, sustenta Van Acker a inconstitucionalidade dessa norma porque assim legislando a União violou a competência comum dos Estados e Municípios. Argumenta-se que a União não pode limitar a competência administrativa dos Estados e dos Municípios, excluindo-lhes a possibilidade de fazerem efetivas suas respectivas normalizações, pois a hipótese é de competência concorrente que, por natureza, não é excludente.[281] Se isso está correto, então, deve-se admitir a possibilidade de que para um mesmo empreendimento ou atividade seja exigido licenciamento ambiental de dois ou mais órgãos ambientais.[282] Sem embargo, essa questão deve ser analisada com mais profundidade. Diferentemente do que afirma Van Acker, a norma do art. 7º da Resolução 237/97 não contraria o modelo de repartição de competência estabelecido pela Constituição, respeitando tanto a competência legislativa como a administrativa. Em primeiro lugar, trata-se de norma geral que estabelece dever a competência para o licenciamento ambiental recair somente sobre uma única entidade federativa, disso não se podendo concluir, *a priori*, que está excluída a competência dos Estados e dos Municípios para o licenciamento ambiental. Em segundo lugar, e isso é decisivo, a competência administrativa do art. 23 da Constituição não é ferida porque a norma do art. 7º da Resolução 237/97 não exclui, *a priori*, a competência dos órgãos estaduais ou dos órgãos municipais para o licenciamento ambiental. Conforme o critério da predominância do interesse nacional, regional ou local, a competência do órgão ambiental será definida em favor de um órgão federal, estadual ou municipal. Se a área de influência direta do impacto da atividade ou do empreendimento ambiental que se pretende licenciar for de interesse prevalentemente local, então, competente para o licenciamento ambiental será o órgão municipal. Se a área de influência direta do impacto ambiental da atividade ou empreendimento for de interesse prevalentemente regional, então, competente para o licenciamento ambiental será o órgão estadual. O fato de que em um ou outro caso possa haver também interesse municipal ou regional não

---

[281] Cf. ACKER, Francisco Thomaz Van. Breves considerações sobre a Resolução 237, de 19.12.1997, do Conama, que estabelece critérios para o licenciamento ambiental. *Revista de Direito Ambiental*, São Paulo, n. 8, p. 165-169, out./dez. 1997, p. 166. No mesmo sentido, ver KRELL, *Discricionariedade administrativa...*, p. 116.

[282] Nesse sentido, afirma Leme Machado que poderá haver "duplicidade de licenciamento" quando as atividades ou obras tiverem "importância ao mesmo tempo para a Nação e para os Estados" [Cf. LEME MACHADO, *Direito ambiental...*, p. 253]. Com a mesma opinião, MILARÉ, *Direito do ambiente*, p. 366; KRELL, *Discricionariedade administrativa...*, p. 112; SIRVINSKAS, Luís Paulo. *Manual de direito ambiental*. São Paulo: Saraiva, 2003, p. 83.

Direito Fundamental ao Ambiente

justifica que dois órgãos sejam, ao mesmo tempo, competentes para o licenciamento ambiental. Isso pode levar a situações de insuperável contradição entre os órgãos ambientais, especialmente se um órgão concede o licenciamento e outro nega. Isso, sem contar com a duplicidade de atos e procedimentos administrativos para o mesmo fim.

O critério fundamental para a definição do órgão competente para o licenciamento ambiental é orientado pela definição da *predominância do interesse*, cuja fixação é dada pela *área de influência direta*[283] atingida pela instalação e funcionamento do empreendimento que se pretende licenciar. Em essência, essa foi a linha seguida pelas normas da Resolução 237/97 do Conselho Nacional do Meio Ambiente. Assim, conforme o art. 4°, compete ao IBAMA o licenciamento ambiental das atividades e dos empreendimentos com significativo impacto ambiental de âmbito nacional ou regional: *i*) localizadas ou desenvolvidas conjuntamente no país e em país limítrofe, no mar territorial, na plataforma continental, na zona econômica exclusiva, em terras indígenas ou em unidades de conservação do domínio da União; *ii*) localizadas ou desenvolvidas em dois ou mais Estados; *iii*) cujos impactos ambientais diretos ultrapassem os limites territoriais do país ou de um ou mais Estados; *iv*) destinadas a pesquisar, lavrar, produzir, beneficiar, transportar, armazenar e dispor material radioativo, ou que utilizem energia nuclear; *v*) relativas a bases ou empreendimentos militares. Segundo a norma do art. 6°, compete ao órgão estadual ambiental o licenciamento dos empreendimentos e das atividades: *i*) localizadas ou desenvolvidas em mais um Município ou em unidades de conservação de domínio estadual; *ii*) localizadas ou desenvolvidas nas florestas e demais formas de vegetação natural e de preservação permanente, conforme as normais federais, normas estaduais e normas municipais; *iii*) cujos impactos ambientais diretos ultrapassem os limites territoriais de um ou mais Municípios. Também compete ao órgão estadual ambiental o licenciamento que lhe for delegado pela União. Por fim, estabelece a norma do art. 6° que compete ao órgão ambiental municipal, ouvidos os órgãos ambientais federais e estaduais, quando for o caso, o licenciamento de empreendimentos e atividades de impacto ambiental local e daquelas que lhe forem delegadas pelo Estado. Em que pese a interpretação dessas normas possa sugerir alguma dificuldade,[284]

---

[283] Cf. ALONSO JÚNIOR. Hamilton. Da competência para o licenciamento ambiental. In: FINK, Daniel Roberto; ALONSO JÚNIOR., Hamilton; DAWALBI, Marcelo. *Aspectos jurídicos do licenciamento ambiental*. São Paulo: Forense Universitária, 2002, p. 45.

[284] Assim, por exemplo, quando se cuidar de licenciamento de empreendimento ou atividade localizada sobre bens pertencentes à União e a área de influência direta do impacto ambiental não ultrapassar o interesse local. Se for considerada a norma do art. 4°, I, da Resolução 237/97, a competência para o licenciamento é do órgão ambiental federal; por outro lado, considerada a regra da prevalência do interesse local, a competência é do órgão municipal. Segundo Fink e Macedo, ainda que se possa argumentar a existência de interesse nacional na hipótese, pois "os cidadãos de todos os Municípios do País têm interesse no que possa impactar os bens da União", a verdade é que, no licenciamento

deve-se reconhecer tendência no sentido de que o critério para a definição do órgão competente para o licenciamento ambiental é o da prevalência do interesse dado pelo efeito direito do impacto ambiental da atividade ou empreendimento que se pretende licenciar. Assim, se o impacto direto do empreendimento sobre a área de influência corresponde a interesse prevalentemente local, a competência será do órgão ambiental municipal; se, por outro lado, o interesse for de âmbito prevalentemente regional, a competência será do órgão ambiental regional, o mesmo raciocínio valendo para a definição da competência do órgão ambiental federal. Sem embargo, em algumas situações, a definição do órgão ambiental competente para o licenciamento não se deixa apreender facilmente *a priori*, devendo-se recorrer às circunstâncias específicas do caso concreto, até mesmo pela análise dos efeitos diretos do impacto ambiental sobre a área de influência do empreendimento. Segundo Alonso Jr., caso determinado empreendimento ou atividade tenha a potencialidade de causar impacto ambiental em mais de um Município, a competência para o licenciamento será do órgão ambiental estadual; caso, por outro lado, o risco ambiental potencial venha alcançar dois ou mais Estados, a competência será do órgão ambiental federal; por fim, se o empreendimento ou atividade tiver potencialidade de afetar tão-somente interesse predominantemente local, a competência para o licenciamento será do órgão ambiental municipal.[285] Isso bem evidencia que o decisivo para a definição da competência do órgão ambiental de licenciamento não deve ser buscado tão-somente na localização da área, mas no círculo de influência ambiental direta da atividade ou do empreendimento.

3.4.2.2. A marcha do procedimento

A análise da marcha do procedimento de licenciamento ambiental pressupõe a distinção entre uma situação em que o procedimento administrativo de estudo de impacto ambiental deve ser realizado, porque se pretende licenciar atividade causadora ou potencialmente causadora de significativa degradação ambiental, e uma outra em que esse procedimento pode ser dispensado pelo órgão ambiental competente para o licenciamento, porque a atividade não terá o efeito, sequer potencial, de causar significativa degradação ao ambiente.

O procedimento de licenciamento ambiental, quando exigível o estudo e o relatório de impacto ambiental, parte do requerimento do proponente do projeto, passa pela fase consistente no próprio procedimento adminis-

---

ambiental, trata-se é da verificação da prevalência do interesse ambiental local [Cf. FINK, Daniel Roberto; MACEDO, André Camargo Horta de. Roteiro para licenciamento ambiental e outras considerações. In: FINK, Daniel Roberto; ALONSO JÚNIOR, Hamilton; DAWALBI, Marcelo. *Aspectos jurídicos do licenciamento ambiental*. São Paulo: Forense Universitária, 2002, p. 20-21].

[285] Cf. ALONSO JÚNIOR, Da competência, p. 45.

Direito Fundamental ao Ambiente

trativo de estudo impacto ambiental e do relatório de impacto ambiental, chegando à fase da decisão administrativa conclusiva do pedido de licenciamento ambiental. Quando a situação não exige a realização do procedimento de estudo de impacto ambiental, o procedimento de licenciamento ambiental tem o seu desenvolvimento orientado pelas etapas a que se refere a norma do art. 10 da Resolução 237/97 do Conselho Nacional do Meio Ambiente. Inicialmente, a partir de uma simples comunicação do interessado dando notícia da intenção da realização de um determinado empreendimento ou atividade em uma área especificamente indicada, o órgão ambiental competente, com a participação do proponente, deve definir os documentos, projetos e estudos ambientais necessários ao início do procedimento de licenciamento. Essa fase preliminar é seguida, então, pela formulação do requerimento da licença ambiental, já instruído com os documentos, projetos e estudos ambientais pertinentes, disso devendo-se dar publicidade. É necessário esclarecer que os estudos ambientais não se confundem com o estudo de impacto ambiental, devendo-se entender por estudos ambientais aqueles relativos à localização, à instalação, à operação e à ampliação de uma atividade ou empreendimento, como, por exemplo, o relatório ambiental, o plano e o projeto de controle ambiental, o relatório ambiental preliminar, o diagnóstico ambiental, o plano de manejo, o plano de recuperação de área degredada e a análise preliminar de risco.[286] A fase seguinte consiste na análise, pelo órgão ambiental competente, dos documentos, projetos e estudos ambientais, oportunidade em que poderão ser realizadas as vistorias técnicas entendidas necessárias. Igualmente, quando isto for necessário, o órgão ambiental poderá solicitar do proponente os esclarecimentos e a complementação das informações e dos documentos. O procedimento, a critério da regulamentação do órgão ambiental competente, poderá ter a realização de audiência pública, admitindo-se, conforme nela for deliberado, que outros esclarecimentos e documentos possam ser solicitados ao proponente. A seguir, após a emissão do parecer técnico conclusivo, o procedimento chega na fase decisiva, com o deferimento ou indeferimento do pedido de licença ambiental. Afora esse procedimento, a norma do art. 12 da Resolução 237/97 prevê a possibilidade de que o próprio órgão ambiental competente estabeleça procedimentos específicos para as licenças ambientais, conforme a natureza, as características e as peculiaridades da atividade ou empreendimento que se pretende licenciar, bem como a compatibilização do procedimento de licenciamento com as etapas de planejamento, implantação e operação.[287]

---

[286] Cf. a norma do art. 1º, III, da Resolução 237/97 do Conselho Nacional do Meio Ambiente.

[287] Assim, podem ser estabelecidos *procedimentos simplificados* para atividades e empreendimentos de pequeno potencial de impacto ambiental (art. 12, § 1º, da Resolução 237/97), bem como *procedimento único* de licenciamento ambiental para pequenos empreendimentos e atividades similares e vizinhos ou para aqueles integrantes de planos de desenvolvimento já aprovados pelo órgão competente

O direito ao procedimento administrativo de licenciamento ambiental, como integrante do conjunto de posições fundamentais jurídicas definitivas e *prima facie* do direito fundamental ao ambiente como um todo, exige que o desenvolvimento da marcha do procedimento não se afaste do mandamento a ser otimizado do ambiente são e ecologicamente equilibrado.

O procedimento administrativo que se afastar da realização do direito fundamental ao ambiente será imprestável para sustentar racionalmente qualquer juízo administrativo sobre o licenciamento ambiental de um empreendimento ou atividade. Seja no âmbito do órgão ambiental competente, seja por intermédio da movimentação da atividade jurisdicional pela via dos instrumentos processuais adequados, especialmente a ação popular, a ação civil pública e o mandado de segurança, qualquer interessado poderá confrontar a validade do licenciamento ambiental deferido em procedimento viciado. Deve ser acrescentado, ainda, que a realização do direito ao procedimento de licenciamento ambiental pressupõe a satisfação do direito à informação e do direito à participação.[288] Isso significa que o procedimento de licenciamento deve ter o seu conteúdo aberto para conhecimento dos interessados, permitindo, ao mesmo tempo, a entrada de informações e comentários que possam enriquecer a cognição do órgão ambiental competente para a decisão final de deferimento ou indeferimento da licença. Assim, mostra-se insuficiente tão-somente a publicação do requerimento de licenciamento ambiental em jornal oficial do Estado ou em periódico regional ou local de grande circulação exigida pelo art. 10, § 1°, da Lei 6.938/81. É necessário que as pessoas, as entidades civis e os órgãos estatais que detêm competência para a proteção do ambiente tenham efetivamente acesso a todas as informações contidas no procedimento, podendo nele intervir diretamente. Não há justificativa racional para que o direito à informação e o direito à participação no procedimento administrativo de licenciamento ambiental recebam configuração diferente, conforme se trate ou não de licenciamento de empreendimento ou atividade que exige o procedimento de estudo de impacto ambiental.[289] O resultado disso é que também no

---

(art. 12, § 2°, da Resolução 237/97). Como exemplo desses procedimentos, Fink e Macedo citam o relatório de controle ambiental, criado para a hipótese de dispensa de estudo de impacto ambiental em casos de extração de minérios, cujos empreendimentos sejam de menor porte; o relatório ambiental preliminar, criado pela Resolução 42 e complementado pela Resolução 11/98 da Secretaria Estadual do Meio Ambiente de São Paulo, cujo objetivo é verificar preliminarmente a extensão do impacto ambiental e, depois, decidir pela necessidade ou não do estudo de impacto ambiental [Cf. FINK; MACEDO, Roteiro para licenciamento..., p. 8].

[288] Nesse sentido, observa Pfeiffer que o "ordenamento brasileiro exige que a publicidade permeie todo o processo licenciatório, desde o pedido até a sua outorga, rejeição ou revogação" [Cf. PFEIFFER, Roberto Augusto Castellanos. A publicidade e o direito ao acesso a informação no licenciamento ambiental. *Revista de Direito Ambiental*, São Paulo, n. 8, p. 20-34 out./dez. 1997, p. 28].

[289] A possibilidade de maior transparência e participação pública nos procedimentos de licenciamento com estudo de impacto ambiental, em relação àqueles em que esse estudo não é exigido, conforme a normalização infraconstitucional, é diagnosticada por Alonso Jr. [Cf. ALONSO JÚNIOR, Da competência, p. 62].

Direito Fundamental ao Ambiente

procedimento de licenciamento em que não seja exigível o estudo de impacto ambiental o exercício do direito à informação e do direito à participação deve dar-se de forma plena. Então, tudo o que se disse a respeito do exercício do direito à informação e do direito à participação no procedimento de estudo de impacto ambiental se aplica ao procedimento de licenciamento ambiental. Assim, se o procedimento de licenciamento não permitir o acesso à informação e o exercício do direito à participação dos interessados, a correção de seu resultado poderá ser confrontada administrativa ou judicialmente.

3.4.2.3. A licença ambiental

A fase final do procedimento administrativo corresponde ao momento do deferimento ou indeferimento do pedido de licenciamento ambiental. Se os elementos colhidos ao longo da instrução do procedimento são desfavoráveis ao deferimento do licenciamento, não resta outra alternativa ao órgão ambiental competente senão negar o pedido de licenciamento ambiental. A decisão administrativa que se afastar disso está sujeita à confrontação jurisdicional penetrante. Se, diferentemente, os elementos carreados ao procedimento durante a instrução forem favoráveis ao proponente no sentido da viabilidade ambiental do empreendimento ou da atividade, o pedido de licenciamento deve ser deferido com a expedição da competente licença ambiental.

Por licença ambiental se entende o ato administrativo pelo qual o órgão ambiental competente estabelece as condições, as restrições e as medidas de controle ambiental a serem observadas pelo empreendedor para localizar, instalar, ampliar e operar empreendimentos ou atividades que utilizam recursos ambientais e sejam consideradas efetiva ou potencialmente poluidoras, bem como, de qualquer forma, possam causar degradação ambiental.[290] Além disso, deve-se acrescentar que a licença ambiental desdobra-se em licença prévia, licença de instalação e licença de operação, conforme o desenvolvimento das etapas do empreendimento ou atividade de que trata o licenciamento ambiental. A licença prévia corresponde ao ato administrativo pelo qual o órgão ambiental competente declara a viabilidade ambiental do empreendimento ou atividade, definindo os requisitos básicos e condicionantes a serem observados nas próximas fases de sua implantação.[291] A licença de instalação correspondente ao ato administrativo pelo qual o órgão ambiental competente declara seu consentimento

---

[290] Cf. a norma do art. 1º, II, da Resolução 237/97 do Conselho Nacional do Meio Ambiente.

[291] Cf. a norma do art. 8º, I, da Resolução 237/97 do Conselho Nacional do Meio Ambiente. Segundo a norma do art. 19, I, do Decreto 99.274/90, a licença prévia, concedida na fase preliminar do planejamento da atividade, contém os requisitos básicos a serem atendidos nas fases de localização, instalação e operação.

para o início do empreendimento ou atividade, conforme as especificações constantes nos planos, programas e projetos aprovados, incluindo as medidas de controle ambiental.[292] A licença de operação corresponde ao ato administrativo pelo qual o órgão ambiental competente, após a verificação do efetivo cumprimento do exigido pelas licenças anteriores, autoriza a operação do empreendimento ou atividade, bem como, declara a compatibilização do procedimento de licenciamento com as etapas de planejamento, implantação e operação.[293]

O traço mais característico da licença ambiental como ato administrativo resultante de um "procedimento autorizativo"[294] é o seu direto condicionamento às alterações fácticas e normativas em relação ao momento de seu deferimento. O significado disso é que a concessão da licença ambiental não assegura uma posição jurídica definitiva para o titular do empreendimento, seja por força do tempo, seja pela modificação das situações fácticas ou normativas em relação à época em que a licença foi expedida. Em primeiro lugar, a licença ambiental está sujeita a prazos de validade, conforme se tratar de licença prévia, de licença de instalação e de licença de operação, segundo estabelece a norma do art. 18 da Resolução 237/97 do Conselho Nacional do Meio Ambiente.[295] O prazo de validade da licença prévia deve ser, no mínimo, aquele estabelecido pelo cronograma de elaboração dos planos, dos programas e dos projetos relativos ao empreendimento ou atividade, não podendo ser superior a cinco anos. O prazo de validade da licença de instalação deve ser, no mínimo, o estabelecido no cronograma de instalação do empreendimento ou atividade, não podendo ser superior a seis anos e o prazo de validade da licença de operação deverá considerar os planos de controle ambiental e será de, no mínimo, de quatro anos e, no máximo, de dez.[296] Sem embargo, o prazo de validade da licença ambiental

---

[292] Cf. a norma do art. 8º, II, da Resolução 237/97 do Conselho Nacional do Meio Ambiente. A norma do art. 19, II, do Decreto 99.274/90, estabelece que a licença de instalação autoriza o início da implantação, conforme as especificações constantes do projeto executivo aprovado.

[293] Cf. a norma do art. 8º, III, da Resolução 237/97 do Conselho Nacional do Meio Ambiente. Conforme dispõe o art. 19, III, do Decreto 99.274/90, a licença de operação, após as verificações necessárias, autoriza o início da atividade licenciada e o funcionamento de seus equipamentos de controle de poluição, de acordo com o previsto na licença prévia e na licença de instalação.

[294] Nesse sentido, conforme se depreende do art. 1º da Diretiva 337/85 da Comunidade Européia, observa Colaço Antunes que a disciplina da avaliação de impacto ambiental e as respectivas decisões estão em sintonia com as mais recentes orientações doutrinárias sobre a natureza jurídica e a eficácia dos procedimentos autorizativos [Cf. COLAÇO ANTUNES, *O procedimento...*, p. 194].

[295] Aliás, já a norma do art. 9º, IV, da Lei 6.938/81, previa a possibilidade de revisão do licenciamento ambiental, bem como a norma do art. 10, § 1º, da Le 6.938/81, falava de renovação do licenciamento.

[296] Cf. a norma do art. 18, I, II e III, da Resolução 237/97 do Conselho Nacional do Meio Ambiente. A licença prévia e licença de instalação poderão ter os prazos prorrogados, desde que não sejam ultrapassados os prazos máximos fixados nos incisos I e II do art. 18 da Resolução 237/97 (art. 18, § 1º). Admite-se, ainda, que o órgão ambiental estabeleça prazos específicos para empreendimentos ou atividades que, pela sua natureza e peculiaridades, estejam sujeitos a encerramento ou modificações em prazos inferiores (art. 18, § 2º).

Direito Fundamental ao Ambiente

pode ser diferente dos estabelecidos pela norma geral, conforme for fixado no âmbito de competência das respectivas entidades federativas.[297] Além da expiração do prazo de validade, a licença ambiental está sujeita a outros fenômenos que lhe retiram a vigência como, por exemplo, a revogação, a suspensão ou cassação, e a invalidade.

O órgão ambiental competente, independentemente da fluência do prazo de validade, pode revogar a licença ambiental como medida necessária para a proteção do direito fundamental ao ambiente.[298] Se, em um determinado caso concreto, por alguma razão, a continuidade das atividades de um empreendimento, como, por exemplo, uma central nuclear, caracteriza situação de grave risco para o ambiente, está justificada a revogação da licença ambiental pelo órgão competente, independentemente da implementação do termo final do prazo de validade. A decisão administrativa vai encontrar fundamentação racional pela preponderância da realização do direito fundamental ao ambiente em relação ao sacrifício que deve suportar o direito de propriedade e o da livre iniciativa econômica. Segundo Fink e Macedo, a revogação da licença ambiental se dá por ato discricionário do órgão ambiental, justificado, por isso, pelas razões de conveniência e oportunidade.[299] A essa argumentação, contudo, pode-se objetar que nem sempre a revogação de uma licença ambiental está inserida no âmbito da discricionariedade do órgão ambiental competente, notadamente se for considerada alguma situação de extrema gravidade para o direito fundamental ao ambiente são e ecologicamente equilibrado. Nesse sentido, em primeiro lugar, deve ser considerado que da própria norma do art. 225, *caput*, da Constituição, pode ser extraído o dever jurídico objetivo do órgão ambiental competente de revogar licença ambiental para fins de realização do direito fundamental ao ambiente. Além disso, em segundo lugar, a partir da mesma norma constitucional, em um caso concreto de extremo risco para o ambiente, a medida de revogação da licença ambiental pode ser adequada, necessária e proporcional em sentido restrito. A adequação estaria preenchida porque a revogação da licença promove o fim, que é a realização do direito fundamental do ambiente. A necessidade estaria preenchida porque a revogação é único meio disponível para promover o fim, que é a realização do

---

[297] Sobre isso, por exemplo, a norma do art. 56, § 1º, do Código Estadual do Meio Ambiente do Rio Grande do Sul, dispõe que as licenças expedidas são válidas por prazo determinado, entre um e cinco anos, conforme o porte e o potencial poluidor da atividade, a partir de critérios definidos pelo órgão ambiental e fixados normativamente pelo Conselho Estadual do Meio Ambiente. Por sua vez, a Lei Estadual 9.477/97, de São Paulo, dando nova redação ao art. 5º da Lei Estadual 997/76, de São Paulo, obriga a renovação qüinqüenal das licenças ambientais [Cf. LEME MACHADO, *Direito ambiental...*, p. 263, nota 8].

[298] A norma do art. 19, III, da Resolução 237/97 do Conselho Nacional do Meio Ambiente, autoriza concluir que o órgão ambiental competente, em decisão motivada, pode "suspender ou cancelar uma licença expedida" quando ocorrer a "superveniência de graves riscos ambientais e de saúde".

[299] Cf. FINK; MACEDO. Roteiro para licenciamento..., p. 11.

direito fundamental ao ambiente. Não se poderia, na hipótese, pensar em outro meio menos restritivo ao direito de proprietário, já que a revogação da licença ambiental seria o único meio disponível para atingir o fim. A proporcionalidade em sentido restrito estaria atendida porque plenamente justificado o sacrifício resultante da restrição ao direito do proprietário para atendimento do fim, que é a realização do direito fundamental ao ambiente. Nesse caso concreto, então, restaria configurada uma posição fundamental jurídica definitiva, passível de exigibilidade jurisdicional. A não-revogação da licença ambiental pelo órgão competente pode, desse modo, ser confrontada na via jurisdicional pelos instrumentos processuais adequados como, por exemplo, a ação popular e a ação civil pública.

Outra contingência a que está sujeita a licença ambiental, igualmente vinculada a alterações fácticas, decorre de alterações normativas dos critérios condicionantes e medidas de adequação do exercício de uma determinada atividade. O avanço tecnológico, as alterações experimentadas pelo ambiente e as migrações populacionais, por exemplo, podem vir a exigir novos critérios e padrões para a preservação do ambiente são e ecologicamente equilibrado, disso resultando a necessidade de uma normalização diferente daquela havida ao tempo em que foi expedida a licença ambiental. Se isso ocorre, então, deve-se analisar qual a influência que eventual normalização superveniente exerce sobre a licença ambiental vigente. Segundo Antunes, enquanto vigente a licença ambiental, a modificação dos padrões ambientais não pode ser oposta ao titular do empreendimento licenciado. Isso significa que somente após o prazo de validade, ao ensejo da renovação da licença, é que se poderá exigir do empreendedor a adequação aos novos padrões ambientais previstos na normalização superveniente.[300] Efetivamente, essa deve ser a solução, salvo se a hipótese configurar situação de extremo risco para a realização do direito fundamental ao ambiente, hipótese em que a licença ambiental vigente deve ser retirada do ordenamento jurídico. Em qualquer caso, a decisão do órgão ambiental competente será passível de confrontação jurisdicional por qualquer titular do direito fundamental ao ambiente.

Outro fenômeno superveniente à expedição da licença ambiental e que pode afetar diretamente a sua vigência guarda relação com o comportamento do empreendimento. Os padrões ambientais específicos e as medidas de controle e de adequação exigidos para a expedição da licença ambiental devem ser observados ao longo da vigência das licenças prévia, de instalação e de operação. Em momento algum será lícita qualquer espécie de comportamento que se afastar dos padrões que foram exigidos no momento do licenciamento ambiental. Se isso ocorrer, então, estará justificada a decisão

---

[300] Cf. ANTUNES, *Direito ambiental*, p. 89. No mesmo sentido, LEME MACHADO, *Direito ambiental...*, p. 263.

Direito Fundamental ao Ambiente

127

do órgão ambiental competente que suspender ou cassar a licença ambiental concedida. Portanto, se o empreendimento deixar de atender os padrões ambientais exigidos ao ensejo do licenciamento ambiental, a licença ambiental deve ser retirada do ordenamento jurídico, cessando sua vigência e efeitos. Se, eventualmente, o órgão ambiental competente entender que uma determinada hipótese concreta não caracteriza situação de suspensão ou cassação do licenciamento ambiental, nada obsta a que qualquer titular do direito fundamental ao ambiente se valha dos mecanismos de movimentação da atividade jurisdicional para confrontar a decisão administrativa.

Igualmente, tem conseqüência sobre a vigência da licença ambiental, implicando sua desconstituição, a declaração de invalidade que se justificar pela ocorrência de algum vício formal ou material originário ao licenciamento ambiental. Qualquer comportamento praticado ao longo do procedimento administrativo de licenciamento ambiental que representar afastamento das normas estabelecidas pela normalização constitucional e infraconstitucional implica violação do *due process*, disso resultando a nulidade da própria licença ambiental, que deverá, então, ser desconstituída. O procedimento devido deve ser considerado em sua dimensão formal e substancial, pois tanto implicará nulidade da licença ambiental a "omissão ou falsa descrição de informações relevantes que subsidiariam a expedição da licença"[301] como a realização de audiência pública sem que tenha sido permitida a efetiva participação dos interessados ou sem que tenha sido feita a divulgação necessária da data, horário e local da realização da audiência pública.[302] Assim, constatado algum vício de origem no licenciamento ambiental, o órgão ambiental deverá, obrigatoriamente, declarar a invalidade da licença ambiental, retirando-a do ordenamento jurídico. Senão isso, qualquer interessado titular do direito fundamental ao ambiente poderá pleitear, pela via jurisdicional, a desconstituição da licença ambiental inválida.

Com essas características, a licença ambiental não se deixa encaixar perfeitamente aos conceitos de licença e autorização do Direito administrativo.[303] A licença é ato administrativo, vinculativo e definitivo, relativo àquelas hipóteses em que há um direito subjetivo ao exercício de determinada atividade. Uma vez preenchidos os requisitos legais para o exercício do direito subjetivo, a licença deve ser outorgada, pois não pode ser recusada. Nessa hipótese, não há discricionariedade, e o ato administrativo será definitivo. A autorização, diversamente, é ato administrativo discricionário

---

[301] Cf. a norma do art. 19, II, da Resolução 237/97 do Conselho Nacional do Meio Ambiente.

[302] Cf. a norma do art. 11, § 2º, da Resolução 01/86 do Conselho Nacional do Meio Ambiente. Especialmente, as normas da Resolução 09/87, que regula a realização das audiências públicas.

[303] Cf. LEME MACHADO, *Direito ambiental...*, p. 250; MILARÉ, *Direito de ambiental*, p. 361; AFONSO DA SILVA, *Direito ambiental...*, p. 282.

e precário, não pressupondo a existência de direito subjetivo. Aliás, o direito ao exercício da atividade "nasce com a outorga da autorização" dada pela administração com base nos critérios da conveniência e oportunidade.[304] Se assim é, então, não deve haver dúvida de que a licença ambiental não se deixa incluir nesses dois conceitos, a despeito do "entendimento da maioria da doutrina" reconhecer que ela "tem a natureza jurídica mesma de *licença*, no sentido que o direito administrativo lhe atribui".[305] Melhor será, sem embargo, substituir-se a relevância do nome do conceito pela importância de seu conteúdo, reconhecendo-se-lhe um regime jurídico substancialmente próprio e autônomo. Se isso, nada a objetar quanto à corrente denominação de licença ambiental.

3.4.3. O direito ao procedimento judicial

A realização do direito fundamental ao ambiente pelo procedimento em sentido estrito pode ser alcançada com a via do procedimento administrativo e do procedimento judicial.[306] Justificado o procedimento administrativo como modalidade de realização do direito fundamental ao ambiente, conforme análise do procedimento de estudo de impacto ambiental e do procedimento de licenciamento ambiental, deve-se verificar de que modo isso ocorre na via do procedimento judicial. Para a justificação do procedimento judicial como alternativa à realização do direito fundamental ao ambiente, foram escolhidos os mecanismos processuais da ação civil pública e da ação popular.

Isso não significa que a realização do direito fundamental ao ambiente pela via do procedimento judicial se resuma unicamente a esses mecanismos processuais, podendo-se incluir no catálogo outros procedimentos, como o da ação de mandado de segurança, da ação direta de inconstitucionalidade, da ação de inconstitucionalidade por omissão, do *habeas data* e do mandado de injunção. Aliás, em princípio, nenhum procedimento judicial do sistema processual do ordenamento jurídico pode ser excluído *a priori* da possibilidade de configurar-se como mecanismo processual para realização do direito fundamental ao ambiente, sobretudo em face do art. 5°, XXXV, da Constituição, segundo a qual a lei não pode excluir da apreciação judicial lesão ou ameaça de lesão a direito. A escolha dos mecanismos processuais da ação popular e da ação civil pública justifica-se porque são os instrumentos que têm como finalidade constitucional expressa, entre outras, a realização do direito fundamental ao ambiente. Da norma do art. 5°,

---

[304] Cf. AFONSO DA SILVA, *Direito ambiental...*, p. 278.

[305] Cf. FINK; MACEDO, Roteiro para licenciamento..., p. 10 (itálico no original).

[306] Conforme o princípio 10 da Conferência das Nações Unidas do Rio de Janeiro de 1992, para a realização do direito fundamental ao ambiente deve ser proporcionado acesso aos procedimentos judiciais e administrativos.

Direito Fundamental ao Ambiente

LXXIII, da Constituição, retira-se que qualquer cidadão é parte legítima para propor ação popular que vise a anular ato lesivo ao ambiente, e da norma constitucional do art. 129, III, retira-se que é função institucional do Ministério Público instaurar inquérito civil e promover ação civil pública para proteção do ambiente. Na seqüência, pretende-se demonstrar racionalmente a correção do afirmado em relação à ação civil pública e à ação popular como instrumentos processuais de realização do direito fundamental ao ambiente.[307]

Sem embargo, antes, deve ser compreendido que se o procedimento judicial é instrumento de realização do direito fundamental ao ambiente, então o direito ao procedimento judicial integra o feixe de posições fundamentais jurídicas do direito ao ambiente como um direito fundamental como um todo. Uma questão prévia à compreensão do direito ao procedimento judicial é chamar a atenção para a confusão que geralmente se apresenta entre *ação* e *direito subjetivo público* de invocar a tutela jurisdicional. Segundo Batista da Silva, a ação é a própria expressão dinâmica do direito subjetivo público que lhe é anterior e no qual ela se fundamenta, o que significa que a ação processual está fundada "na premissa de existir, como um *plus* lógico, um direito subjetivo público que a precede, por meio do qual o Estado reconhece e outorga a seus jurisdicionados o poder de invocar a prestação jurisdicional".[308] Se os titulares do direito fundamental ao ambiente estão proibidos de agir, de modo privado, contra os comportamentos, negativos ou positivos, lesivos ou potencialmente lesivos ao direito fundamental, e se o Estado tem o dever de conferir a esses titulares idênticos resultados que seriam obtidos se o agir privado não fosse proibido, então, todos os titulares do direito fundamental têm o direito a provocar a movimentação do poder do Estado para que este realize o direito fundamental ao ambiente, utilizando-se de todos os instrumentos processuais que estão adequadamente preordenados no sistema jurídico.

3.4.3.1. A ação civil pública ambiental

O procedimento judicial da ação civil pública constitui um dos mais importantes instrumentos processuais para a realização do direito fundamental ao ambiente. O que deve ser destacado da ação civil pública como mecanismo processual para a efetividade do direito ao ambiente diz respeito

---

[307] Isso deixa já antecipada a advertência de que a análise desses mecanismos processuais estará reduzida ao interesse que eles despertam para a realização do direito fundamental ao ambiente, pois outra coisa significaria desvio do rumo traçado originariamente.

[308] Cf. BATISTA DA SILVA, Ovídio A. *Curso de processo civil*. São Paulo: Revista dos Tribunais, 2003, v.1, p. 77. Para a realização do direito material, o Estado, antes de tudo, deve verificar a existência do direito que teve sua titularidade afirmada por aquele que requereu a prestação jurisdicional. É por essa razão, então, que se deve conceder "ação processual" inclusive àquele que não tem direito (Ibidem, p. 86).

à legitimidade ativa e ao tipo de tutela que pode ser prestado.[309] A importância da legitimidade ativa destaca-se na medida em que diz respeito à própria definição do catálogo daqueles que podem promover a ação civil pública ambiental para fins de realização do direito fundamental ao ambiente. A análise de algumas técnicas processuais e dos tipos de tutela realizáveis pela via da ação civil pública justifica-se na medida em que possibilita a compreensão de como se dá a efetividade do direito fundamental ao ambiente pelo procedimento. Assim, pode-se verificar exatamente como o procedimento judicial viabilizado pela ação civil pública serve para a realização do direito fundamental.

3.4.3.1.1. O modelo de legitimidade ativa coletiva. Um dos aspectos mais significativos da legitimidade ativa da ação civil pública ambiental é a opção pelo modelo de legitimação ativa coletiva. Se alguém, de forma individual, pretender exigir judicialmente a realização do direito fundamental ao ambiente, o procedimento da ação civil pública não pode ser a via escolhida,[310] já que o catálogo dos legitimados ativos para a ação civil pública ambiental apresenta uma configuração do tipo "concorrente e disjuntiva"[311] que não inclui a pessoa individualmente considerada, tendo aderido ao modelo coletivo de legitimação (*"forme collettive di legittimazione"*).[312]

O sistema da legitimação ativa coletiva é construído a partir de um rol de legitimados integrantes do catálogo retirado da interação da norma do art. 5º da Lei 7.347/85 – Lei da Ação Civil Pública – com a norma do art. 82 da Lei 8.078/90 – Código de Defesa do Consumidor.[313] Assim, estão

---

[309] Para uma compreensão geral da ação civil pública, ver MANCUSO, Rodolfo de Camargo. *Ação civil pública*. 7. ed. São Paulo: Revista dos Tribunais, 2001; MAZZILI, Hugo Nigro. *A defesa dos interesses difusos em juízo*. 16. ed. São Paulo: Saraiva, 2003; MILARÉ, Edis (Coord). *Ação civil pública*. São Paulo: Revista dos Tribunais, 2002; DINAMARCO, Pedro da Silva. *Ação civil pública*. São Paulo: Saraiva, 2001; ALMEIDA, Gregório Assagra de. *Direito processual coletivo brasileiro*. São Paulo: Saraiva, 2003.

[310] Nessa hipótese, as alternativas seriam a via da ação popular, do mandado de segurança ou de qualquer outro procedimento judicial.

[311] Isso significa que "cada um dos co-legitimados pode propor a ação, litisconsorciando-se com outros ou fazendo-o isoladamente". É concorrente na medida em que todos os legitimados podem agir em defesa do ambiente, e disjuntiva porque eles "não precisam comparecer em litisconsórcio" [Cf. MAZZILLI, *A Defesa dos interesses...*, p. 279].

[312] Cf. RAPISARDA, Cristina. *Profili della tutela civile inibitoria*. Padova: Cedam, 1987, p. 184.

[313] Essa interação entre a Lei da Ação Civil Pública e o Código de Defesa do Consumidor é retirada da norma do art. 21 da Lei da Ação Civil Pública, segundo a qual "aplicam-se à defesa dos direitos e interesses difusos, coletivos e individuais, no que for cabível, os dispositivos do Título III da Lei 8.078, de 11 de setembro de 1990, que instituiu o Código de Defesa do Consumidor" e da norma do art. 90 do Código de Defesa do Consumidor, pela qual devem ser aplicadas as normas da Lei da Ação Civil Pública às ações previstas no Código de Defesa do Consumidor. Segundo Marinoni e Arenhart, a Lei da Ação Civil Pública e o Código de Defesa do Consumidor estão interligados, "existindo perfeita interação entre os dois institutos" [Cf. MARINONI, Luiz Guilherme; ARENHART, Sérgio Cruz. *Manual do processo de conhecimento*. 2.ed. São Paulo: Revista dos Tribunais, 2003, p. 753]. No mesmo sentido, NERY JÚNIOR., Nelson. Disposições finais. In: GRINOVER, Ada Pellegrini. *Código brasileiro de defesa do consumidor*. 5. ed. Rio de Janeiro: Forense Universitária, 1998, p. 711-818.

Direito Fundamental ao Ambiente

legitimados para a ação civil pública ambiental o Ministério Público, a União, os Estados, os Municípios, o Distrito Federal, as autarquias, as empresas públicas, as fundações públicas, incluídas as entidades e órgãos da administração pública, direta ou indireta, ainda que desprovidos de personalidade jurídica, destinados à realização do direito fundamental ao ambiente. Igualmente, estão legitimadas as associações civis e fundações privadas[314] que, constituídas há mais de um ano, têm como finalidade institucional a realização do direito fundamental ao ambiente.

Esse modelo da legitimidade ativa para a promoção do procedimento judicial da ação civil pública, posto pela normalização infraconstitucional da Lei da Ação Civil e do Código de Defesa do Consumidor, encontra justificação jusfundamental na norma do art. 225, *caput*, da Constituição. O modelo posto pelo legislador infraconstitucional, concedendo legitimidade ativa para o procedimento judicial da ação civil pública, por um lado, às entidades federativas e aos órgãos da administração pública indireta, inclusive aqueles desprovidos de personalidade jurídica, e por outro, às associações civis e fundações privadas, dá concretização à norma constitucional porque permite ao "poder público e à coletividade", pela via do procedimento judicial, a realização do direito fundamental ao ambiente. O fato de a legitimidade ativa para o procedimento judicial da ação civil pública encontrar essa justificação jusfundamental é significativo porque esclarece que o controle exercido sobre o rol de legitimados é também uma questão constitucional e deve ser levado a sério.

Assim configurado o modelo do sistema de legitimação ativa da ação civil pública ambiental, definindo-se o catálogo dos legitimados coletivos à realização do direito fundamental ao ambiente pelo procedimento da ação civil pública, deve-se analisar a tutela jurisdicional realizável pela via desse procedimento judicial.

3.4.3.1.2. A tutela jurisdicional de realização do direito fundamental ao ambiente. Pela via da ação civil pública pode ser deduzida a prestação jurisdicional que for necessária à realização do direito fundamental ao ambiente. Do que se trata, então, é da tutela jurisdicional do direito ao ambiente de modo que se lhe possa alcançar realização. Uma primeira providência é distinguir as sentenças, que são as "técnicas que servem à prestação das tutelas",[315] das próprias tutelas que são o resultado do procedimento. Assim,

---

[314] Na medida em que a norma do art. 5°, *caput*, da Lei da Ação Civil Pública, refere-se a "fundações", sem distinguir entre fundações públicas e fundações privadas, não há razão para excluir do catálogo de legitimados ativos as fundações privadas. Para o reconhecimento da legitimidade ativa, contudo, devem ser exigidos os mesmos requisitos das associações civis [Cf. MAZZILLI, *A Defesa dos interesses...*, p. 270-271].

[315] MARINONI, *Tutela inibitória*, p. 434.

as sentenças são técnicas que permitem a prestação da tutela jurisdicional e não se confundem com as diferentes tutelas que podem ser obtidas pelo procedimento.

Ainda que uma primeira interpretação das normas dos arts. 1º, II, 3º, 11 e 13 da Lei da Ação Civil Pública sugira que de uma ação civil pública resultam apenas sentenças condenatória, mandamental e executiva, deve ser acrescentada a possibilidade de obtenção de sentenças de eficácia preponderantemente declaratória e constitutiva.[316] Aliás, a norma do art. 83 do Código de Defesa do Consumidor, também aplicável à ação civil pública, permite concluir que para a proteção do ambiente são cabíveis todas as espécies de ações "capazes de propiciar sua adequada e efetiva tutela".[317] Em verdade, na medida em que a tradicional concepção trinária das sentenças em declaratória, condenatória e constitutiva é incapaz de garantir a tutela adequada dos direitos não-patrimoniais, como o direito ao ambiente, a opção pela classificação quinária, incluindo a sentença mandamental e a executiva, é a alternativa que deve ser acolhida. Se o procedimento deve alcançar exatamente a realização do direito fundamental ao ambiente e se não há dúvida de que as técnicas processuais de declaração, de constituição e de condenação, por si só, não alcançam efetividade ao direito fundamental, então, deve-se recorrer a outros tipos de provimentos jurisdicionais, como os mandamentais e executivos *lato sensu*. Exatamente nesse sentido dispõem as normas do art. 461 do Código de Processo Civil, assim como as normas do art. 84 do Código de Defesa do Consumidor, autorizando o juiz a ordenar um determinado comportamento sob pena de multa, ou realizar o direito reconhecido na sentença, independente de ação de execução. Na sentença mandamental, há uma ordem do juiz e há uma coerção dirigida à vontade do destinatário, como ocorre na ação civil pública que resulta em sentença determinando a uma indústria abster-se de despejar resíduos químicos no leito de um rio sob pena de pagamento de multa diária. Na sentença executiva, a ação de execução é dispensada por uma questão de efetividade da prestação jurisdicional. Desse modo, de uma ação civil pública ambiental pode resultar uma sentença: *i*) declaratória de uma situação de licenciamento ambiental; *ii*) condenatória ao pagamento de uma indenização em dinheiro para o fundo a que se refere o art. 13 da Lei da Ação Civil Pública; *iii*) constitutiva-negativa de um procedimento administrativo de estudo de impacto ambiental; *iv*) mandamental, por intermédio da qual

---

[316] Cf. MARINONI; ARENHART, *Manual do processo*, p. 766.

[317] Para Watanabe, uma primeira conseqüência dessa norma é "a realização processual dos direitos" no sentido de que o processo deve alcançar ao titular do direito "tudo aquilo e somente aquilo que ele tenha direito de adquirir". Outra conseqüência é que da interpretação do sistema processual deve se retirar, sempre, uma ação capaz de propiciar a tutela efetiva e completa dos direitos [Cf. WATANABE, Kazuo. Disposições gerais. In: GRINOVER, Ada Pellegrini. *Código brasileiro de defesa do consumidor*. 5. ed. Rio de Janeiro: Forense Universitária, 1998, p. 647-648].

Direito Fundamental ao Ambiente

o juiz ordena, sob pena de multa, a realização de obras para recuperação do ambiente de área degradada pelo depósito de lixo; e *v*) executiva, pela qual o juiz faz cessar a atividade de lançamento de resíduos poluentes no ar atmosférico. Uma observação relevante sobre esses diferentes tipos de provimentos jurisidicionais é que eles podem ser pretendidos em um mesmo procedimento de ação civil pública.

No âmbito da ação civil pública ambiental, são possíveis as tutelas: *inibitória*; *reintegratória*; e *ressarcitória*.

A tutela inibitória é uma das mais importantes alternativas de realização jurisdicional do direito ao ambiente, especialmente porque se destina a garantir a própria integridade do ambiente na medida em que, atuando preventivamente, impede comportamentos potencialmente lesivos ao direito fundamental. Em essência, a tutela inibitória destina-se a impedir a prática de algum ilícito ou impedir sua continuação ou repetição,[318] especialmente porque o comportamento ilícito se caracteriza normalmente como aquela atividade de natureza continuada ou aquela pluralidade de atos suscetíveis de repetição.[319] Assim, quando se tem o receio de que alguém vá despejar algum tipo de resíduo químico em uma determinada área, do que pode resultar contaminação ao ambiente, a ação civil pública ambiental assegura uma tutela inibitória para impedir esse comportamento potencialmente lesivo ao direito fundamental ao ambiente. Do mesmo modo, quando uma indústria deixa de proceder à instalação dos equipamentos de contenção da emissão de poluentes, causando a contaminação do ambiente, é adequada a tutela inibitória para impedir a repetição dessa atividade lesiva ao direito fundamental. Também pela via da ação civil pública ambiental inibitória pode ser deduzida pretensão no sentido de que o órgão ambiental competente não expeça a licença ambiental de operação se não foram cumpridas as condições e os requisitos estabelecidos na licença prévia e na licença de instalação ou, ainda, quando o órgão ambiental, indevidamente, dispensa a realização do estudo de impacto ambiental em relação à obra ou ao empreendimento que irá causar significativa degradação ambiental.

A tutela inibitória encontra justificação nas normas do art. 461 do Código de Processo Civil e do art. 84 do Código de Defesa de Consumidor, das quais se depreende que na ação que tem por objeto o cumprimento de obrigação de fazer ou não-fazer, o juiz concede a tutela específica da obrigação ou determina a execução daquelas providências que asseguram o resultado prático equivalente ao adimplemento.[320] É a partir dessas normas

---

318 Cf. MARINONI, Luiz Guilherme. *Tutela específica*. São Paulo: Revista dos Tribunais, 2000, p. 83.

319 Cf. RAPISARDA, *Profili...*, p. 81.

320 Cf. MARINONI, *Tutela específica*, p. 89. Muito embora a norma do art. 11 da Lei da Ação Civil Pública disponha que "na ação que tenha por objeto o cumprimento de obrigação de fazer ou não fazer, o juiz determinará o cumprimento da prestação da atividade devida ou a cessação da atividade nociva,

que resulta a possibilidade da configuração da tutela inibitória *negativa* e da tutela inibitória *positiva*. A primeira se destina a evitar a prática, a repetição ou a continuidade de algum comportamento comissivo lesivo ou potencialmente lesivo, proibindo, por exemplo, a emissão de efluentes líquidos e sólidos no leito de um rio, a prática de queimadas em determinada propriedade rural,[321] a retirada de areia do leito de um rio[322] ou o depósito de lixo a céu aberto.[323] A segunda é adequada tanto quando há o receio de omissão como quando há omissão continuada, hipóteses em que se justifica um fazer como alternativa de realização do direito, determinando, por exemplo, a execução de obras para impedir o lançamento de efluentes químicos no leito de um rio ou a instalação de filtros e outros equipamentos de controle da emissão de poluição na atmosfera. Não deve haver dúvida quanto à possibilidade de uma tutela inibitória positiva, sobretudo em atenção ao dever de não-violação ao direito fundamental ao ambiente que decorre das normas do art. 225 da Constituição e de toda a normalização infraconstitucional que configura o conjunto de posições fundamentais jurídicas do direito fundamental ao ambiente. Da configuração do princípio da precaução, retira-se um dever de conteúdo preventivo, implicando a violação desse dever um dever positivo como, por exemplo, o de instalar determinada tecnologia para que seja evitada a poluição de um rio. Segundo Marinoni, as normas dos arts. 461 do Código de Processo Civil e 84 do Código de Defesa do Consumidor viabilizam a imposição de um fazer, não se devendo negar que isso seja capaz de inibir o ilícito. A omissão de um dever de prevenção, decorrente do princípio da precaução, configura um ilícito que deve ser impedido, devendo-se aceitar que a tutela que pretende evitar o ilícito pode necessitar tanto de uma abstenção como da execução de alguma atividade concreta.[324]

---

sob pena de execução específica, ou de cominação de multa diária, independentemente de requerimento do autor", a tutela inibitória pura tem sua fundamentação efetivamente definida pelas normas do art. 84 do Código de Defesa do Consumidor e do art. 461 do Código de Processo Civil. Isso se deve especialmente ao fato de que a norma do art. 11 da Lei da Ação Civil considera já uma situação consumada de atividade lesiva, pois se refere à "cessação da atividade nociva", isto é, de uma atividade de dano já configurada. De todo modo, não se pode negar que a norma do art. 11 contempla uma das formas de tutela inibitória, que é fazer cessar a prática de um comportamento ilícito [Cf. MARINONI, *Tutela inibitória*, p. 92-83].

[321] Cf. TJRS. Ap. Cív. 70003663606, j. 09/05/2002. Disponível em http://www.tj.rs.gov.br. Acesso em: 11 nov. 2003; TJSP. Ap. Cív. 17.389-5/1. j. 21/10/1996, *Revista de Direito Ambiental*, São Paulo, n. 5, p. 130; Cf. TJSP. Ap. Cív. 13.897-5/4. j. 23/03/1998, *Revista de Direito Ambiental*, São Paulo, n. 8, out./dez., 1997, p. 141.

[322] Cf. TJRS. Ap. Cív.-Reex. Nec. 70001397686. j. 04/10/2000. Disponível em http://www.tj.rs.gov.br. Acesso em: 11 nov. 2003; TJSP. Ap. Cív. 278.670-1/4. j. 07.08.1997, *Revista de Direito Ambiental*, São Paulo, n. 8, out./dez., 1997, p. 171.

[323] Cf. TJRS. Ag. Inst. 598508885. j. 25/02/1999. Disponível em http://www.tj.rs.gov.br. Acesso em: 11 nov. 2003.

[324] Cf. MARINONI, *Tutela inibitória*, p. 139.

A tutela reintegratória tem por objeto a eliminação de uma situação de ilicitude, é dizer, a remoção do ilícito de modo a que seja novamente estabelecida a situação anterior ao ilícito ou estabelecida a situação que deveria estar vigorando caso tivessem sido observadas as normas do direito fundamental ao ambiente. Se determinado comerciante expõe a venda de agrotóxico proibido, essa situação de ilicitude pode ser removida pela tutela reintegratória de uma ação civil pública de busca e apreensão de todo o produto que está sendo objeto de comercialização. As normas dos arts. 461 do Código de Processo Civil e 84 do Código de Defesa do Consumidor autorizam que juiz produza uma sentença executiva, determinando na própria decisão a "medida necessária" para a obtenção da tutela específica ou do resultado prático equivalente, alcançando, assim, a realização do direito material.

A tutela inibitória e a tutela reintegratória diferem quanto às sentenças de que se servem, pois enquanto a primeira pressupõe uma sentença mandamental, a segunda pressupõe uma sentença executiva. Por isso mesmo, elas diferem quanto aos meios de execução. Na sentença mandamental, o juiz expede uma ordem que deve ser voluntariamente cumprida pelo réu, sob pena de pagamento de multa diária. Na sentença executiva *lato sensu*, a realização do direito independe da vontade do réu. Essa distinção fica evidente quando se considera a tutela inibitória como a destinada a impedir a prática de um ilícito e a tutela reintegratória como a que tem por objetivo a remoção de um ilícito.

Outro aspecto a ser observado a respeito dessas tutelas de realização do direito fundamental ao ambiente diz com os limites para a imposição do fazer positivo ou negativo. O que isso significa é que a realização dessas tutelas, especialmente a da tutela inibitória, deve considerar a adequação recomendada pelo princípio da proporcionalidade, optando-se pela medida mais idônea para alcançar o resultado desejado e pela medida que oferecer a menor restrição possível ao direito daquele contra o qual se dirigir a realização do direito fundamental ao ambiente. Não se deve esquecer que, ao lado do direito ao ambiente são e ecologicamente equilibrado, estão os direitos ao trabalho e à livre iniciativa,[325] isso significando que a realização

---

[325] Cf. MARINONI, *Tutela inibitória*, p. 149. Ainda que não se tenha feito referência expressa a essas questões, foi exatamente isso que ocorreu em paradigmática decisão de ação civil pública ambiental que pretendia a transferência das instalações de empresa poluidora para local adequado, tendo o Superior Tribunal de Justiça entendido que a "determinação judicial que obriga o proprietário a transferir seu estabelecimento (industrial) para local diferente, caso obtenha a licença dos poderes constituídos, afronta, a um só tempo, o princípio da livre iniciativa e o direito de propriedade", acrescentando que "um estabelecimento industrial é um conjunto de bens móveis e imóveis, a que se agregam a organização, o capital e o trabalho", de tal modo que a "mudança para lugar diverso tem evidentes implicações no princípio da livre iniciativa da atividade econômica erigido em garantia constitucional" [Cf. STJ. REsp. 43512. j. 02/05/1994. Disponível em: http://www.stj.gov.br. Acesso em: 11 out. 2003].

do direito fundamental está submetida à lei da ponderação em caso de colisão com outros direitos fundamentais.

A tutela jurisdicional de realização do direito fundamental deve obedecer à solução dada pela lei da ponderação no caso concreto.[326] Essa possibilidade de escolha da medida mais idônea e menos restritiva encontra fundamentação nas normas do art. 461 do Código de Processo Civil e do art. 84 do Código de Defesa do Consumidor que, mitigando o princípio da tipicidade das formas executivas, abriu espaço ao princípio da adequação dos poderes de execução de tal modo que o juiz, dispondo de um arsenal de medidas à realização do direito fundamental ao ambiente, conforme o caso concreto, deve determinar aquela mais idônea a alcançar o resultado e que for menos restritiva aos direitos eventualmente contrapostos. Aliás, essas mesmas normas autorizam exceções ao princípio da congruência em relação ao pedido deduzido pelo autor da ação civil pública ambiental e a sentença, sendo lícito ao juiz, conforme as condições do caso concreto, determinar a realização da medida mais adequada. Assim, a despeito de o autor da ação civil pública ambiental requerer a cessação das atividades da indústria que está causando poluição pela emissão de resíduos químicos na atmosfera, pode o juiz determinar ao réu que proceda à instalação dos filtros necessários à eliminação dos elementos nocivos ao ambiente. Nessa hipótese, o juiz estará se valendo de um meio tão idôneo quanto, consistente na utilização da tecnologia adequada, bem como o meio menos restritivo possível aos direitos do réu. Do mesmo modo, se o autor deduz pedido no sentido de o réu instalar determinados equipamentos em uma indústria, o juiz pode estabelecer que outros equipamentos sejam os instalados, se verificar a ineficiência daqueles indicados pelo autor para a realização do direito fundamental ao ambiente. Também, conforme o caso concreto, se o autor deduz pedido no sentido de que o réu instale filtros, "nada obsta que o juiz, ao concluir que a instalação do filtro será insuficiente para evitar a continuação da poluição, ordene que o réu cesse as suas atividades sob pena de multa".[327] Atento a esses aspectos, o Tribunal de Justiça de São Paulo, ao examinar ação civil pública ambiental dirigida à poluição sonora e ambiental causada por usina destinada à fabricação de produtos de pavimentação, na qual se pretendia o encerramento das atividades da fábrica, determinou a prática de comportamentos e a execução de obras de adequação das atividades aos padrões ambientais, entre os quais, "armazenamento das matérias-primas em silos adequados, umectação permanente do pátio, elevação do muro divisório junto ao conjunto habitacional, enclausuramento da usina e controle dos produtos de combustão dos veículos", deixando aberta a

---

[326] Ver o modelo da ponderação, item 4.3, Capítulo 4.
[327] Cf. MARINONI, *Tutela inibitória*, p. 160.

Direito Fundamental ao Ambiente

possibilidade de futuro fechamento da usina se essas medidas não se revelarem suficientes à realização do direito fundamental ao ambiente.[328]

A tutela ressarcitória cuida da hipótese em que se configura dano ao direito fundamental. No âmbito de análise das alternativas de realização do direito fundamental ao ambiente, quando se discute a respeito das duas modalidades de tutela ressarcitória, mais interessa a tutela ressarcitória *específica* do que a tutela ressarcitória *sob a forma de pagamento de dinheiro*. Isso porque é mais eficiente à realização do direito fundamental ao ambiente a reversão de um caso de degradação ambiental, reconstituindo-se a situação de fato anterior, do que o pagamento de uma quantia em dinheiro como forma de compensação.

Sem embargo, a tutela ressarcitória pelo equivalente pecuniário à lesão ao ambiente tem relevância significativa. Primeiro, porque o dinheiro pago pelo autor da violação ao direito fundamental pode ser empregado em benefício do próprio ambiente com a adoção de medidas de preservação e recuperação de determinado patrimônio ambiental;[329] segundo, porque a condenação ao pagamento de uma soma em dinheiro tem também função repressiva no sentido de punir o comportamento lesivo ao direito fundamental ao ambiente. A imposição do pagamento de uma soma em dinheiro, nesse caso, não tem por objetivo tão-somente corresponder ao equivalente econômico do dano ao ambiente, mas representar uma sanção àquele comportamento lesivo ao direito fundamental ao ambiente. A tutela ressarcitória pelo equivalente do dano ao ambiente, pela via da ação civil pública, encontra fundamentação nas normas dos arts. 1°, I, 3° e 13 da Lei da Ação Civil Pública. Segundo a norma do art. 1°, I, a ação civil pública destina-se à reparação dos danos causados ao ambiente, estabelecendo a norma do art. 3° que a ação tem por objeto a condenação ao pagamento de uma indenização em dinheiro ou o cumprimento de uma obrigação de fazer ou não-fazer. Por sua vez, a norma do art. 13 dispõe que, havendo condenação em dinheiro, a indenização pelo dano causado deve reverter a um fundo,[330] destinando-se

---

[328] Cf. TJSP. Ap. Cív. 036.355/6. j. 05.04.1999, *Revista de Direito Ambiental*, São Paulo, n. 16, out./dez., 1999, p. 298.

[329] Em razão disso, Mirra observa que a reparação pecuniária deixou de representar a conversão do prejuízo ambiental em unidades monetárias, para significar o custo da reparação *in natura* [Cf. MIRRA, Álvaro Luiz Valery. *Ação civil pública e a reparação do dano ao meio ambiente*. São Paulo: Juarez Oliveira, 2002, p. 325-326].

[330] Trata-se do Fundo de Defesa dos Direitos Difusos, criado pela Lei 9.008/95, que tem por finalidade a reparação dos danos causados ao ambiente, ao consumidor, a bens e direitos de valor artístico, estético, histórico, turístico, paisagístico, à ordem econômica e a outros interesses difusos e coletivos. É interessante observar que, mesmo se tratando de lesão ao direito ao ambiente, o valor da condenação obtido em ação civil pública não está inserido no catálogo de fontes de constituição do Fundo Nacional do Meio Ambiente a que se refere a norma do art. 2° da Lei 7.797/89. O mesmo se pode afirmar em relação ao Fundo Estadual de Meio Ambiente do Rio Grande do Sul, pois o catálogo das fontes dos recursos do art. 23 da Lei Estadual 10.330/94 não inclui o dinheiro resultante de condenação em ação civil pública. Assim, deve-se concluir que o montante em dinheiro obtido em ação civil pública deve ser destinado ao Fundo de Defesa dos Direitos Difusos da Lei 9.008/95.

os recursos à "reconstituição" do bem lesado.[331] Com isso, pretende-se a própria reparação do bem lesado ou, se isso não for possível, que outros bens possam ser preservados ou restaurados. Assim, no caso da destruição irrecuperável de uma área ambiental, o dinheiro pode ser destinado a atividades de preservação e recuperação de outras áreas; no caso da extinção de uma determinada espécie de animais, o valor obtido na ação civil pública pode ser aplicado na criação de condições favoráveis à procriação da mesma espécie ou de outros animais em extinção.[332]

A tutela ressarcitória na forma específica se ocupa de restabelecer aquela situação que existiria se lesão ao direito fundamental ao ambiente não tivesse ocorrido, mediante um fazer determinado em uma sentença mandamental ou executiva *lato sensu*. A reposição da situação anterior ou daquela situação que existiria se o dano ambiental não tivesse acontecido pressupõe a realização de "obras e atividades de restauração, reconstrução ou reconstituição dos bens, habitats e ecossistemas", demandando, por isso, um agir positivo,[333] como, por exemplo, a restauração de área degradada pela extração de areia,[334] a limpeza e o desassoriamento de lagos e rios,[335] a recomposição do solo degradado pelo depósito de lixo,[336] a recuperação de sítios arqueológicos,[337] entre outros comportamentos positivos.

As normas do art. 461 do Código de Processo Civil e do art. 84 do Código de Defesa do Consumidor autorizam que o juiz ordene ao réu, sob pena de multa, o estabelecimento de situação equivalente àquela que existiria se o fato não tivesse sido praticado ou que o juiz determine a terceiro, às custas do réu, um fazer correspondente ao estabelecimento de situação equivalente àquela que existiria se o fato não tivesse sido praticado. No primeiro caso, utiliza-se a técnica processual da coação indireta, em que a ameaça de multa atua sobre a vontade do réu a fim de que seja cumprida a ordem fixada na sentença. No segundo caso, pela técnica da execução por sub-rogação, na própria sentença executiva, o juiz determina que terceiro,

---

331 Segundo Marinoni, essa norma comete o equívoco de afirmar que a tutela ressarcitória se destina a reconstituir o bem lesado, confundindo a tutela reintegratória, voltada para o ilícito e cujo objetivo é restabelecer a situação que era anterior ao ato contrário ao direito, com a tutela ressarcitória específica, que se destina a restabelecer situação equivalente àquela que existiria caso o dano não houvesse ocorrido [Cf. MARINONI, *Tutela específica*, p. 166].

332 Cf. MAZZILLI, *A Defesa dos...*, p. 432.

333 Cf. MIRRA, *Ação civil...*, p. 305.

334 Cf. TJRS. Ap. Cív.-Reex. Nec. 70001397686. j. 04/10/2000. Disponível em: http://www.tj.rs.gov.br. Acesso em: 11 nov. 2003.

335 Cf. TJSP. Ap. Cív. 278.670-1/4. j. 07/08/1997, *Revista de Direito Ambiental*, São Paulo, n. 8, out./dez., 1997, p. 171.

336 Cf. TJRS. Ap. Cív. 595046210. j. 13/09/1995. Disponível em: http://www.tj.rs.gov.br. Acesso em: 11nov. 2003; TJSP. Ap. Cív. 267.042-1/3. j. 17/04/1997, *Revista de Direito Ambiental*, São Paulo, n. 13, jan./mar. 1999, p. 138.

337 Cf. TJRS. Ap. Cív.-Reex. Nec. 70000687921. j. 20.06.2001. Disponível em: http://www.tj.rs.gov.br. Acesso em: 11 nov. 2003.

às expensas do réu, preste o fazer necessário à realização do direito fundamental ao ambiente. Assim, no caso de degradação ambiental de uma área pelo depósito de lixo, o juiz pode determinar que o próprio réu estabeleça situação equivalente àquela que existiria se o autor do fato não tivesse despejado lixo naquela área, sob pena de multa, ou que terceiro, às custas do réu, restabeleça aquela situação. Nesses dois casos, será prescindível pensar-se na técnica processual condenação-execução, pois a tutela específica será realizada pela técnica mandamental, se o juiz determinar o fazer sob pena de multa, e pela técnica executiva, se o juiz determinar que terceiro preste o fazer em substituição ao comportamento do próprio réu.

Considerada a possibilidade de tutela ressarcitória sob a forma específica e de tutela ressarcitória pelo equivalente econômico, deve-se analisar se é viável a cumulação dessas duas técnicas processuais. Efetivamente, naquelas hipóteses em que somente se pode estabelecer situação parcialmente equivalente àquela que existiria antes do fato lesivo ao ambiente, a tutela ressarcitória deve ser completada pela sua modalidade pecuniária. Assim, no caso do lançamento de resíduos industriais contaminar significativamente o leito de um rio, se a tutela ressarcitória específica somente parcialmente pode alcançar situação equivalente que existia antes do derramamento de resíduos industriais no leito do rio, a tutela ressarcitória necessária à realização do direito fundamental ao ambiente deve ser completada pela modalidade da tutela ressarcitória equivalente, é dizer, "a outra parcela do dano, *que não poderá ficar sem sanção, terá que ser ressarcida por meio do pagamento de dinheiro*".[338] A cumulação da tutela ressarcitória específica com a tutela ressarcitória pelo equivalente pecuniário será sempre possível naquelas hipóteses em que uma ou outra, isoladamente, não se mostrar suficiente para o ressarcimento integral do dano causado ao ambiente. Nesse sentido, aliás, decidiu o Tribunal de Justiça do Rio Grande do Sul em ação civil pública promovida para o ressarcimento de dano ambiental decorrente da extração de areia de área localizada em sítio arqueológico. Na hipótese, uma vez demonstrada a impossibilidade de se estabelecer, integralmente, situação equivalente à que existia antes da retirada de areia do sítio arqueológico, entendeu-se pela "restauração do que for possível mais a indenização dos danos". O significado disso é exatamente a possibilidade de cumulação da tutela ressarcitória específica ("restauração do que for possível") com a tutela ressarcitória pelo equivalente monetário ("mais a indenização dos danos").[339] Do mesmo modo, à tutela

---

338 Cf. MARINONI, *Tutela inibitória*, p. 464 (itálico no original).

339 Cf. TJRS. Ap. Cív.-Reex. Nec. 70000687921. j. 20/06/2001. Disponível em: http://www.tj.rs.gov.br. Acesso em: 11 nov. 2003. No mesmo sentido, o Tribunal de Justiça do Rio Grande do Sul entendeu possível a condenação de Município ao pagamento de indenização em dinheiro e à realização das obras para a recuperação de área degradada pelo depósito de lixo [Cf. TJRS. Ap. Cív. 70000026625. j. 14/10/1999. Disponível em: http://www.tj.rs.gov.br. Acesso em: 11 nov. 2003.

ressarcitória específica pode ser cumulada uma tutela inibitória ou reintegratória, conforme decidiu o Tribunal de Justiça de São Paulo ao determinar a abstenção do comportamento de disposição de lixo em área de proteção ambiental, a remoção do lixo já depositado e a restauração das condições das condições primitivas do solo, dos corpos d'água superficiais e subterrâneos e da vegetação local.[340]

O que essa análise demonstra é que o procedimento judicial viabilizado pela via da ação civil pública representa alternativa de realização das posições fundamentais jurídicas integrantes do feixe de posições fundamentais jurídicas do direito fundamental ao ambiente. O que se viabiliza pelo procedimento judicial da ação civil pública é a efetividade do direito fundamental ao ambiente.

3.4.3.2. A ação popular ambiental

O direito fundamental ao ambiente é apresentado como um todo integrado por um feixe de posições fundamentais jurídicas definitivas e *prima facie*, entre as quais está inserido o direito ao procedimento judicial viabilizado pela ação popular. A correção disso pode ser comprovada pela razão de que a via da ação popular consubstancia alternativa de realização do direito fundamental ao ambiente. Como todos têm direito ao ambiente são e ecologicamente equilibrado, porque se trata de bem de uso comum do povo e essencial à sadia qualidade de vida, incumbindo ao poder público e à coletividade o dever de defendê-lo e preservá-lo para as presentes e futuras gerações, todos os cidadãos[341] detêm legitimidade para a proposição de ação popular visando à anulação daqueles atos que forem lesivos ao ambiente, bem como a prática dos atos materiais necessários à recuperação do ambiente degradado. É isso que se pode retirar das normas do art. 225, *caput*, e do art. 5º, LXXIII, da Constituição, resultando, desse modo, configurado o direito ao procedimento judicial pela via da ação popular, cujo

---

[340] Cf. TJSP. Ap. Cív. 267.042.1-3. j. 17/04/1997, *Revista de Direito Ambiental*, São Paulo, n. 13, jan./mar., 1999, p. 138.

[341] A condição de cidadão e, portanto, de eleitor é indispensável àquele que pretende ser autor de ação popular, conforme se depreende da norma do art. 5º, LXXIII, da Constituição. Sem embargo, Fiorillo sustenta que o destinatário do direito ao ambiente é toda a coletividade, incluindo brasileiros e estrangeiros residentes no Brasil, sendo irrelevante a condição de eleitor. Portanto, não apenas o eleitor detém legitimidade para ser autor da ação popular, mas "todos aqueles que são passíveis de sofrer danos e lesões ao meio ambiente" [Cf. FIORILLO, Celso Antonio Pacheco. *Curso de direito ambiental*. São Paulo: Saraiva, 2000, p. 266]. Ainda que interessante, essa linha de argumentação não é levada a sério, prevalecendo o entendimento de que a "situação legitimante" para a ação popular é a de "cidadão-eleitor" [Cf. MANCUSO, Rodolfo de Camargo. *Ação popular*. 4. ed. São Paulo: Revista dos Tribunais, 2001., p. 143-144; MEIRELLES, Hely Lopes. *Mandado de segurança*. 25. ed. São Paulo: Malheiros, 2003, p. 124].

Direito Fundamental ao Ambiente

contorno infraconstitucional foi dado pela Lei 4.717/65.[342] O decisivo nisso é reconhecer que a denominada ação popular constitucional ambiental é parte integrante do conjunto de posições fundamentais jurídicas dos titulares do direito fundamental ao ambiente, servindo a sua realização.[343]

Nesse mesmo sentido, Leite vincula as noções de direito subjetivo fundamental e de cidadania ambiental individual para clarear que a ação popular ambiental é meio de exercício da cidadania ambiental porque abre espaço para a intervenção direta do indivíduo na correção das disfunções existentes nas tarefas de proteção ao ambiente.[344] Elemento de caracterização da democracia participativa, o reconhecimento da posição fundamental jurídica que permite ao cidadão o acesso à justiça jurisdicional para a realização do direito fundamental ao ambiente, desloca-o de uma posição de mero beneficiário e destinatário da função ambiental do Estado para uma posição caracterizada por um agir positivo. Em nada essa concepção é incompatível com a noção de "autonomia do bem ambiental", pois proteção do ambiente no sistema brasileiro tem uma "dupla valência" que concerne, por um lado, ao bem ambiental propriamente dito em uma dimensão coletiva atinente à sua "capacidade ecológica" e, por outro lado, em uma dimensão subjetiva, à possibilidade de todos, individualmente, atuarem positivamente no sentido da realização do direito fundamental.[345] Se há compatibilidade entre a noção do ambiente como bem social unitário e a posição fundamental jurídica que autoriza o cidadão, individualmente, a promover ação popular ambiental, então, está correto sustentar-se que a legitimidade de que se trata é ordinária, não se devendo cogitar da noção de substituição processual própria da legitimidade extraordinária. O cidadão, na medida em que também é titular do direito fundamental ao ambiente são e ecologicamente equilibrado, ao apresentar uma ação popular ambiental a fim de que lhe seja permitido acesso e participação no procedimento administrativo de licenciamento ambiental de um complexo industrial no bairro de sua moradia, atua em nome próprio para defesa de interesse que lhe é próprio, seja como pessoa individualmente considerada, seja como

---

[342] Não será demasiado lembrar que a norma do art. 5º, LXXIII, da Constituição de 1988, ampliou o objeto da ação popular, pois o art. 153, § 31, da Emenda Constitucional de 1969, manteve a redação da Constituição de 1967, que estabelecia que "qualquer cidadão será parte legítima para propor ação popular que vise anular atos lesivos ao patrimônio de entidades públicas". A normalização constitucional de 1988 dispõe que "qualquer cidadão é parte legítima para propor ação popular que vise a anular ato lesivo ao patrimônio público ou de entidade de que o Estado participe, à moralidade administrativa, ao meio ambiente e ao patrimônio histórico e cultural, ficando o autor, salvo comprovada má-fé, isento de custas judiciais e ônus da sucumbência".

[343] Para a compreensão das principais questões processuais que dizem respeito à ação popular, ver MANCUSO, *Ação popular.*; MEIRELLES, *Mandado de segurança*; OTHON SIDOU, J. M. *"Habeas corpus", mandado de segurança, mandado de injunção, "habeas data", ação popular.* 6. ed. Rio de Janeiro: Forense, 2002.

[344] Cf. LEITE, *Dano ambiental*, p. 153.

[345] Cf. Ibidem, p. 154.

pessoa integrante de uma coletividade que está prestes a sofrer os efeitos do empreendimento industrial. O autor da ação popular atua em nome próprio e na defesa de interesse próprio, ainda que "o seja também de todos os indivíduos de uma coletividade a que o mesmo, inclusive, pertencente",[346] podendo-se acrescentar que está exercendo a sua "*quota-parte*".[347]

Por fim, não é demais destacar que somente o cidadão detém legitimidade ativa para a ação popular ambiental, disso retirando-se que as pessoas jurídicas de direito público, os órgãos públicos despersonalizados e as pessoas jurídicas de direito privado, como, por exemplo, as associações, legitimadas para a ação civil pública ambiental, não podem figurar no pólo ativo da ação popular ambiental. Aliás, a Súmula 365 do Supremo Tribunal Federal dispõe que pessoa jurídica não tem legitimidade para propor ação popular. Na medida em que a ação civil pública ambiental é instrumento para alcançar a tutela que for necessária à realização do direito fundamental ao ambiente, o fato de as pessoas jurídicas não serem legitimadas ativas para a ação popular ambiental em nada atenta contra a concretização da normalização constitucional do art. 225 da Constituição. O papel que incumbe ao Ministério Público na ação popular ambiental é o de intervenção na condição de *custos legis*, à semelhança do que ocorre com a ação civil pública ambiental promovida por outro legitimado ativo, devendo-se destacar que também na ação popular ambiental o Ministério Público pode ter sua intervenção originária de *custos legis* transformada, assumindo a posição de autor em caso desistência da ação pelo autor popular, conforme a norma do art. 9° da Lei da Ação Popular.

O procedimento judicial da ação popular viabiliza a realização do direito fundamental ao ambiente na medida em que serve de instrumento à realização das mesmas tutelas que podem ser obtidas pela via da ação civil pública. Isso se deve ao fato de que todo sistema processual coletivo construído pela integração entre as normas da Lei da Ação Civil com as normas do Código de Defesa do Consumidor é aplicável à ação popular ambiental.[348] Assim, pelas técnicas processuais das sentenças declaratória, condenatória, constitutiva, mandamental e executiva *lato sensu*, podem ser realizadas as tutelas inibitória, as reintegratória e as ressarcitória. Se levar a sério o direito fundamental ao ambiente significa também lhe alcançar

---

[346] Cf. MIRRA, Luiz Álvaro Vallery. Um estudo sobre a legitimação para agir no direito processual civil. A legitimação ordinária do autor popular. *Revista dos Tribunais*, São Paulo, n. 618, p. 34-47, abr. 1987, p. 45.

[347] Cf. MANCUSO, *Ação popular*, p. 153. Não é outra a conclusão que se deve extrair da norma do art. 225, *caput*, da Constituição, segundo a qual todos têm direito ao ambiente são e ecologicamente equilibrado, bem de uso comum do povo, incumbindo-se ao poder público e à coletividade o dever de defendê-lo e preservá-lo. Por isso, sem razão Negrão quando sustenta que o autor da ação popular atua como substituto processual e, portanto, que a hipótese é de legitimidade extraordinária [Cf. NEGRÃO, Theotonio. *Código de processo civil*. 24. ed. São Paulo: Malheiros, 1993, p. 646].

[348] Cf. LEITE, *Dano ambiental...*, p. 169.

Direito Fundamental ao Ambiente

efetividade e se o procedimento judicial da ação popular é um mecanismo de realização do direito fundamental ao ambiente, não é correta a interpretação que nega a utilização de alguma técnica processual ou de algum tipo de tutela no âmbito da ação popular. Se é correto que o procedimento da ação popular teve seu objeto ampliado para incluir também a realização do direito fundamental ao ambiente pela norma do art. 5º, LXXIII, da Constituição, não se justifica uma interpretação restritiva do mecanismo processual da qual possa resultar a exclusão *a priori* de qualquer tipo de técnica processual, principalmente se for levada em consideração a norma do art. 5º, XXXV, segundo a qual a normalização infraconstitucional não pode excluir da apreciação jurisdicional lesão ou ameaça de lesão a direito. A expressão "anular ato lesivo" da norma do art. 5º, LXXIII, da Constituição, quando a questão diz respeito ao ambiente, não deve ser compreendida no modelo da ação popular originário da Lei 4.717/65 e da ordem constitucional anterior à Constituição de 1988. Na medida em a norma do art. 5º, LXXIII, ampliou o objeto da ação popular para o fim de incluir também a realização do direito fundamental ao ambiente, a expressão "meio ambiente" deve ser compreendida em consonância com as outras normas constitucionais que dizem respeito ao ambiente como direito fundamental. Por essa razão, então, é que a norma do art. 5º, LXXIII, deve ser recolhida como integrante do modelo normativo constitucional do ambiente dado pelas normas do art. 225 da Constituição. É nesse contexto constitucional que também deve ser inserida a normalização infraconstitucional da Lei 4.717/65, merecendo significativo registro a norma do art. 22, segundo a qual as normas do Código de Processo Civil devem ser aplicadas ao procedimento judicial da ação popular. Por mais essa razão, então, não deve haver objeção a que as técnicas processuais e tutelas previstas no art. 461 do Código de Processo Civil sejam possíveis na via da ação popular. Portanto, a ação popular mostra-se adequada à desconstituição dos atos administrativos lesivos ou potencialmente lesivos ao ambiente, ao impedimento de atos lesivos ou potencialmente lesivos ao ambiente, bem como à imposição de comportamentos destinados à correção do ambiente e, na medida em que isto for possível, o retorno ao *status quo ante*.

A ação popular serve como mecanismo processual para a decretação de nulidade de qualquer ato administrativo praticado no âmbito de procedimentos, como os de estudo de impacto ambiental e de licenciamento ambiental que se tenham desviado do direito fundamental ao ambiente. Nesse sentido, pode ser lembrada a utilização da via da ação popular para a decretação de nulidade de licenciamento ambiental de obra ou empreendimento não precedido do estudo de impacto ambiental. Exatamente sobre essa questão decidiu o Tribunal de Justiça de Santa Catarina, reconhecendo a ilegalidade e a lesividade da licença ambiental concedida pelo órgão ambiental para a implantação de um sistema de tratamento de esgoto cloacal sem o precedente estudo de impacto ambiental.[349] A ação popular que tem como objeto a nulidade de ato administrativo lesivo ou potencialmente lesivo ao ambiente não encontra maiores objeções, sendo suficiente, à procedência da ação, a demonstração de que o ato é ilegal e lesivo[350] ao direito fundamental ao ambiente.

O procedimento da ação popular como via de realização do direito fundamental ao ambiente também pode alcançar, por intermédio da técnica processual mandamental e da executiva *lato sensu*, qualquer uma das tutelas, isto é, a tutela inibitória, a tutela reintegratória e a tutela ressarcitória sob a forma específica. Não há óbice para que uma ação popular possa alcançar a tutela inibitória para impedir a expedição de licença de operação de um empreendimento porque não realizado o estudo de impacto ambiental ou para determinar que o órgão ambiental competente realize audiência pública a que se refere a Resolução 09/87 do Conselho Nacional do Meio Ambiente ou para que o órgão ambiental permita acesso às informações do relatório de impacto ambiental nos termos das normas do art. 11 da Resolução 01/86 do Conselho Nacional do Meio Ambiente. Igualmente, a ação popular serve à tutela ressarcitória sob a forma específica. Sem embargo, essa utilização da via da ação popular para a imposição de comportamentos destinados à correção do ambiente, consistente em condutas materiais positivas, exige melhor justificação. Isso porque, além de todas as objeções comuns a qualquer pretensão de exigibilidade judicial de prestação em sentido estrito,[351] no âmbito da ação popular, tem-se acrescentado a da impossibilidade jurídica do pedido. Aliás, o Tribunal de Justiça de São Paulo decidiu que o pedido de condenação em ação popular somente deve ser de natureza pecuniária, resultando ser impossível àquele que tem por objeto uma prestação de fazer.[352] Contudo, se o procedimento da ação popular teve seu objeto ampliado para incluir também a realização do direito fundamen-

---

[349] Cf. TJSC. Ap. Cív. 39.585. j. 24/02/94. Disponível em: http://www.tj.sc.gov.br. Acesso em 11 out. 2003. No mesmo sentido, o Tribunal de Justiça do Rio Grande do Sul admitiu a legitimidade ativa dos autores de ação popular promovida para exigir a realização de estudo de impacto ambiental à construção, à beira-mar, de um edifício de nove andares em pacato balneário [Cf. TJRS. Ag. Inst. 70005267430. j. 14/05/03. Disponível em: http://www.tj.rs.gov.br. Acesso em: 11 out. 2003]. O Tribunal de Justiça do Paraná, também pela via da ação popular, reconheceu a obrigatoriedade da realização de estudo de impacto ambiental para instalação de aterro sanitário e triagem de lixo tóxico [Cf. TJPR. j. 05/12/00. Disponível em: http://www.tj.pr.gov.br. Acesso em 11 out. 2003].

[350] Conforme Mancuso, a causa de pedir na ação popular reclama o binômio "ilegalidade-lesividade" [Cf. MANCUSO, *Ação popular*, p. 97]. Segundo Meirelles, ato lesivo é todo ato ou omissão da administração que desfalca o erário ou prejudica a administração, bem como "ofende bens ou valores artísticos, cívicos, culturais, ambientais ou históricos da comunidade". A lesividade pode ser presumida ou efetiva. Na primeira hipótese, basta a prática do ato nas circunstâncias do art. 4º da Lei 4.717/65 para se considerá-lo lesivo e nulo; na segunda, deve-se demonstrar a ilegalidade e a efetiva lesão ao "patrimônio protegível pela ação popular" [Cf. MEIRELLES, *Mandado de segurança*, p. 125].

[351] A respeito, ver item 2, Capítulo 4.

[352] Cf. TJSP. Ap. Cív. 12.707-5. j. 17/08/99. *Jurisprudência do Tribunal de Justiça, Revista do Tribunal de Justiça de São Paulo*, São Paulo, n. 206, jul., 1998, p. 12-13.

Direito Fundamental ao Ambiente

tal ao ambiente pela norma do art. 5º, LXXIII, da Constituição, não se justifica uma interpretação restritiva do mecanismo processual da qual possa resultar a exclusão *a priori* de qualquer pretensão a uma prestação em sentido estrito. Uma vez que a prestação material deduzida na ação popular é alternativa de realização do direito ao ambiente, considerando-se a norma do art. 5º, LXXIII, da Constituição, bem como as normas do art. 225, §§ 2º e 3º, da Constituição, nenhuma razão pode racionalmente sustentar a conclusão de que está excluída a possibilidade de ação popular que tem por objeto uma prestação material ou fáctica. Se do art. 225, § 2º, pode-se retirar a norma de que aquele que explorar os recursos naturais fica obrigado a recuperar o ambiente degradado e se do art. 225, § 3º, pode-se extrair a norma de que os comportamentos lesivos ao ambiente implicam para os seus autores, além de sanções penais e administrativas, a "obrigação de reparar os danos causados" e, ainda, se do dever de reparar os danos causados ao ambiente pode-se retirar, também, prestações materiais ou fácticas, não teria sentido negar à ação popular a possibilidade de servir como instrumento para a realização do direito ao ambiente. Em atenção à "efetividade do processo", na "ação popular ambiental", justifica-se um "fazer", especialmente quando se trata de situação em que a recuperação do ambiente dificilmente pode ser obtida de outro modo.[353] Assim, segundo Mancuso, é perfeitamente possível ação popular "compreensiva de prestações positivas e negativas" para a proteção do ambiente, inclusive no sentido da restituição do *status quo ante* de área de preservação ambiental degradada.[354]

Desse modo, a ação popular, como procedimento à realização do direito fundamental ao ambiente, serve de instrumento tanto para a anulação daqueles atos administrativos lesivos ao ambiente como também para a condenação dos seus autores ao pagamento de indenização ou, alternativa ou cumulativamente, à restituição do *status quo ante*, é dizer, "a recuperar o meio ambiente degradado".[355] Isso significa que o procedimento da ação popular, pelas técnicas processuais de tipo declaratória, constitutiva, condenatória, mandamental e executiva *lato sensu*, permite a realização do direito fundamental ao ambiente alcançando tutelas inibitórias, reintegratórias e ressarcitórias.

A argumentação aqui desenvolvida serviu para demonstrar a correção do enunciado segundo o qual o reconhecimento do direito fundamental ao ambiente implica a configuração de posições fundamentais jurídicas definitivas e *prima facie* à organização em sentido estrito e ao procedimento em sentido estrito. Isso significa que da norma do direito fundamental ao ambiente podem ser retiradas posições fundamentais jurídicas no sentido

---

[353] Cf. MANCUSO, *Ação popular*, p. 141.
[354] Cf. Ibidem, p. 76.
[355] Cf. AFONSO DA SILVA, *Direito ambiental constitucional*, p. 322.

de que o Estado atue positivamente não apenas para criar os órgãos ambientais e estabelecer os procedimentos necessários à realização do direito ao ambiente, mas também para que a atuação desses órgãos e o resultado desses procedimentos sejam conforme o direito fundamental ao ambiente. Se assim pode ser apresentada a configuração do direito fundamental ao ambiente como direito à organização e ao procedimento, o que segue tem a pretensão de comprovar a configuração do direito fundamental ao ambiente como direito a prestações em sentido estrito, isto é, a configuração de posições fundamentais jurídicas definitivas e *prima facie* a que o Estado atue positivamente para o fim de realizar medidas fácticas ou materiais em favor do ambiente.

4. O direito a prestações em sentido estrito

4.1. O DIREITO AO AMBIENTE COMO DIREITO A PRESTAÇÕES EM SENTIDO ESTRITO

Os direitos fundamentais a prestações em sentido estrito são direitos frente ao Estado a algo, que se o indivíduo possuísse recursos financeiros suficientes e encontrasse no mercado uma oferta, poderia obtê-los também dos particulares.[356] Assim, entender-se o direito ao ambiente como direito a prestações em sentido estrito pressupõe a configuração de posição fundamental jurídica segundo a qual os titulares do direito fundamental ao ambiente podem exigir do Estado algo correspondente a prestações fácticas ou materiais.

O que será discutido aqui é se as disposições que estabelecem normas de direitos fundamentais podem configurar posições fundamentais jurídicas definitivas a prestações em sentido estrito. Nessa linha, o que deverá ser respondido é se as normas do art. 225 da Constituição podem configurar posições fundamentais jurídicas definitivas no sentido de que o Estado realize ações fácticas ou materiais consistentes, por exemplo, na execução de obras de engenharia para a recuperação de área ambiental degradada pelo depósito indevido de lixo ou na construção de um sistema de tratamento de esgoto ante o lançamento *in natura* de resíduos no leito de um rio localizado em área de preservação ambiental.

Ao examinar essa questão, o Tribunal de Justiça do Rio Grande do Sul, por exemplo, decidiu que o Poder Judiciário não tem competência para determinar a implantação de redes de abastecimento de água ou de esgoto porque isso diz respeito ao juízo de discricionariedade da administração.[357]

---

[356] Cf. ALEXY, *Teoria de los...*, p. 482.

[357] Cf. TJRS. Ap. Cív. 596217075. j. 29/04/98. Disponível em: http://www.tj.rs.gov.br. Acesso em 11 nov. 2003. O acórdão trata de ação civil pública promovida para condenar o Município de Iraí a construir um sistema de tratamento do esgoto que estava sendo lançado *in natura* no Rio do Mel e no Rio Uruguai.

Direito Fundamental ao Ambiente

Também assim decidiu o Superior Tribunal de Justiça em ação civil pública promovida pelo Ministério Público do Estado de Goiás contra o Município de Goiânia, objetivando compeli-lo à recuperação de área urbana degradada por erosão causada pela ação das águas pluviais com a realização de várias obras, como canalização de minas, drenagem de terreno e construção de rede de esgoto público e pluvial. Nessa decisão, entendeu-se que a administração, constitucionalmente autônoma, goza de total liberdade e discricionariedade para eleger as obras prioritárias a serem realizadas, ditando a oportunidade e a conveniência desta ou daquela obra, não sendo dado ao Judiciário obrigá-la a dar prioridade para determinada tarefa do poder público. Argumentou-se que o acolhimento da pretensão implicaria consumo dos recursos públicos, o que caracterizaria violação da liberdade de eleição de investimentos na área pública, acrescentando-se que a despesa deve observar, para sua legalidade, as diretrizes orçamentárias respaldadas pelo Legislativo. Observou-se, além disso, a existência de outras obras que poderiam ser tidas como prioritárias para a administração na área social e que se o Judiciário fosse ditar ao Município aquelas a serem executadas, estaria usurpando funções que não lhe foram atribuídas na Constituição Federal e, também, invadindo a competência nominal do Poder Executivo.[358] No mesmo sentido, em ação civil pública promovida pelo Ministério Público do Estado de São Paulo contra o Município de São Paulo, na qual foi deduzido pedido de obrigação de fazer consistente na regularização do parcelamento, das edificações, do uso e da ocupação do solo, relativamente ao empreendimento imobiliário denominado *Conjunto Habitacional Movimento Unido*, promovido pela municipalidade, entendeu o Superior Tribunal de Justiça pela impossibilidade de o juiz substituir a administração pública, determinando, por um lado, que fossem realizadas obras de infra-estrutura e, por outro, que fossem desfeitas construções já realizadas. A decisão acrescentou que ao Executivo cabe a conveniência e oportunidade de realizar os atos físicos de administração, não se admitindo ao Judiciário, sob o argumento de que está protegendo os direitos coletivos, ordenar que tais realizações sejam consumadas. Nessa decisão entendeu-se que as obrigações de fazer permitidas pela ação civil pública não têm força de quebrar a

---

[358] Cf. STJ. Ag. Reg. 138901/GO. j. 15/0/97. Disponível http://www.stj.gov.br. Acesso em: 11 nov. 2003. No mesmo sentido, igualmente, já havia decidido o Superior Tribunal de Justiça, em ação civil pública promovida pelo Ministério Público do Estado de Goiás contra o Estado de Goiás, visando condená-lo ao cumprimento de obrigação de fazer consistente na construção de um centro de recuperação e triagem para a criança e adolescente, entendendo que "a Constituição Federal e em suas águas a Constituição do Estado de Goiás são dirigentes e programáticas. Têm, no particular, preceitos impositivos para o legislativo (elaborar leis infraconstitucionais de acordo com as tarefas e programas pré-estabelecidos) e para o Judiciário (atualização constitucional). Mas, no caso dos autos, as normas invocadas não estabelecem, de modo concreto, a obrigação do executivo de construir, no momento, o centro. Assim, haveria uma intromissão indébita do Poder Judiciário no Executivo, único em condições de escolher o momento oportuno e conveniente para a execução da obra reclamada" [Cf. STJ. REsp. 63128/GO. j. 20/05/1996. Disponível em: http://www.stj.gov.br. Acesso em: 11 nov. 2003].

harmonia e independência dos poderes e que as atividades de realização dos fatos concretos pela administração depende de dotações orçamentárias prévias e do programa de prioridades estabelecido pelo governante, não sendo lícito à atividade jurisdicional determinar as obras que devem ser edificadas, mesmo que seja para proteger o ambiente. A decisão sustentou que o acolhimento da pretensão implicaria ofensa ao princípio da separação dos poderes, contido na norma do art. 2º, da Constituição.[359]

As principais objeções ao reconhecimento de posições fundamentais jurídicas definitivas e *prima facie* a prestações em sentido estrito podem ser reunidas nos seguintes termos. Argumenta-se que somente os direitos fundamentais de liberdade podem configurar pretensões jurídicas concretas, disso resultando que a norma do direito fundamental ao ambiente deve ser entendida como mandamento constitucional dirigido ao legislador e à administração.[360] Sustenta-se, também, que o direito fundamental ao ambiente é um fim do Estado, sobretudo porque os direitos fundamentais a prestações em sentido estrito são determinações de objetivos estatais que reduzem o espaço de conformação do legislador ordinário. Por isso mesmo, somente após a atuação do legislador é que se poderia pensar em alguma posição fundamental jurídica definitiva a uma prestação em sentido estrito como decorrência do direito fundamental ao ambiente.[361] Outra objeção importante à realização do direito fundamental ao ambiente tem fundamento no princípio da disponibilidade orçamentária e está fundamentada no problema do custo dos direitos. A partir dessa perspectiva, argumenta-se que deve ser negada a configuração de posições fundamentais jurídicas definitivas a prestações em sentido estrito com base na inexistência de recursos financeiros necessários à execução das ações materiais requeridas.[362] Apresenta-se, ainda, a objeção de que as normas do direito fundamental ao ambiente não podem configurar posições fundamentais jurídicas a prestações em sentido estrito porque não contêm elementos normativos suficientes à especificação prévia dos comportamentos e das ações materiais que devem ser realizadas. Assim, o direito fundamental ao ambiente não pode ser realizado porque não há na sua normalização constitucional e infraconstitucional a determinação da conduta devida pelo Estado.[363] Finalmente, argumenta-se que a configuração de uma posição fundamental jurídica a uma prestação em sentido estrito do direito fundamental ao ambiente implicaria violação ao princípio da divisão dos poderes.[364]

---

359 Cf. STJ. REsp. 169876/SP. j. 16/09/98. Disponível em: http://www.stj.gov.br. Acesso em: 10 nov. 2003.
360 Ver item 4.2.1, Capítulo 4.
361 Ver item 4.2.2, Capítulo 4.
362 Ver item 4.2.3, Capítulo 4.
363 Ver item 4.2.4, Capítulo 4.
364 Ver item 4.2.5, Capítulo 4.

Direito Fundamental ao Ambiente

O que segue tem a preocupação de descrever o conteúdo essencial dessas objeções, decompondo-as analiticamente de modo a verificar a possibilidade de que sejam alcançados os elementos para uma solução favorável ao reconhecimento de posições fundamentais jurídicas a prestações em sentido estrito do direito fundamental ao ambiente. Essa tarefa se constitui em pressuposto do modelo de ponderação, segundo o qual a configuração de posições fundamentais jurídicas definitivas a prestações em sentido estrito do direito fundamental ao ambiente resolve-se como uma questão de ponderação de princípios.[365]

4.2. AS OBJEÇÕES AOS DIREITOS A PRESTAÇÕES EM SENTIDO ESTRITO

4.2.1. As objeções de Böckenförde

Na concepção liberal de Böckenförde, no marco de ordenamento constitucional democrático regido pelo princípio do Estado de Direito, os direitos fundamentais a prestações não admitem aplicabilidade imediata e exigibilidade pelos cidadãos. Em realidade, esses direitos atuam como mandamentos constitucionais de aplicação imediata, que são dirigidos ao legislador e à administração. Essa "vinculação jurídica" manifesta-se no sentido de que: *i*) o fim ou programa constante do mandado constitucional vincula a liberdade de ação dos órgãos políticos; *ii*) não é admissível uma atuação omissiva ou desatenta dos órgãos estatais para com o atendimento do programa ou fim do mandamento constitucional; *iii*) as regulações e as medidas necessárias à realização do fim, caso estabelecidas, estão constitucionalmente protegidas, inclusive contra a supressão ou redução.[366]

Segundo essa concepção, a principal questão a ser analisada diz respeito a como inserir a idéia dos direitos fundamentais à prestação na estrutura de uma Constituição democrática e fundamentada no princípio do Estado de direito, principalmente porque não é possível, em um texto constitucional, acostar-se ao lado dos direitos fundamentais de liberdade os direitos fundamentais sociais a prestações, negando-se as diferenças de estrutura e de formas de garantias jurídicas decorrentes das diferentes estruturas existentes entre eles. Com os direitos fundamentais de liberdade pretende-se impor limites à ação do Estado, anotando-se que a liberdade é algo antecedente e não criado pela regulação legal; diferentemente, os direitos fundamentais a prestações não partem de algo já dado, mas aspiram

---

[365] Ver item 4.3, Capítulo 4.
[366] Cf. BÖCKENFÖRDE, *Escritos sobre derechos...*, p. 81.

a bens materiais que sómente serão alcançados com uma ação estatal ativa e positiva. É essa diferença de estrutura que produz a conseqüência de que os direitos fundamentais de liberdade podem ser realizados diretamente em nível da Constituição por via da existência de "pretensões jurídicas concretas".[367]

Ao lado dessa questão, Böckenförde arrola o problema de que a realização dos direitos fundamentais a prestações é sempre custosa, devendo decidir-se quais recursos financeiros previstos no orçamento estatal deverão suportar a satisfação desses direitos. A condicionabilidade dos direitos fundamentais a prestações aos recursos econômicos disponíveis transforma em matéria de interpretação judicial dos direitos fundamentais uma questão que pertence ao campo da "discricionariedade política", deslocando para o Judiciário uma competência que é do Legislativo e da administração.[368] Em um ordenamento constitucional democrático orientado pelo princípio do Estado de direito, a realização das tarefas sociais compete, em primeiro lugar, ao legislador democraticamente legitimado e, em segundo lugar, à administração, não sendo a interpretação jurisdicional a via adequada para a realização dos direitos fundamentais a prestações. Admitir-se a aplicação direta dos direitos fundamentais sociais a prestações, isso implicando o reconhecimento de pretensões jurídicas concretas a serem concedidas pelo judiciário, significaria transformar o juiz em legislador, disso resultando a substituição do Estado de direito por um Estado judicial e de juízes, reduzindo-se a política em "execução judicialmente controlada da Constituição".[369]

Desse modo os direitos fundamentais a prestações se reduzem a "mandamentos constitucionais" e, assim, a deveres jurídico-objetivos dirigidos ao legislador e à administração, diferenciando-se claramente dos direitos fundamentais de liberdade. Nos escritos de Böckenförde, esses deveres, dado que não podem ter forma de proteção dos direitos fundamentais, não deveriam tampouco ser formulados e apresentados como direitos fundamentais.[370]

4.2.2. Os direitos a prestações como determinações de objetivos estatais

A partir da constatação de que a Lei Fundamental de Bonn renuncia aos direitos fundamentais sociais, diferentemente da Constituição de Weimar de 1919 e de várias Constituições dos Estados alemães, tendo-se limi-

---

[367] Cf. BÖCKENFÖRDE, *Escritos sobre derechos...*, p. 76.
[368] Cf. Ibidem, p. 64.
[369] Cf. Ibidem, p. 78-79.
[370] Cf. Ibidem, p. 82.

Direito Fundamental ao Ambiente

153

tado a um catálogo de direitos fundamentais dos "direitos do homem clássico" e a "algumas garantias e regulações de princípios especiais", Hesse conclui que os direitos fundamentais sociais mal se diferenciam de "determinações de objetivos estatais" no sentido de que são "normas constitucionais que determinam obrigatoriamente tarefas e direção estatal, presente e futura".[371] O direito ao trabalho ou o direito à habitação não se realizam simplesmente por serem já organizados, respeitados e protegidos, mas requerem ações estatais para a realização do programa social neles contidos que têm como destinatários não somente o legislador mas também a administração. Esses objetivos constitucionalmente prescritos gozam de preferência frente aos objetivos meramente políticos, com isso reduzindo-se a liberdade de conformação do legislador.[372] Nesse sentido, compete ao legislador, utilizando-se de processos de ponderação e otimização, resolver conflitos objetivos como, por exemplo, optar por criar uma normalização para proteção do ambiente proibindo ou restringindo o funcionamento de uma fábrica potencialmente poluidora ou uma outra normalização que permita o funcionamento da fábrica como medida de viabilizar a criação de mais postos de trabalho.

Entender-se os direitos fundamentais sociais como direitos originários a prestações, segundo Hesse, implicaria contrariedade ao princípio da divisão dos poderes. A partir da divisão das funções prevista na Lei Fundamental, compete ao legislador, e não ao Judiciário, a tarefa de regulação dos direitos ou pretensões materiais a prestações. As pretensões individuais a prestações devem ser suficientemente precisas e pressupõem concreção por intermédio de legislação ordinária que não pode ser substituída pelas decisões judiciais. Se a Constituição impõe ao processo de formação da vontade estatal mais do que objetivos e diretrizes, mas obrigações concretas determinadas, a ordem constitucional resulta violada na medida em que a política é substituída pela própria execução judicial daquilo posto na Constituição. Isso implicaria decisiva restrição ao campo da ação parlamentar como fundamento de uma ordem democrática aberta.[373]

Essa compreensão faz com que os direitos fundamentais a prestações em sentido estrito sejam tomados como "determinações de objetivos estatais" e, assim, não possam fundamentar pretensões individuais a ações imediatas judicialmente admissíveis.[374] Desse modo, as determinações de objetivos estatais atuam como diretivas de vinculação obrigatória à ativi-

---

[371] Cf. HESSE, *Elementos...*, p. 170, número de margem 208.

[372] CF. HESSE, *Significado*, p. 99, número de margem 35.

[373] Cf. Ibidem, p. 97, número de margem 30.

[374] Cf. HESSE, *Elementos...*, p. 170, número de margem 208. A respeito, Benda sugere que os direitos fundamentais a prestações em sentido estrito não seriam "autênticos direitos fundamentais" [Cf. BENDA, Ernest. El estado social de derecho. In: BENDA; MAIHOFER; VOGEL; HESSE; HEYDE. *Manual de derecho constitucional*. 2. ed. Madrid: Marcial Pons, 2001, p. 546, número de margem 163].

dade de colmatação do legislador ordinário, não constituindo direitos imediatos passíveis de justiciabilidade; somente poderão sê-lo após a necessária colmatação do legislador ordinário[375] e observadas "as possibilidades da época".[376] Após essa regulação ordinária é que nascem as pretensões jurídicas determinadas e passíveis de exigibilidade judicial, cumprindo-se, então, legislativamente o programa do direito fundamental social.[377] A proteção do ambiente, por exemplo, foi inserida na Lei Fundamental como uma nova determinação estatal pela 42ª Lei Modificadora.[378] De todo modo, a proteção ambiental se inclui como uma das principais diretrizes na determinação dos objetivos estatais, especialmente em atenção ao direito à vida e à integridade, a cuja proteção o Estado é obrigado.

4.2.3. O custo dos direitos

A questão relativa aos custos necessários à realização dos direitos fundamentais a prestações em sentido estrito tem sido freqüentemente apresentada como óbice ao reconhecimento de posições fundamentais jurídicas passíveis de exigibilidade.

Um primeiro aspecto a ser analisado é se essa objeção tem em mira a própria existência do direito fundamental ou apenas a sua própria realização. Talvez isso seja apenas um falso-problema, pois aqueles que concebem os direitos fundamentais a prestações como incumbências constitucionais ou determinações de objetivos estatais apresentam o problema dos custos dos direitos apenas como uma argumentação lateral. De todo modo, dificilmente se encontra uma tese contrária aos direitos fundamentais a prestações em sentido estrito sem que a questão do custo desses direitos não seja trazida em linha de argumentação. Assim, o problema do custo desses direitos será aqui considerado como objeção ao reconhecimento e à efetivação concreta desses direitos.

A objeção que tem em mira os custos dos direitos fundamentais a prestações em sentido estrito não deve ser tomada a sério quando se trata do enfoque jurídico da questão. A existência ou não existência desses direitos não está na dependência da existência ou não de recursos financeiros. Talvez seja essa a razão pela qual as mais sérias linhas argumentativas contrárias aos direitos fundamentais a prestações em sentido estrito apre-

---

375 Nessa hipótese, isto é, após a regulação ordinária, tem-se o que Hesse chama de "direitos derivados de participação" ou direitos derivados de prestação [Cf. HESSE, *Significado*..., p. 96, número de margem 29].

376 Cf. HESSE, *Elementos*..., p. 171, número de margem 208.

377 Cf. HESSE, *Significado*..., p. 98, número de margem 32.

378 Cf. HESSE, *Elementos*..., p. 172, número de margem 208. Pelo art. 20A, "protege o Estado, também em responsabilidade pelas gerações futuras, as bases da vida naturais no quadro da ordem constitucional pela legislação e, conforme a lei e direito, pelo poder executivo e poder judiciário" [HESSE, *Elementos*..., p. 172, número de margem 208].

Direito Fundamental ao Ambiente

155

sentam em discussão lateral o problema dos custos dos direitos fundamentais. O que deve ser bem compreendido é que a inexistência de recursos em nada obsta à existência de um determinado direito fundamental a prestação em sentido estrito positivado no ordenamento jurídico. Superado o problema da falta de densidade normativa da norma que prevê determinado direito fundamental a prestações em sentido estrito e definida a conduta devida, a questão da disponibilidade financeira estatal é a mesma para todo e qualquer direito fundamental, seja direito fundamental a prestações materiais, seja direito fundamental de liberdade.

Todos os direitos fundamentais e não somente os direitos fundamentais a prestações em sentido estrito têm sua realização dependente em alguma medida da existência de recursos financeiros do Estado. Não se pode pensar na realização de algum direito fundamental sem que tal não implique custo, pois todos os direitos demandam algum tipo de prestação por parte do Estado, inclusive os direitos fundamentais de liberdade.

É clara a implicação entre os direitos a prestações em sentido estrito e o custo financeiro que a realização desses direitos requer. Contudo, muito embora não se dê muita atenção a isto, a realização dos direitos fundamentais de liberdade também impõe baixa aos recursos financeiros. Normalmente, os direitos fundamentais de liberdade são apresentados como "direitos negativos" que impõem ao Estado apenas dever de abstenção, cuja ação devida é negativa, consistindo em não afetar, não lesar ou impedir os campos de ação do direito da liberdade e, por essa razão, como direitos cuja realização não está condicionada a qualquer prestação estatal e, assim, à disponibilidade de recursos. É decorrência dessa concepção a crença de que os direitos fundamentais de liberdade, na medida em que não demandam prestações estatais positivas, nada custam aos recursos financeiros do Estado, acreditando-se, de outra sorte, que somente os direitos fundamentais a prestações em sentido estrito têm sua realização condicionada a significativa alocação de recursos públicos. Contudo, os denominados "direitos negativos" como o direito de propriedade e o direito à proteção contratual são também "direitos positivos" na medida em demandam alguma forma de atuação estatal.[379] Com o argumento de que "não há propriedade sem tributo" e tomando por base os custos requeridos para a efetivação do direito individual de propriedade, Holmes e Sunstein observam que todos os direitos dependem de atuação estatal positiva.[380]

---

[379] Cf. SUNSTEIN, Cass. *The partial constitution*. Cambridge: Harward University, 1997, p. 70.

[380] Cf. HOLMES Stephen; SUNSTEIN, Cass R., *The cost of rights*. Cambridge: Harward University, 1999, p. 59. Com a expressão *"no property without taxation"*, Holmens e Sunstein afirmam que a efetivação do direito de propriedade depende dos recursos públicos obtidos mediante o pagamento dos tributos pelos contribuintes (p. 59). O direito de votar, por exemplo, não custa menos que qualquer outro reconhecido pelo ordenamento jurídico, estimando-se que as eleições de 1996 custaram aos contribuintes americanos uma soma entre 300 a 400 milhões de dólares [Cf. HOLMES; SUNSTEIN, *The cost...*, p. 113].

O mais decisivo disso, aqui, é a tese de que todos os direitos dependem da disponibilidade de recursos estatais. Superada a idéia de direitos anteriores ao Estado, pois direitos pressupõem a existência de um Estado, deve-se reconhecer que no custo do Estado está incluída aquela quantidade de recursos financeiros necessária para que direitos possam ser realizados. Um sistema de posições fundamentais jurídicas, integrado pelos direitos a algo, que apresentam a configuração de direitos à proteção, direitos à organização e ao procedimento e direitos a prestações em sentido estrito, liberdade e competência, dificilmente pode ser concebido sem que de sua efetividade não resulte custo financeiro para o Estado. Isso porque, antes de um sistema de posições jurídicas, deve existir uma sociedade politicamente organizada em forma de Estado com sua estrutura disposta em órgãos ocupados por agentes públicos e políticos. A estruturação do Estado se dá a partir de órgãos que deverão cumprir as funções administrativas, legislativas e judiciais. Direitos, mais precisamente posições jurídicas, somente podem ser imaginadas na medida em que forem sendo executadas essas funções estatais, devendo-se reconhecer que em razão disso mesmo é que se manifesta o próprio custo da atividade estatal. Nenhuma atividade estatal pode ser realizada sem o custo que a própria organização da sociedade impõe a si mesma. A função administrativa do Estado não pode ser cumprida senão pressupondo a existência de um aparelho estatal integrado por pessoas e coisas que custam dinheiro. Os funcionários responsáveis pela atividade administrativa, afora a remuneração, devem dispor de prédios e recursos materiais para atuarem como representantes estatais. O mesmo se dá em relação àqueles que exercem as funções legislativas e judiciais. É precisamente nisso que reside o custo que o reconhecimento de posições jurídicas impõe ao Estado. Antes da positivação da posição jurídica liberdade de expressão, havia todo um aparelho estatal que viabilizou a concepção normativa dessa situação jurídica por intermédio de uma atividade estatal legislativa; para depois dessa positivação, visando assegurar normatividade ao modelo concebido pelo legislador, é necessário que existam os instrumentos judiciais próprios para a realização dessa liberdade de expressão. Tudo isso tem um custo que, em última análise, deve ser suportado pela própria sociedade.

Assim se pode demonstrar a correção da tese de que toda e qualquer posição jurídica, em alguma extensão, sofre algum condicionando resultante da disponibilidade dos recursos financeiros do Estado. Portanto, a submissão à escassez de recursos financeiros não é privilégio das posições fundamentais jurídicas de direito a algo, especialmente aquelas relativas às prestações em sentido estrito, pois tanto as demais posições jurídicas do direito a algo – direito à prevenção e direitos à organização e ao procedimento – como as posições jurídicas de liberdade e de competência, estão sujeitas às escolhas trágicas (*tragic choices*).[381] Não somente os direitos a prestações em sentido estrito, mas também os direitos de liberdade, têm sua realização condicionada à disponibilidade orçamentária de um determinado Estado. Sejam quais forem, uns ou outros serão realizados com o sacrifício da não-realização de uns ou outros direitos quando os recursos não forem suficientes para que todos possam ser realizados.

Da tese de que todos os direitos têm sua realização condicionada à disponibilidade de recursos não decorre a tese de que os direitos não *existem*. O fato de um Estado, por ausência de recursos humanos e materiais, não conseguir fazer com que os direitos fundamentais de liberdade não sejam realizadas em determinado espaço territorial e temporal *1* não significa que esse Estado desconheça os direitos fundamentais de liberdade; significa apenas que nesse lugar e momento, ante a ausência de recursos financeiros, esse Estado não pode realizar os direitos fundamentais de liberdade. Isso, contudo, não impedirá, nesse mesmo espaço territorial, em um tempo *2*, alteradas as condições antes havidas, que esses mesmos direitos possam ser realizados.

O direito à saúde, por exemplo, conforme a norma do art. 196 da Constituição, é um direito que existe *prima facie* no ordenamento jurídico brasileiro; nem por isso a realização integral do direito à saúde de algum brasileiro estará sempre assegurada. Lá no interior do mais pobre Estado brasileiro e onde não houver um posto de saúde e um médico, a realização do direito à saúde dificilmente poderá ocorrer; contudo, quando os recursos financeiros forem outros e houver um posto de assistência médica, dotado das mínimas condições de atendimento, a realização do direito à saúde não poderá ser negada. Do que se trata, aqui, é da existência da denominada cláusula da "reserva do possível", conforme a formulação dada pela jurisprudência do Tribunal Constitucional alemão, segundo a qual os direitos a prestações positivas estão sujeitos à reserva do possível no sentido daquilo que o indivíduo pode racionalmente exigir da sociedade.[382] O fato de o direito à prestação em sentido estrito estar condicionado à reserva do possível significa tão-somente a necessidade de ponderação de princípios e não tem a conseqüência de que o direito não existe. Assim, está correta da tese de que o problema do custo condiciona a realização dos direitos a prestações em sentido estrito, mas em nada afeta a existência e o reconhecimento *prima facie* dessas mesmas posições fundamentais jurídicas.

Sobre essa questão, três decisões da jurisprudência brasileira servem de exemplo da superação da cláusula do condicionamento *a priori* da disponibilidade orçamentária ao reconhecimento de direitos fundamentais a prestações em sentido estrito exigida, nas hipóteses examinadas, à realiza-

---

[381] Ver CALABRESI, Guido; BOBBIT, Philip. *Tragic choices*. New York, London: W. W. Norton, 1978.
[382] Cf. ALEXY, *Teoria de los derechos...*, p. 498.

ção do direito fundamental ao ambiente. O Tribunal de Justiça de São Paulo, em ação civil pública que pretendia que o lixo urbano fosse depositado em área apropriada, com a realização prévia das medidas técnicas adequadas ao destino final dos resíduos, bem como que fosse recuperada a área degradada pelo aterro sanitário irregular, afastou a objeção da impossibilidade financeira da municipalidade para proceder à destinação final do lixo urbano. Entendeu que, em matéria do direito fundamental ao ambiente, uma vez causado o dano e identificado seu autor, ninguém poderá eximir-se do dever de repará-lo ou indenizá-lo, isso não devendo estar condicionado à prévia disponibilidade financeira, pois, do contrário, todo aquele que causasse um dano poderia escusar-se do dever de reparação alegando dificuldades financeiras.[383] Em outra decisão, apresentando uma ponderação de princípios menos severa ao princípio da disponibilidade orçamentária, o Tribunal de Justiça de São Paulo, em ação civil pública que pretendia a implantação de um sistema de tratamento de esgoto, tendo em vista a "força orçamentária do município", fixou prazo para a execução das obras necessárias a fim de "adequar os projetos e cronogramas às disponibilidades financeiras".[384] No mesmo sentido, decidiu o Tribunal de Justiça do Rio Grande do Sul em ação civil pública que pretendia a realização de obras para a recuperação da Praia do Gasômetro, fixando o prazo de seis anos para a realização das prestações em sentido estrito devidas pelo município de Porto Alegre e pelo Estado do Rio Grande do Sul.[385]

O que essas decisões evidenciam é o reconhecimento de posições fundamentais jurídicas definitivas a prestações em sentido estrito, integrantes do direito fundamental ao ambiente, a despeito de ter sido suscitada a objeção da disponibilidade financeira. O significado disso é que a configuração de posições fundamentais jurídicas definitivas a prestações em sentido estrito está condicionada a precedência do direito fundamental ao ambiente em relação ao princípio da disponibilidade orçamentária, conforme determinam as circunstâncias do *caso concreto*. Nas três hipóteses, a satisfação do direito fundamental ao ambiente estava muito a exigir a realização das prestações consistentes na recuperação das áreas ambientais degradadas e na implantação do sistema de tratamento de esgoto, isso justificando a prevalência do direito fundamental em relação ao princípio da disponibilidade financeira. Muito embora não tenham cogitado expressamente desta questão, as três decisões reconhecerem o direito *definitivo* à prestação em sentido estrito após a realização de uma ponderação de princípios.[386]

---

[383] Citado por MIRRA, *Ação civil...*, p. 377.

[384] Citado por Ibidem, p. 375.

[385] Cf. TJRS. Ap. Cív. 597247642. j. 30/12/1998. Disponível em http://www.tj.rs.gov.br. Acesso em 10 nov. 2003.

[386] Ver item 4.3.2, Capítulo 4.

Direito Fundamental ao Ambiente

4.2.4. O problema da indeterminação da conduta devida

Um dos principais obstáculos à realização dos direitos fundamentais a prestações em sentido estrito reside no fato de que eles se acham, em sua maior parte, previstos em disposições que não apresentam a suficiente determinação da conduta devida pelo Estado. As normas constitucionais que prevêem o direito fundamental ao ambiente e o direito fundamental à saúde, por exemplo, não indicam exatamente quais são as prestações e abstenções devidas. Essa falta de especificação concreta do conteúdo do direito constitui um importante óbice para a justiciabilidade dos direitos fundamentais a prestações em sentido estrito na medida em que a indeterminação da conduta devida não permite a compreensão do conteúdo do que pode ser judicialmente exigido.[387]

Sem embargo, o problema da determinabilidade da conduta devida nos direitos fundamentais a prestações em sentido estrito pode ser superado.

Em primeiro lugar, deve ser observado que esse problema não é exclusivo dos direitos fundamentais a prestações em sentido estrito, pois também os direitos de liberdade se vêem às voltas com os inconvenientes da vagueza própria de algumas normas jurídicas. Ora, se a imprecisão semântica de expressões como "propriedade", liberdade de "expressão" e "igualdade" não é apresentada como causa para o não-reconhecimento dos direitos fundamentais de liberdade, porque deveria se constituir em obstáculo para a justiciabilidade dos direitos fundamentais a prestações em sentido estrito? Além disso, conforme de Hart, pode-se observar que os "legisladores humanos" não reúnem condições para ter conhecimento de todas as possíveis combinações de circunstâncias que o futuro pode apresentar,[388] disso resultando a impossibilidade de o Poder Legislativo criar, de forma antecipada, regras uniformes para aplicação a todos os casos.[389] Não se deve esquecer que o Direito apresenta uma "textura aberta", o que significa a existência de "áreas de conduta em que muitas coisas devem ser deixadas para serem desenvolvidas pelos tribunais ou pelos funcionários, os quais determinam o equilíbrio, à luz das circunstâncias, entre interesses conflituantes que variam em peso, de caso para caso".[390] Por isso, o só-fato da imprecisão semântica das normas de direitos fundamentais a prestações em sentido estrito não pode conduzir à conclusão de elas não configuram posições jurídicas exigíveis, bastando que o ordenamento jurídico disponha de outros meios para determinar o conteúdo da obrigação devida.

---

[387] Cf. STJ. Resp. 43.512/SP. j. 02/05/94. Disponível em: http://www.stj.gov.br. Acesso em: 10 nov. 2003.

[388] Cf. HART, Herbert L. A. *O conceito de direito*. Tradução de A. Ribeiro Mendes. 2. ed. Lisboa: Gulbenkian, 1994, p. 141.

[389] Cf. Ibidem, p. 144.

[390] Cf. Ibidem, p. 148.

Assim, por exemplo, da norma constitucional prevista no art. 196 da Constituição, segundo a qual a saúde é um direito de todos e um dever do Estado a ser garantido mediante políticas sociais e econômicas que visem à redução do risco de doenças e de outros agravos e ao acesso universal e igualitário às ações e serviços para sua promoção, proteção e recuperação, em face da atividade legislativa[391] e da atuação dos tribunais, chegou-se, à definição de comportamentos estatais específicos, como, por exemplo, a conduta de o Estado ser titular do dever jurídico de realizar determinados procedimentos cirúrgicos em situações específicas[392] ou de fornecer determinados medicamentos.[393]

Não é diferente disso a construção do conteúdo do direito fundamental ao ambiente. Conforme se pôde verificar ao ensejo da análise da realização do direito fundamental ao ambiente pelo procedimento judicial da ação civil pública,[394] a normalização para a tutela inibitória, a tutela reintegratória e a tutela ressarcitória não prevê quais são as condutas especificamente devidas, mas nem por isso deixaram as decisões judiciais de definir, conforme os casos concretos postos em exame, as medidas necessárias à remoção das situações de ilicitude ou à reparação do dano ao ambiente. No âmbito da realização do direito fundamental ao ambiente, a conduta devida não pode ser facilmente definida *a priori*, devendo-se verificar, primeiro, quais as alternativas que as circunstâncias da concreta situação de fato recomendam para a melhor realização do conteúdo do próprio interesse do ambiente.[395] Em realidade, a não-determinação *a priori* da conduta devida no campo dos

---

[391] A Lei 9.908/93, do Estado do Rio Grande do Sul, dispõe sobre o fornecimento de medicamentos excepcionais – assim entendidos os que são indispensáveis para a vida e devem ser usados com freqüência e de forma permanente – para pessoas carentes.

[392] Cf. TJRS. Ag. Inst. 7000004622. j. 13/03/2000. Disponível em: http://www.tj.rs.gov.br. Acesso em: 17 fev. 2004; TJRS. Ag. Inst. 7000865543. j. 17/05/2000. Disponível em: http://www.tj.sc.gov.br. Acesso em: 17 fev. 2004; TJSC. Ag. 00.018153-6. j. 21/12/2000. Disponível em: http://www.tj.sc.gov.br. Acesso em: 17 fev. 2004; TJSC. Ag. Inst. 97.000511-3. j. 18/09/97. Disponível em: http://www.tj.sc.gov.br. Acesso em: 17 fev. 2004; TJSC. Ag. Inst. 97.003569-1. j. 11/09/97. Disponível em: http://www.tj.sc.gov.br. Acessado em: 17 fev. 2004.

[393] Cf. STF. RExt. 273042, Ag. Reg. / RS. j. 28/08/2001. Disponível em: http://www.stf.gov.br. Acesso em: 17 fev. 2004; STF. RExt. 255627 Ag. Reg. Rer./RS. j. 21/11/2000. Disponível em: http://www.stf.gov.br. Acesso em: 17 fev. 2004; STF. RExt. 271286 Ag. Reg. /RS. j. 12/09/2000. Disponível em: http://www.stf.gov.br. Acessado em: 17 fev. 2004; STJ. REsp 57869/RS. j. em 26/05/1998. Disponível em: http://www.stj.gov.br. Acesso em: 17 fev. 2004; STJ. REsp 97912/RS. j. em 27/11/1997. Disponível em: http://www.stj.gov.br. Acesso em: 17 fev. 2004; STJ. REsp 109473/RS. j. em 23/03/1999. Disponível em: http://www.stj.gov.br. Acesso em: 17 fev. 2004; STJ. Resp 194678/SP. j. em 18/05/1999. Disponível em: http://www.stj.gov.br. Acesso em: 17 fev. 2004; STJ. Resp. 430526. j. 28/10/2002. Disponível em: http://www.stj.gov.br; Acesso em: 17 fev. 2004.

[394] Ver item 3.4.3.1.2, Capítulo 3.

[395] Em algumas situações, a realização do direito será alcançada apenas se uma empresa poluidora cessar sua atividade; em outras, bastará que seja construído um sistema de tratamento de resíduos; noutras, será necessária a recuperação do ambiente com o planejamento e a adoção de uma série de providências técnicas, cujas alternativas de solução são definidas ao longo do vencimento de determinadas etapas ou após a realização de pesquisas técnicas hábeis à indicação da melhor solução.

Direito Fundamental ao Ambiente

direitos fundamentais a prestações em sentido estrito, longe de ser um problema, representa a melhor alternativa para um integrado desenvolvimento da legislação, da administração e da jurisprudência em relação ao próprio desenvolvimento da realidade social de um Estado. A especificação do conteúdo dos direitos fundamentais a prestações em sentido estrito acompanha necessariamente a realidade social e, por isso, dela não pode ser desvinculada. Quanto mais as condições sociais de um Estado permitirem, maior poderá ser a determinação do conteúdo dos direitos fundamentais a prestações, seja pelo desenvolvimento da legislação e da administração, seja pela evolução da jurisprudência.

Em segundo lugar, em certa medida muito próximo do que se acaba de analisar, deve ser considerada a característica da generalidade que é própria das normas constitucionais que estabelecem os direitos fundamentais a prestações em sentido estrito. Se, por um lado, uma Constituição com normas vagas e genéricas pouco ajuda a atividade legislativa ou judicial, uma Constituição contendo normas específicas sofre o risco de se tornar rapidamente superada pela realidade social.[396] Segundo Abramovich e Courtis, muitas razões estão a favor da generalidade das normas constitucionais que concebem os direitos fundamentais a prestações em sentido estrito,[397] devendo ser destacado que cumpre à legislação infraconstitucional, à atividade da administração pública e à jurisprudência o papel de fazer com que as normas constitucionais alcancem maior grau de densidade normativa. O permanente desenvolvimento da dinâmica da realidade social recomenda uma constante atualização da legislação infraconstitucional, do atuar administrativo e da jurisprudência. Ora, isso poderia resultar significativamente comprometido se as normas constitucionais descessem à especificação e à determinação detalhada de condutas, principalmente porque é mais fácil modificar a legislação infraconstitucional do que a normalização constitucional. Ademais, a generalidade das normas constitucionais permite, observada a preservação do núcleo essencial do direito fundamental, maior flexibilidade e disponibilidade de adaptação das escolhas e decisões.

Se os dois aspectos até agora analisados têm relação com a "determinabilidade *semântica*" do conteúdo dos direitos fundamentais a prestações em sentido estrito, hipótese em que a especificação da conduta devida se dá pela via legislativa e jurisprudencial, um outro deve ser remetido à "determinabilidade *fáctica*". Isso porque, em algumas situações, não obstante a ausência de determinação da conduta devida pela norma constitucional, somente uma ou algumas soluções são as recomendas para a satisfação do

---

[396] Sobre essa questão, Fabre adverte para o perigo que fazer uma Constituição mais específica representa [Cf. FABRE, Cécile. *Social rigths under the Constitucion*. Oxford: Clarendon, 2000, p. 156].

[397] Cf. ABRAMOVICH, Victor; COURTIS, Christian. *Los derechos sociales como derechos exigibles*. Madrid: Trotta, 2002, p. 124.

interesse de se que trate.[398] Assim, em determinadas hipóteses, são as possibilidades fácticas que se encarregam de definir a conduta devida específica. Se não existe possibilidade da instalação de um parque industrial sem que tal implique grave comprometimento do ambiente de uma área florestal de preservação permanente, a única alternativa para a realização do direito ao ambiente, na hipótese, é a negativa da autorização necessária para a construção da aludida indústria. Do mesmo modo, se uma indústria está lançando seus resíduos *in natura* no leito de um rio e isso está causando severo gravame ao equilíbrio ambiental da região e se as únicas alternativas para a realização do direito fundamental ao ambiente são a cessação da atividade industrial ou a construção de um sistema de tratamento dos resíduos, somente uma dessas soluções poderá ser adotada. Igualmente, se o aumento da mortalidade infantil por contágio de uma enfermidade ou se a proliferação de uma enfermidade endêmica ou epidêmica somente pode ser prevenida por uma determinada medicação, o fornecimento dessa vacina será a única conduta devida pelo Estado ante a "inexistência de cursos de ação alternativos".[399]

Portanto, a indeterminação da conduta devida não pode servir como argumento para a rejeição dos direitos fundamentais a prestações em sentido estrito.

4.2.5. A delimitação de competência das funções legislativa, executiva e jurisdicional

Uma das mais importantes objeções aos direitos fundamentais a prestações em sentido estrito tem fundamento na delimitação da competência das funções executiva, legislativa e judicial, argumentando-se que alcançar justiciabilidade a esses direitos implicaria admitir ingerência da atividade judicial no espaço de atuação das funções do legislativo e do executivo, disso resultando violação ao princípio da divisão dos poderes.

Essa é a argumentação que tem sido apresentada em decisões da jurisprudência a respeito da realização do direito fundamental ao ambiente pela via das prestações em sentido estrito. Segundo Mirra, a jurisprudência do Tribunal de Justiça de São Paulo apresenta várias decisões negando a realização do direito fundamental ao ambiente pela via de prestações em sentido estrito, consistentes, por exemplo, na execução de obras para tratamento prévio de esgoto a ser lançado em cursos d'água, na realização de obras de saneamento fluvial ou na recuperação de áreas ambientais

---

[398] Cf. ABRAMOVICH; COURTIS, *Los derechos...*, p. 125 (itálico no original).
[399] Cf. Ibidem, p. 126.

Direito Fundamental ao Ambiente   **163**

degradadas.[400] O fundamento dessas decisões é que provimentos jurisdicionais assim produzidos implicariam violação ao princípio da separação dos poderes na medida em que a função jurisdicional estaria envolvida com questões próprias do mérito da função administrativa, isto é, aspectos relacionados à conveniência e oportunidade do comportamento administrativo. Não diferente disso, na jurisprudência do Tribunal de Justiça do Rio Grande do Sul, encontra-se decisão que reconheceu a incompetência da função jurisdicional para determinar ao executivo a implantação de sistema de tratamento de esgoto que estava sendo lançado diretamente em curso d'água.[401] Na jurisprudência do Superior Tribunal de Justiça, igualmente, podem ser encontradas decisões no sentido de que não é juridicamente possível a realização do direito fundamental ao ambiente por intermédio de prestações em sentido estrito, entendendo-se que a atividade jurisdicional não pode, substituindo a administração, determinar a realização de obras, pois isso implicaria ofensa ao princípio da separação dos poderes.[402]

A análise dessa linha argumentativa requer, antes, a correta compreensão do princípio da divisão dos poderes. Dois elementos, aliás, são decisivos para a superação da objeção ao reconhecimento de posições fundamentais jurídicas a prestações em sentido estrito, fundada no princípio da divisão dos poderes: *i*) a compreensão de que falar da divisão dos poderes significar tratar de um *princípio* constitucional; *ii*) a correta compreensão do conteúdo e do alcance do princípio da divisão dos poderes.

Uma primeira observação sobre o princípio da divisão dos poderes é que se trata de um *"princípio da Constituição"*, devendo ser separada a idéia tradicional de que o princípio da divisão dos poderes é apenas um meio de limitação do poder estatal. O tema central do princípio da divisão dos poderes na ordem constitucional está na determinação e na coordenação apropriada das funções estatais, dos órgãos que exercem essas funções e as forças reais que personificam esses órgãos.[403]

---

[400] Cf. MIRRA, *Ação civil...*, p. 371. Em hipótese de ação civil pública promovida para obrigar a municipalidade a realizar obras de saneamento da via fluvial, na qual eram despejados esgotos, o Tribunal de Justiça de São Paulo entendeu pela impossibilidade jurídica do pedido porque tal implicaria "invasão das atribuições próprias" da entidade municipal "quanto à oportunidade e conveniência das obras", pois seria imposta "uma obrigação que se subordina a critérios seletivos da administração, sob o enfoque de outras obras a serem realizadas, implicando, também, na existência de recursos orçamentários suficientes". A conclusão dessa decisão é que descabe ao "Judiciário condenar a Administração (direta ou indireta) a executar obra pública" [Citado por MIRRA, *Ação civil...*, p. 372].

[401] Cf. TJRS. Ap. Cív. 596217075, j., 29/04/1998. Disponível em: http://www.tj.rs.gov.br. Acesso em: 10 nov. 2003.

[402] Cf. STJ. Ag. Reg. 138901/GO. j. 15/09/1997. Disponível em: http://www.stj.gov.br. Acesso em 10 nov. 2003; STJ. REsp 63128/GO. j. 20/05/1996. Disponível em: http://www.stj.gov.br. Acesso em 10 nov. 2003; STJ. REsp. 169876/SP, j. 16/09/1998. Disponível em: http://www.stj.gov.br. Acesso em 10 nov. 2003.

[403] Cf. HESSE, *Elementos...*, p. 369, número de margem 482.

A separação dos poderes significa o reconhecimento de que o Estado, por uma parte, tem que cumprir determinadas funções e, por outra, que melhor cumprirá essas funções se elas foram cometidas a órgãos distintos. A separação dos poderes, segundo Loewenstein, não é senão a forma clássica de expressar a necessidade de distribuir e controlar respectivamente o exercício do poder. Por essa razão, não se trata efetivamente da separação de "poderes" estatais, mas da "distribuição de funções estatais a diferentes órgãos do Estado".[404]

O conteúdo do princípio da divisão dos poderes corresponde a uma distinção das funções do estabelecimento do Direito, da execução e da jurisdição, na atribuição dessas funções a poderes especiais e no controle e refreamento recíproco dos poderes.[405] Nesse sentido, o conteúdo e o alcance do princípio da divisão dos poderes na ordem constitucional dão conta de que divisão dos poderes é: *i*) constituição de poderes; *ii*) coordenação de poderes; *iii*) equilíbrio de poderes. Em primeiro lugar, deve-se entender que divisão de poderes é *constituição de poderes diferentes*, que tem como ponto de partida as tarefas a serem vencidas pelo Estado, distinguindo a Constituição as três funções básicas da legislação, da execução e da jurisdição, que são exercidas por órgãos especiais no âmbito de suas respectivas competências. É importante observar que essa distinção não tem caráter de exclusividade, pois o "cumprimento apropriado das tarefas não admite traçamento de limites rígido".[406] Em segundo lugar, deve ser observado que divisão dos poderes significa também *coordenação de poderes*, pois somente a constituição de poderes estatais diferentes e a limitação de suas competências não são suficientes para assegurar uma colaboração ordenada apropriada para a unidade do poder estatal.[407] Em terceiro lugar, divisão dos poderes significa *equilíbrio dos poderes* que se dá pelo "refreamento de poder e controle de poder" e é produzido pela realização das ordens da democracia, do Estado de direito e do Estado federal.[408] No quadro da ordem democrática, a Constituição realiza o equilíbrio dos poderes pela garantia de oportunidades iguais. No quadro do Estado de direito, o elemento do equilíbrio dos poderes estatal-jurídico é alcançado pelo controle judicial de todos poderes estatais. Também a ordem estatal-federal, pela divisão de poderes "vertical" e "horizontal", exerce efeitos refreadores e de controle.[409]

---

[404] Cf. LOEWENSTEIN, *Teoria de la...*, p. 55. O conceito de "poderes" deve ser entendido no sentido figurativo, pois se trata da separação de funções estatais. Aliás, Loewenstein manifesta expressa preferência à expressão "separação de funções" ao invés da expressão "separação de poderes" (Ibidem, p. 56).

[405] Cf. HESSE, *Elementos...*, p. 366, número de margem 476.

[406] Cf. Ibidem, p. 371, número de margem 487.

[407] Cf. Ibidem, p. 374, número de margem 493.

[408] Cf. Ibidem, p. 376, número de margem 495.

[409] Cf. Ibidem, p. 376, número de margem 496.

Direito Fundamental ao Ambiente

O decisivo dessa configuração do princípio da divisão dos poderes é que ela está muito distante da época que orientou a imaginação política de Montesquieu.[410] No Estado constitucional contemporâneo, o princípio da separação dos poderes deve ser compreendido como um princípio "fundamental organizacional da Constituição",[411] o que significa entendê-lo como um princípio de organização jurídica e de atribuição não-exclusiva, senão tendencial e prevalente, a cada órgão, do exercício de somente uma das diversas atividades fundamentais do Estado. Essa atribuição normal de competências não exclui a coordenação harmônica dos diversos órgãos e suas funções, bem como não obsta alguns ajustes para o cumprimento dos fins do Estado. Os poderes somente podem manter o equilíbrio necessário se partilharem as mesmas áreas, devendo-se registrar que nos "Estados que adotam a separação dos poderes, cada poder legisla, administra e julga".[412]

O que deve ser compreendido é que o Poder Legislativo não se limita à função exclusivamente normativa; o Poder Executivo não se reduz à função executiva, e o Poder Judiciário não tem sua atividade restrita à atividade jurisdicional. Preferencialmente, o Poder Executivo se manifesta pela administração; o Poder Legislativo, pela normalização, e o Poder Judiciário, pela prestação jurisdicional, mas se deve reconhecer que o que se presta para distinguir as funções estatais não são propriamente os atos materiais, mas aqueles formais, já que cada um dos poderes observa procedimentos específicos.[413]

A concepção de que cada um dos poderes é dotado de uma independência tão absoluta de modo a permitir atuação em esferas "incondicionalmente autônomas e perfeitamente delimitadas" não encontra fundamentação no ordenamento constitucional brasileiro.[414] No modelo da Constituição, não tem sentido se falar de "interdependência" e isolamento das funções estatais, pois o Poder Legislativo tem competência para julgar o presidente, o

---

[410] Ver MONTESQUIEU, Charles de Secondat Baron de. *O Espírito das Leis*. Tradução de Cristina Murachco. São Paulo: Martins Fontes, 1993, p. 172-176. Segundo Verdu e Cueva, Montesquieu elaborou sua teoria da separação dos poderes sobre dados que examinou na sua fazenda na Inglaterra, graças às sessões do parlamento que assistiu, à leitura de periódicos londrinos, às conversas com políticos e às leituras das obras de Locke e de outros pensadores britânicos. Portanto, "sua teoria foi uma interpretação continental, mais abstrata do que empírica, do instrumento teórico-prático limitador do poder: a separação dos poderes" [Cf. VERDÚ, Pablo Lucas; MURILLO DE LA CUEVA, Pablo Lucas *Manual de derecho político*. Madrid: Tecnos, 2001, p. 179-180].

[411] Cf. HESSE, *Elementos...* , p. 378, número de margem 498.

[412] Cf. GAPONE, Antoine. *O juiz e a democracia*. Tradução de Maria Luiza de Carvalho. 2. ed. Rio de Janeiro: Revan, 2001, p. 178. Veja-se, por exemplo, que o veto do presente norte-americano é ato cuja natureza é própria da função legislativa, as interpretações da Suprema Corte americana e sua "descoberta do direito" constituem "uma espécie de criação do direito", de modo que "todos os poderes – o judiciário, inclusive – exercem função política, porém de maneira particular" (p. 178).

[413] Cf. VERDÚ; DE LA CUEVA, *Manual de derecho...*, p. 180.

[414] Cf. PASSOS, Lídia Helena Ferreira da Costa. Discricionariedade administrativa e justiça ambiental: novos desafios do poder judiciário nas ações civis públicas. In: MILARÉ, Édis (Coord.). *Ação civil pública*. São Paulo: Revista dos Tribunais, 2002, p. 503.

vice-presidente da república e os ministros do Supremo Tribunal Federal, nos casos de crimes de responsabilidade, segundo a norma do art. 52, I e II, da Constituição; o Poder Judiciário tem competência para administrar a organização de sua própria estrutura e a prestação de seus serviços, conforme estabelecem as normas dos arts. 96 e 125 da Constituição; e o Poder Executivo tem competência para legislar ao editar medidas provisórias, pela norma dos arts. 59, V, e 62 da Constituição. A partir dessa "interação e complementaridade entre as funções e atividades do Estado contemporâneo"[415] e porque "nenhum dos três conjuntos tradicionais de poderes orgânicos (os poderes de Estado tradicionais) desempenha apenas uma dessas funções, mas uma combinação delas",[416] deve ser rejeitado o argumento que se utiliza da clássica separação dos poderes como obstáculo à realização, pela via jurisdicional, dos direitos fundamentais a prestações em sentido estrito.

Essa compreensão do princípio da divisão dos poderes permite concluir que a objeção fundada na delimitação de competência entre as funções executiva, legislativa e jurisdicional deixa de apresentar a consistência necessária para justificar o não-reconhecimento dos direitos fundamentais a prestações em sentido estrito. No Estado constitucional contemporâneo, a delimitação de competência das funções executiva, legislativa e jurisdicional não está configurada em uma modelagem compartimentada e isolada, mas com base em um esquema de relações de interação e de organização, a fim de que o Estado logre alcançar uma legitimidade racionalmente justificada. Isso, aliás, já havia sido adiantado por Kelsen o qual, ao defender a jurisdição constitucional, observou que a expressão "divisão de poderes", melhor que a idéia de separação, representa a de "repartição do poder entre diferentes órgãos não tanto para isolá-los reciprocamente quanto para permitir um controle recíproco de uns sobre outros".[417] A divisão das funções legislativa, executiva e jurisdicional deve ser reconhecida como um princípio dogmático e institucional que, como todos os outros princípios que informam um Estado constitucional, apresenta-se como um mandamento a ser otimizado, sujeitando-se à ponderação com outros princípios. Dado o seu enraizamento na cultura da doutrina constitucional, trata-se de um princípio que apresenta um núcleo essencial bem definido, admitindo interferência somente quando muito justificar o peso de outro princípio que com ele se combinar. Ao referir-se à "contraposição entre política pública e

---

[415] Cf. MANCUSO, Rodolfo de. A ação civil pública como instrumento de controle das chamadas políticas públicas. In: MILARÉ, Édis (Coord.). *Ação civil pública*. São Paulo: Revista dos Tribunais, 2002, p. 753-798, p. 777.
[416] Cf. MOREIRA NETO, Diogo de Figueiredo. *Direito regulatório*. Rio de Janeiro: Renovar, 2003, p. 152.
[417] Cf. KELSEN, Hans. *Jurisdição constitucional*. Tradução de Alexandre Krug, Eduardo Brandão, Maria Ermantina Galvão. São Paulo: Martins Fontes, 2003, p. 152.

Direito Fundamental ao Ambiente

controle judicial", Mancuso revela que isso talvez configure apenas um "falso problema" ou uma *falsa antinomia*", pois os "princípios constitucionais têm de ser compatibilizados entre si, para conviverem harmoniosamente, sem que um esvazie o conteúdo ou a eficácia do outro".[418]

Além dessa compreensão do princípio da divisão dos poderes, deve-se considerar a importante contribuição que a *dogmática dos espaços* traz ao tema aqui discutido. Se os direitos fundamentais vinculam os três poderes como princípios, não deve haver dúvida quanto à expansão de conteúdos constitucionais materiais. O problema dessa constitucionalização material da ordem jurídica está exatamente na definição dos limites entre a "constitucionalização", a "sobreconstitucionalização" e a "subconstitucionalização".[419] Incumbe à *dogmática dos espaços* a tarefa de estabelecer a "constitucionalização adequada" e o equilíbrio correto entre ordenação fundamental e ordenação-quadro.

Os espaços se deixam dividir em espaços estruturais e espaços epistemológicos ou cognitivos.

O espaço estrutural define-se pela ausência de mandamentos e proibições definitivos. Se a Constituição não ordena e nem proíbe, ela libera. O que a Constituição libera definitivamente pertence ao espaço estrutural, não havendo sobre ele controle judicial-constitucional porque exatamente ali terminou a normatividade material definitiva da Constituição.[420] São três os espaços estruturais: *i*) espaço de determinação de finalidade; *ii*) espaço de escolha médio; e *iii*) espaço de ponderação. Há um espaço de determinação da finalidade para o legislador quando o direito fundamental contém uma autorização de intervenção, mas não ordena. Os limites desse espaço dependem do princípio da proporcionalidade. O espaço de escolha médio aparece quando os direitos fundamentais não somente proíbem intervenções

---

[418] Cf. MANCUSO, A ação civil..., p. 784, (itálico no original).

[419] Cf. ALEXY, Robert. Direito constitucional e direito ordinário. Jurisdição constitucional e jurisdição especializada. Tradução de Luís Afonso Heck. *Revista dos Tribunais*, São Paulo, n. 799, p. 33-51, maio 2002, p. 37. O problema da sobreconstitucionalização – decorrente da compreensão dos direitos fundamentais como princípios – é fazer com que a Constituição perca o seu caráter de "ordenação-quadro" para se tornar uma "ordenação fundamental". As concepções de Constituição como "ordenação-quadro" e "ordenação-fundamental" são normalmente apresentadas como contrapostas. Como "ordenação-quadro", a Constituição traça ao legislador um quadro que proíbe algo, ordena algo e nem proíbe e nem ordena algo, isto é, libera algo. O proibido é jurídico-constitucionalmente o impossível, o ordenado é jurídico-constitucionalmente o necessário e o liberado é jurídico-constitucionalmente o possível. Uma Constituição é uma "ordenação fundamental" no sentido *quantitativo* quando ela não libera nada, isto é, para tudo tem um mandamento ou uma proibição (Ibidem, p. 39). Se essa concepção da Constituição como ordenação fundamental no sentido quantitativo é efetivamente incompatível com a concepção de ordenação-quadro, outra coisa ocorre quando se tem a Constituição como uma ordenação fundamental em sentido *qualitativo*. Uma Constituição como ordem fundamental qualitativa decide "aquelas questões que são fundamentais da comunidade, que são suscetíveis e carecidas da decisão de uma Constituição". Essa concepção é compatível como a de ordenação-quadro porque, decidindo sobre questões fundamentais, deixa aberta a via para a ordenação-quadro (Ibidem, p. 39).

[420] Cf. ALEXY, Direito constitucional..., p. 40.

mas ordenam ação positiva. Quando vários meios são igualmente idôneos para alcançar um objetivo, o legislador pode livremente escolher o meio. O espaço da ponderação é parte essencial da "dogmática-quadro". Como o "mandamento de ponderação é idêntico ao terceiro princípio parcial do princípio da proporcionalidade", no problema do espaço da ponderação do que se trata é do papel da proporcionalidade na "dogmática-quadro". Segundo Alexy, a compatibilidade entre ponderação e quadro depende de se, pela ponderação, "algo é determinado e algo não", devendo-se, para isso, conhecer a fórmula da lei da ponderação.[421] É a partir dessa fórmula que se pode verificar o que a Constituição ordena ou proíbe. Quando o resultado da fórmula de ponderação é um empate, a Constituição nada decide, ordenando ou proibindo algo. Portanto, *libera*, tendo-se um espaço de ponderação estrutural.

O espaço epistemológico ou cognitivo, diferentemente do estrutural, não se ocupa dos limites entre aquilo que a Constituição ordena ou proíbe, mas dos "limites da capacidade de cognição do que a constituição, por um lado, ordena e proíbe e, por outro, nem ordena nem proíbe, portanto, libera".[422] Portanto, o espaço epistemológico ou cognitivo surge quando não há certeza quanto àquilo que está ordenado, proibido ou liberado pela Constituição. Conforme a incerteza recaia em premissas empíricas ou normativas, o espaço cognitivo será empírico ou normativo.

O espaço cognitivo empírico está concedido quando se permite intervenção nos direitos fundamentais com base em premissas incertas, sustentáveis ou plausíveis. Segundo Alexy, "à extensão dos espaços cognitivos corresponde a extensão de possíveis divergências entre o realmente ordenado, proibido e liberado e aquilo que é comprovável como ordenado, proibido e liberado". Sobre o espaço cognitivo empírico, por fim, duas coisas devem ser consideradas. Em primeiro lugar, como não se pode pretender que o legislador atue somente em virtude de certeza de premissas verdadeiras, o princípio da divisão dos poderes e o da democracia exigem um espaço cognitivo empírico. Em segundo lugar, nenhum espaço é ilimitado. Conforme Alexy, ao lado da lei da ponderação material, própria do espaço de apreciação estrutural, há uma lei de ponderação epistemológica que pode ser formulada assim: "quando mais grave pesa uma intervenção em um direito fundamental, tanto mais alta deve ser a certeza das premissas sustentadoras da intervenção".[423]

O espaço cognitivo normativo não trata diretamente do que a Constituição ordena, proíbe e libera, mas *diretamente* do conteúdo material da

---

[421] Cf. ALEXY, Direito constitucional..., p. 43. Sobre a lei da ponderação e o princípio da proporcionalidade, ver item 4.3.2, Capítulo 4.

[422] Cf. Ibidem, p. 40.

[423] Cf. Ibidem, p. 49-50.

Direito Fundamental ao Ambiente

Constituição. Por isso mesmo, "cada concessão de espaço cognitivo normativo significa uma supressão, corresponde a sua extensão, do controle judicial-constitucional da vinculação à Constituição".[424] Isso pode ser compatibilizado com a validade formal da Constituição, desde que três coisas sejam postas conjuntamente. A primeira é que o espaço de cognição normativo é suavizado consideravelmente pelo espaço de ponderação estrutural. Se ficar constatado que algo está no espaço de cognição normativo, a discussão sobre qual é a melhor solução deixa de ser jurídico-constitucional. A segunda diz respeito com a lei de ponderação epistemológica, que reduz tanto o espaço cognitivo empírico como o normativo. Segundo Alexy, "discussões sobre intervenções intensivas ou mais intensivas não devem ser decididas politicamente como dissensos em espaços, mas jurídico-constitucionalmente como dissenso sobre seus limites". A terceira é que a retirada de controle judicial-constitucional deve permanecer limitada à outorga de espaços cognitivos normativos. Aqui, os limites são determináveis pela ponderação de princípios materiais e formais. Como no espaço cognitivo normativo do que se trata é do conteúdo material da Constituição, até onde eles alcançam, há uma relação de "cooperação autêntica" entre a "jurisdição constitucional" e a "jurisdição especializada", pois os "tribunais especializados exercem jurisdição constitucional material", atuando, nesse aspecto, como "pequenos tribunais constitucionais".[425]

A contribuição da dogmática dos espaços para a discussão aqui tratada é exatamente a de permitir a compreensão de que a expansão de conteúdo material da Constituição – do qual resulta uma ordenação fundamental – é compatível com uma ordenação-quadro, disso resultando uma "constitucionalização adequada", com o afastamento dos problemas de uma "sobreconsticionalização" ou de uma "subconstitucionalização". Com isso podem ser corretamente afastadas as objeções de que, em face da constitucionalização material, o processo político estaria reduzido a algo sem significado e de que haveria a passagem do Estado-legislador para o Estado-judicial constitucional. Além disso, a dogmática dos espaços alcança compreensão sobre os espaços estruturais e cognitivos que estão liberados da normatividade material da Constituição, exatamente porque ali é onde essa normativa tem fim. Dentro desses espaços não há controle jurisdicional constitucional. Fora deles, entretanto, tudo está sujeito ao controle jurisdicional material. Por isso mesmo, a objeção ao reconhecimento de posições fundamentais jurídicas a prestações em sentido estrito fundada no princípio da divisão dos poderes deve ser rejeitada.

Analisadas as principais objeções ao reconhecimento de posições fundamentais jurídicas a prestações em sentido estrito, o que segue tem o pro-

---

[424] Cf. ALEXY, Direito constitucional..., p. 51.
[425] Cf. Ibidem, p. 51.

pósito de deixar claro que essa questão se resolve como uma questão de *ponderação de princípios* e, por isso, pressupõe uma *teoria de princípios*.

4.3. O MODELO DA PONDERAÇÃO DE PRINCÍPIOS

O que se pretende demonstrar aqui é que as discussões em torno do reconhecimento de posições fundamentais jurídicas a prestações em sentido estrito não se resolvem como uma questão de *"tudo ou nada"*.[426] Na medida em que a fórmula *"tudo ou nada"* diz respeito ao critério de aplicação das *regras jurídicas* e não dos *princípios jurídicos*, numa direta alusão à tese da separação forte de regras e princípios, fica claro que as questões suscitadas quando se discute a realização dos direitos fundamentais a prestações em sentido estrito, além de envolverem problemas de colisão de princípios, não podem ser resolvidas sob uma perspectiva que considere somente as regras jurídicas. Assim, o encaminhamento de uma discussão a respeito dos direitos fundamentais a prestações em sentido não pode prescindir de uma teoria dos princípios.

4.3.1. Os princípios e regras

Aceito que o ordenamento jurídico é integrado por normas jurídicas e que as espécies normativas são as regras jurídicas e os princípios jurídicos, inclusive por Hart,[427] discute-se intensamente a respeito dos melhores critérios para a distinção entre as regras e os princípios. Uma análise dos trabalhos mais importantes produzidos nos últimos tempos remete às teses da separação fraca e da separação forte,[428] Interessa aqui a tese da separação forte de Dworkin e Alexy, segundo a qual há uma "diferença qualitativa" entre regras e princípios. Para Heck, a tese da separação forte de Dworkin

---

[426] Cf. ALEXY, *Teoria de los derechos...*, p. 486.

[427] Cf. HART, *O conceito de...*, p. 328. No pós-escrito de seu *"O conceito de direito"*, respondendo às críticas de Dworkin, Hart explica que, "contrariamente à posição de Dworkin, a aceitação dos princípios como parte integrante do Direito é coerente com a regra de reconhecimento, ainda que o teste interpretativo de Dworkin fosse, como ele pretende, o único critério apropriado para os identificar" (p. 328). A respeito , ver DWORKIN, Ronald. *Los derechos em serio*. Traducción Marta Gustavino. Barcelona: Ariel, 1999, p. 61-101.

[428] Segundo Ávila, em Esser, Larenz e Canaris se encontra a distinção fraca entre regras e princípios. Uma distinção forte vai ser encontrada nas posições de Dworkin e Alexy. [Cf. ÁVILA, Humberto. *A teoria dos princípios*. São Paulo: Malheiros, 2003, p. 30]. Para uma melhor compreensão da definição de princípios como "pautas orientadoras da normação jurídica que, em virtude da própria força de convicção, podem 'justificar' decisões jurídicas", ver LARENZ, Karl. *Metodologia da ciência do direito*. Tradução de José Lamego. Lisboa: Gulbenkian. 1997, p. 599. Para a concepção de Canaris, ver CANARIS, Claus-Wilhelm. *Pensamento sistemático e conceito de sistema na ciência do direito*. Tradução de A. Menezes Cordeiro. Lisboa: Gulbenkian. 1996, p. 86-102.

Direito Fundamental ao Ambiente

conduz para o ponto decisivo, sem acertá-lo diretamente,[429] não se podendo prescindir da complementação de Alexy. Aliás, Alexy partiu das considerações de Dworkin para precisar ainda mais o conceito de princípios.[430]

A distinção entre regras e princípios de Dworkin é apresentada em duas partes, sendo a segunda implicação da primeira. Uma diz com o critério de aplicação diferenciado entre regras e princípios; a outra se refere aos diferentes critérios de solução para os casos de conflitos de regras e de colisão de princípios. As regras, quanto ao critério de aplicação, diferentemente dos princípios, são aplicadas sob a *"forma tudo ou nada"* (*"all-or-nothing"*). Isso significa que, ocorrendo a hipótese de incidência de uma regra, existem somente duas alternativas possíveis: *i*) a regra é válida, devendo ser aceitas as conseqüências normativas que dela derivam para a tomada de decisão, ou a *ii*) a regra é inválida, situação em que a regra em nada contribui para a tomada da decisão. O fato de uma regra admitir exceções em nada altera sua forma de aplicação de *"tudo ou nada"*, pois as exceções são parte da regra. Os princípios, diferentemente das regras, não determinam obrigatoriamente a decisão a ser tomada, mas contêm os fundamentos que falam a favor de uma ou outra decisão. Os princípios, então, apresentam os fundamentos para a decisão, os quais devem ser combinados com os fundamentos provenientes de outros princípios. Da mesma forma como as regras e princípios diferem quanto ao critério de aplicação, também se distinguem quanto ao critério para solução do conflito de regras e da colisão de princípios. Isso se deve ao fato de que os princípios apresentam uma *"dimensão de peso"* (*"dimension of weigth"*) que não aparece nas regras. No caso de uma colisão de dois princípios, aquele que apresenta um peso relativamente maior supera o outro de peso menor, mas, isso não significa que este seja inválido. Significa, apenas, que, no caso concreto, um princípio se sobrepõe ao outro como fundamento da decisão a ser tomada.[431]

Regras e princípios, para Alexy, distinguem-se nisto. Os princípios são aquelas normas jurídicas que ordenam que algo seja realizado na maior medida possível, consideradas as possibilidades fácticas e normativas. Possibilidades fácticas na medida em que o conteúdo dos princípios como normas de conduta somente pode ser determinado a partir dos fatos concretos; possibilidades normativas na medida em que a aplicação dos princípios depende dos princípios e regras conflitantes. Os princípios são *"mandamentos de otimização"* que podem ser cumpridos em diferentes graus, conforme

---

[429] Cf. HECK, Luís Afonso. Regras, princípios jurídicos e sua estrutura no pensamento de Robert Alexy. In: LEITE, George Salomão. (Org.). *Dos princípios constitucionais*. São Paulo: Malheiros, 2003, p. 57.

[430] Cf. ÁVILA, *A teoria...*, 2003, p. 28.

[431] Cf. DWORKIN, *Los derechos...*, p. 72-80.

essas possibilidades fácticas e jurídicas.[432] As regras são aquelas normas jurídicas que contêm *"determinações* no espaço do possível fáctica e juridicamente", cuja alternativa única é ser cumprida ou não ser cumprida, pois, quando uma regra vale, deve ser realizado exatamente aquilo que ela determina, isto é, "nem mais e nem menos".[433] A compreensão dos princípios como mandamentos de otimização justifica-se por duas vias. Primeiro, quanto à forma de colisão, princípios em sentido contrário limitam as possibilidades jurídicas de realização de outros princípios, o que não acontece com as regras, que são determinações. Segundo, porque o "caráter-*prima facie*" das regras e princípios é diferente na medida em que, ao solicitarem exatamente aquilo que por elas é determinado, as regras contêm "determinações com vista às exigências dos princípios em sentido contrário". Os princípios, diversamente, não "contêm determinações dessa natureza". A conseqüência é que as regras têm um "caráter-*prima facie*" mais forte que os princípios, pois formam a "parte dura do ordenamento jurídico". Se uma regra vale, então deve ser realizado o que ela determina. Aquele que pretende se desviar do que está determinado, inserindo uma exceção, deve responder pela carga de argumentação de que sua solução é melhor do que a prevista pela regra.[434] O problema da solução da relação de tensão decorrente da colisão entre princípios não está no reconhecimento da imediata prevalência de um princípio sobre o outro, pois nenhuma norma goza, sem mais, de primazia sobre a outra. A decisão para o caso concreto deve ser buscada a partir de uma ponderação dos princípios que estão em colisão. Dependendo das circunstâncias específicas de uma determinada situação, um princípio irá prevalecer sobre outro. É em razão disso que se deve entender que a dimensão de peso dos princípios não determina imediatamente as conseqüências jurídicas, como o fazem as regras. Segundo Alexy, deve-

---

[432] Cf. ALEXY, *Teoria de los derechos...*, p. 86 (itálico no original).

[433] Cf. Ibidem, p. 87 (itálico no original). Segundo Aarnio e Sieckmann, o conceito de mandamento de otimização não serve para distinguir os princípios das regras, pois ele apresenta um caráter definitivo na medida em que pode "somente ou ser cumprido ou não cumprido e sempre é ordenado o seu cumprimento completo". Por essa razão, os mandamentos de otimização teriam o caráter de regras. A respeito, Alexy distingue entre *"mandamentos a serem otimizados"* e *"mandamentos para otimização"*, observando que os mandamentos a serem otimizados é que são objetos da ponderação. Eles podem ser qualificados como "dever ser ideal". Esse dever ser ideal é "aquilo que deve ser otimizado e, por meio disso, primeiro ser transformado em um dever ser real. Como objeto de otimização, ele se encontra no plano do objeto. Os mandamentos de otimização devem, ao contrário, ser assentados em um metaplano, lá onde eles dizem o que deve ser feito com aquilo que se encontra no plano do objeto. Eles ordenam que seus objetos, os mandamentos a serem otimizados, sejam realizados tanto quanto possível. Como mandamento de otimização, eles não devem ser otimizados, mas cumpridos ao serem otimizados". Os princípios, porquanto objetos da ponderação, não são mandamentos de otimização, mas mandamentos a serem otimizados que apresentam um dever ser ideal que ainda não foi relativizado sobre as possibilidades fácticas e jurídicas. Sem embargo disso, Alexy sugere que se preserve a caracterização dos princípios como mandamentos de otimização por expressar de forma mais simples do que tratam os princípios [Cf. HECK, Regras..., p. 82-83].

[434] Cf. HECK, Regras..., p. 65.

Direito Fundamental ao Ambiente

se inserir uma cláusula de reserva abstrata do tipo: "e se no caso concreto um outro princípio não tem um peso maior". Isso significa, de fato, o desaparecimento da colisão e aplicação dos princípios como regras. Contudo, o problema é apenas removido, pois "a ponderação é deslocada para a aplicação do princípio provido como a cláusula".[435] A colisão entre princípios e o conflito entre regras estão assentados em planos diferentes, pois, no primeiro, as colisões sempre ocorrem *no interior* do ordenamento jurídico[436] e, no segundo, o que deve ser verificado é se a regra está dentro ou fora do ordenamento jurídico.[437]

Examinados quais os critérios mais adequados para a distinção entre regras e princípios, dá-se como pressuposto que regras e princípios pertencem ao sistema jurídico. Entender-se que os princípios pertencem ao ordenamento jurídico implica, segundo Alexy, reconhecer que o sistema jurídico é "um sistema aberto diante da moral",[438] disso resultando que a argumentação jurídica pode ser apresentada como um caso especial da argumentação geral prática.[439] Uma teoria dos princípios tão forte quanto possível, como a pensada por Dworkin, na qual as relações de primazias são mais fortes quanto possível, produz um "ordenamento duro", em que cada caso terá exatamente uma resposta correta. Como exemplifica Alexy, tomando-se a colisão entre a liberdade de imprensa e a segurança externa e conferindo-se ao primeiro o valor 0,4 e ao segundo o valor 0,6, o caso estará sempre decidido a favor da segurança externa. Nas ordenações duras desse tipo, um princípio sempre irá prevalecer sobre o outro. Se isso é impossível, as ordenações moles são possíveis.[440]

Uma teoria dos princípios conduz a modelo de ordenamento do tipo mole quando os princípios atuam para influir na tomada de decisão. Aqui

---

[435] Citado por HECK, *Regras...*, p. 61.

[436] Cf. Ibidem, p. 62.

[437] Cf. ÁVILA, *A teoria...*, 2003, p. 29.

[438] Citado por HECK, op. cit., p. 67.

[439] A tese central da teoria da argumentação de Alexy é que o discurso jurídico é um caso especial do discurso prático geral. Primeiro, porque as discussões jurídicas se referem a questões práticas, ou seja, com o que deve ou não ser feito ou deixado de fazer. Segundo, porque as discussões jurídicas requerem exigência de correção [Cf. ALEXY, Robert. *Teoría de la argumentación jurídica*. Trad.ucción Manuel Atienza, Isabel Espejo. Madrid: Centro de Estudios Políticos y Constitucionales, 1997, p. 206]. O cerne do caso especial é a exigência de correção que também se faz presente no discurso jurídico. Diferentemente do que ocorre no discurso prático geral, aqui não há preocupação com a racionalidade absoluta da afirmação normativa, mas apenas mostrar que a afirmação normativa pode ser racionalmente justificada no contexto da validade da ordem jurídica. Em outras palavras, no discurso jurídico não se pretende sustentar que uma determinada proposição seja mais racional, e sim que ela pode ser fundamentada racionalmente na moldura do ordenamento jurídico vigente. Assim, por um lado, o procedimento do discurso jurídico se define pelas regras e formas do discurso prático geral e, por outro lado, pelas regras e formas específicas do discurso jurídico que, sinteticamente, exprimem sujeição à lei, aos precedentes judiciais e à dogmática. Afora isso, entende-se que é um caso especial do discurso prático geral porque as discussões jurídicas ocorrem dentro dos limites do tipo descrito (Ibidem, p. 213).

[440] Citado por HECK, *Regras...*, p. 73.

não se pressupõe que exista apenas uma resposta correta. Segundo Alexy, para a compreensão do modelo de ordenamento mole é necessário o conhecimento de três elementos da teoria dos princípios: *i*) um sistema de condições de primazia; *ii*) a lei da ponderação; e *iii*) o sistema de primazias *prima facie*.[441]

O exame da decisão Lebach do Tribunal Constitucional alemão é um bom caminho para a compreensão desses três elementos. Na decisão, a "situação de tensão" deu-se pela colisão do princípio da proteção à personalidade (P1) e a liberdade de reportagem por radiodifusão (P2), no caso em que um canal de televisão pretendia exibir um documentário sobre um crime cometido contra soldados de uma guarnição militar. Um dos partícipes do crime, na medida em que o início do documentário exibiria sua própria imagem e considerando que estava na iminência de deixar a prisão, pleiteou que o filme não fosse exibido.[442] Para concluir pela não-exibição do documentário, o Tribunal Constitucional recorreu a uma fundamentação em três graus.

No primeiro, rejeitou uma relação de primazia abstrata ou incondicional entre os dois princípios em colisão, pois nenhum poderia "pretender uma primazia fundamental", isso significando que o caso deveria ser resolvido por "ponderação de

bens no caso concreto". No segundo, estabeleceu uma relação de primazia *prima facie* condicionada no sentido de que, sob a condição C1, a atualidade de um documentário sobre um delito penal merece "em geral a primazia". No terceiro, o Tribunal decidiu que "uma reportagem televisiva repetida, não mais coberta pelo interesse da informação atual, sobre um delito penal grave (é), em todo o caso então inadmissível, quando ela põe em perigo a ressocialização do autor".[443] Portanto, sob essas condições C2, prevalece P1 sobre P2. Isso pode ser generalizado, segundo Alexy, por uma *"lei de colisão"* do tipo: "as condições Ci, sob as quais o princípio Pi prevalece sobre o princípio Pk, formam o tipo de uma regra, que expressa as conseqüências jurídicas do princípio que prevalece".[444] A contribuição das primazias condicionadas é abrir caminho para a argumentação jurídica, podendo-se dizer que o sistema das ponderações de princípios, feitas com relações de primazias condicionadas, vincula o decidir jurídico na proporção em que ele vincula a argumentação jurídica. O segundo elemento da

---

[441] Citado por HECK, *Regras...*, p. 73.

[442] Citado por ibidem, p. 73.

[443] Citado por ibidem, p. 74. Essa terceira parte da decisão do Tribunal Constitucional alemão foi reduzida por Alexy na seguinte estrutura: "uma informação televisiva repetida (S1) que não corresponde a um interesse atual de informação (S2), sobre um fato delitivo grave (S3) e que põe em perigo a ressocialização do autor (S4), está jusfundamentalmente proibida" [Cf. ALEXY, *Teoria de los derechos...*, p. 97].

[444] Citado por ibidem, p. 75 (itálico no original).

Direito Fundamental ao Ambiente   **175**

teoria dos princípios mole é a lei da ponderação. Os princípios, como mandamentos de otimização, exigem uma realização tão ampla quanto possível na medida das possibilidades fácticas e jurídicas. Assim, pode-se formular a "*lei da ponderação*" do tipo: "quanto mais alto é o grau de não-cumprimento ou prejuízo de Pj, tanto maior deve ser a importância do cumprimento de Pk".[445] Novamente aqui, o que ocorre na base da lei da ponderação vai depender da argumentação jurídica. O terceiro elemento da teoria dos princípios mole é constituído pelas "*primazias-prima facie*" que estabelecem cargas de argumentação, ficando mais uma vez evidente que a ponderação depende da argumentação.

O que se pretendeu demonstrar, com base em Alexy, é que em um sistema jurídico o plano das regras e dos princípios deve ser completado com uma teoria da argumentação jurídica que indica como é possível obter-se uma decisão racionalmente fundamentada.[446]

4.3.2. Os direitos fundamentais a prestações como uma questão de ponderação de princípios

Se os direitos fundamentais a prestações em sentido estrito configuram posições fundamentais jurídicas cuja realização é tão importante que não pode estar liberada à livre apreciação de uma maioria parlamentar,[447] a decisão a respeito de quais direitos fundamentais a prestações em sentido estrito podem ser exigidos definitivamente é uma questão de "ponderação entre princípios".

A questão, então, pressupõe uma teoria dos princípios e, assim, os problemas relativos à realização dos direitos fundamentais a prestações em sentido estrito devem ser revolvidos nos moldes da colisão de princípios. A estrutura da solução de colisão de princípios pode ser remetida à lei de colisão e à da ponderação. O primeiro passo é rejeitar a precedência incondicionada de um princípio sobre o outro, disso resultando que se deve excluir qualquer pretensão que pressuponha, abstratamente, a prevalência de um princípio sobre outro. Assim, por exemplo, abstratamente, não se pode pretender a prevalência do princípio da divisão dos poderes em relação ao reconhecimento de posições fundamentais jurídicas a prestações em sentido estrito do direito fundamental ao ambiente. É interessante observar que as decisões já mencionadas, nas quais foi negada a realização jurisdicional do direito fundamental ao ambiente a prestações em sentido estrito sob o fundamento de que isso implicaria violação ao princípio da divisão dos

---

[445] Ver item 4.3.2, Capítulo 4.
[446] Cf. HECK, Regras..., p. 79.
[447] Cf. ALEXY, *Teoria de los derechos...*, p. 494.

poderes,[448] estão assentadas exatamente na noção de precedência incondicionada do princípio da divisão dos poderes. É exatamente essa precedência incondicionada de um princípio sobre outro que deve ser rejeitada. Isso porque, na ponderação de interesses opostos, do que se trata é verificar qual dos interesses, *"abstratamente do mesmo nível"*, possui *"maior peso no caso concreto"*.[449] Por isso a solução da colisão de princípios consiste em, tendo-se em consideração as circunstâncias do caso concreto, estabelecer-se uma *"relação de precedência condicionada"*.[450] Por essa relação de precedência condicionada, considerado o caso concreto, são indicadas as condições sob as quais um princípio prevalece sobre outro. É necessário compreender que não há espaço, em um modelo do tipo "mole" de ordenamento conduzido por uma teoria dos princípios, para uma prevalência absoluta de um princípio sobre outro. Sob determinadas condições, em casos concretos específicos, um princípio terá prevalência sobre outro ou vice-versa. A solução dada pela relação de precedência condicionada é simples: "O princípio P1 tem, no caso concreto, um peso maior que o princípio oposto P2 quando existem razões suficientes para que P1 preceda a P2, sob as condições C dadas no caso concreto".[451] Se existe um perigo iminente, concreto, de que uma área de preservação ambiental permanente venha a ser totalmente destruída se a administração autorizar a construção de uma usina nuclear, essa autorização terá como conseqüência a lesão ao direito fundamental ao ambiente. Do mesmo modo, se a hipótese recomenda a imediata adoção de medidas materiais de recuperação de uma área ambiental degradada a fim de evitar a contaminação de uma extensão ainda maior, nesse sentido deve atuar a administração para a realização do direito fundamental ao ambiente. Então, se sob essas condições há lesão ao direito fundamental ao ambiente, é correto formular-se que "se a ação *a* cumpre as condições C, então pesa sobre *a* uma proibição jusfundamental". Se o princípio P1 tem preferência sob as condições C, significa que as conseqüências jurídicas resultantes de P1 devem se dar quando se verificam as condições C. A formulação final: "as condições sob quais um princípio precede a outro constituem o pressuposto de fato de uma regra que expressa a conseqüência jurídica do princípio precedente".[452] É dizer, que sob as condições de perigo iminente de lesão ao direito fundamental ao ambiente, prevalecem as con-

---

[448] Cf. TJRS. Ap. Cív. 596217075, j., 29/04/1998. Disponível em: http://www.tj.rs.gov.br. Acesso em: 10 nov. 2003; STJ. Ag. Reg. 138901/GO. j. 15/09/1997; STJ. REsp 63128/GO. j. 20/05/1996; STJ. REsp. 169876/SP. j. 16/09/1998. Disponível em: http://www.stj.gov.br. Acesso em 10 nov. 2003.

[449] Cf. ALEXY, *Teoria de los derechos...*, p. 90 (itálico no original).

[450] Cf. Ibidem, p. 92 (itálico no original).

[451] Cf. Ibidem, p. 93.

[452] Cf. ALEXY, *Teoria de los derechos...*, p. 94. Isso pode ser generalizado, segundo Alexy, por uma *"lei de colisão"* do tipo: "as condições Ci, sob as quais o princípio Pi prevalece sobre o princípio Pk, formam o tipo de uma regra, que expressa as conseqüências jurídicas do princípio que prevalece" [Citado por HECK, Regras..., p. 75]

Direito Fundamental ao Ambiente

seqüências jurídicas dos princípios da preservação do ambiente com recuo do princípio da divisão dos poderes e suas conseqüências jurídicas.

Se o problema do reconhecimento de posições fundamentais jurídicas dos direitos fundamentais a prestação em sentido estrito se resolve como uma questão de ponderação de princípios, deve-se conhecer o princípio da proporcionalidade e seus princípios parciais: *i*) a idoneidade; *ii*) a necessidade; e *iii*) a proporcionalidade em sentido restrito.[453] Segundo Alexy, os princípios parciais da idoneidade e da necessidade expressam mandamento de otimização em relação às possibilidades fáticas e *não* tratam de ponderação, mas do modo de evitar "intervenções em direitos fundamentais que sem custos para outros princípios são evitáveis". O campo da *ponderação* é o do princípio parcial da proporcionalidade em sentido restrito, que expressa mandamento de otimização em relação às possibilidades jurídicas.[454]

---

[453] Segundo advertência de Alexy, a expressão "princípio" empregada no conceito de "princípio de proporcionalidade", não se confunde com a noção de princípio que admite ponderação, conforme a "teoria dos princípios". A adequação, a necessidade e a proporcionalidade em sentido restrito não são ponderadas frente a algo diferente, mas sim satisfeitas ou não-satisfeitas no caso concreto. O problema, portanto, não é de ponderação como ocorre com os princípios e sim de satisfação ou não-satisfação como ocorre com as regras. A conseqüência da não-satisfação de uma delas é a ilegalidade. A conclusão de Alexy é que os três "princípios parciais" da proporcionalidade devem ser catalogados como regras [Cf. ALEXY, op. cit., p. 112]. Por isso mesmo, Leivas utiliza o conceito de "preceito (*"Grundsatz"*) para distingui-lo de princípio (*"Prinzip"*), referindo-se ao "preceito da proporcionalidade" e aos três "preceitos parciais" – a adequação, a necessidade e a proporcionalidade em sentido estrito – que assumem o caráter de regra [Cf. LEIVAS, Paulo Gilberto Cogo. *A estrutura normativa dos direitos fundamentais sociais.* 2002. Dissertação (Mestrado em Direito)-Faculdade de Direito, Universidade Federal do Rio Grande do Sul, Porto Alegre, 2002., p. 31]. Deve-se observar que o emprego da terminologia "preceito da proporcionalidade" aparece em Heck, [Cf. HECK, Luís Afonso. *O Tribunal Constitucional Federal e o desenvolvimento dos princípios constitucionais.* Porto Alegre: Fabris, 1995, p. 176]. Sem embargo, conforme esclarecimento pessoal de Heck, nesse texto o termo "preceito" foi empregado exclusivamente para fins didáticos, pois o autor segue a idéia de Alexy. Sobre esse tema, Ávila refere-se à proporcionalidade como "postulado normativo aplicativo" que se situa em nível diverso do das normas. Diversamente dos princípios, os postulados não impõem a promoção de um fim e tampouco prescrevem indiretamente comportamentos, mas estruturam a aplicação do dever de promover o fim e estabelecem modos de raciocínio e de argumentação relativamente a normas que indiretamente prescrevem comportamentos. Diferentemente das regras, os postulados não descrevem comportamentos, mas estruturam a aplicação das normas que o fazem. Por isso, então, o dever de proporcionalidade deve ser designado como postulado da proporcionalidade [Cf. ÁVILA, *Teoria dos princípios*, p. 8]. Sem essas distinções, contudo, a doutrina brasileira considerada a proporcionalidade como princípio [Cf. SARMENTO, Daniel. *A ponderação de interesses na Constituição Federal.* Rio de Janeiro: Lumen Juris, 2003, p 77; STEINMETZ, Wilson Antônio. *Colisão de direitos fundamentais.* Porto Alegre: Livraria do Advogado, 2001, p. 137; BARROS, Suzana de Toledo. *O princípio da proporcionalidade e o controle de constitucionalidade das leis restritivas de direitos fundamentais.* Brasília: Brasília Jurídica, 2003, p. 76]. Considerada a advertência de Alexy, não há erro em falar de "princípio da proporcionalidade". Deve-se pressupor, no caso, que a expressão "princípio" aqui empregada não tem o mesmo sentido de princípio como mandamento de otimização conforme as possibilidades fácticas ou jurídicas. Aqui, entende-se que o princípio da proprocionalidade descreve comportamento indicando o critério que deve ser observado quando da aplicação das normas – princípios como mandamentos de otimização conforme as possibilidades fáticas e jurídicas, contendo também, por isso, o caráter de norma. No caso, trata-se de regra ou de alguma "forma específica de regra", conforme sugere Borowski [Citado por ÁVILA, *Teoria dos princípios*, p. 82].

[454] Cf. ALEXY, Robert. A fórmula do peso. Tradução Luís Afonso Heck. *No prelo.* Este artigo encontra-se publicado na Gedächtnisschrift für Jürgen Sonnenschein. Joachim Jickeli/Peter Kreutz/Dieter Reuter (Hg.). Berlim 203, S. 771 ff.

O princípio da proporcionalidade, que é a própria "essência dos direitos fundamentais",[455] deixa-se aplicar a situações em que há uma relação de causalidade entre um meio e um fim e na qual se possa proceder a três exames. O exame da idoneidade indaga se o meio promove o fim. O exame da necessidade investiga se dentre os meios disponíveis e igualmente adequados para promover o fim não existe outro meio menos restritivo do direito fundamental. Por fim, o exame da proporcionalidade em sentido restrito pergunta se as vantagens trazidas pela promoção do fim correspondem às desvantagens provocadas pela adoção do meio.[456] A jurisprudência do Tribunal Constitucional alemão formulou o "princípio da necessidade" afirmando que "o fim não pode ser obtido de outra maneira que afete menos o indivíduo".[457] Uma questão que se impõe aqui é saber, quando existe um meio M1, menos gravoso para o direito fundamental afetado que o meio M2, porém menos eficaz, qual meio deverá ser considerado para a promoção do fim F. A solução é que a eficácia do meio menos prejudicial deve ser, no mínimo, igual à do meio mais prejudicial. Se não isso, não será exigível a substituição deste por aquele. Na proporcionalidade em sentido restrito, o que interessa é a ponderação entre o grau de restrição e o grau de promoção do fim. O fato de uma das medidas poder ser escolhida não é uma questão de possibilidade fáctica, ou seja, não é uma questão de necessidade, mas uma questão de possibilidades jurídicas, isto é, uma questão de ponderação entre P1e P2 – é dizer, proporcionalidade em sentido restrito. Por isso, quando também o meio menos gravoso afeta a realização de P2, deve-se acrescentar sempre a proporcionalidade em sentido restrito, ou seja, o mandado de ponderação. Quando dois princípios opostos entram em colisão, a proporcionalidade em sentido restrito ordena uma ponderação, cuja lei pode ser reduzida à seguinte fórmula: "quanto maior é o grau de não-satisfação ou de afetação de um princípio, maior tem que ser a importância da satisfação de outro".[458] Conforme a lei da ponderação, a medida permitida de não-satisfação ou de prejuízo de um dos princípios em colisão depende da importância da satisfação do outro princípio, ou seja, quanto mais alto é o grau de não-cumprimento ou prejuízo de um princípio, tanto maior deve ser a importância do cumprimento do outro princípio. Isso pode ser bem apreendido quando se diz na decisão Lebach que "a ponderação necessária, por *um lado*, deve considerar a *intensidade* da intervenção no âmbito da personalidade por uma emissão do tipo duvidoso; por *outro lado*,

---

[455] Cf. ALEXY, *Teoria de los derechos...*, p. 112.

[456] Cf. ÁVILA, *Teoria dos princípios*, p. 104.

[457] Citado por ALEXY, *Teoria de los derechos...*, p. 114.

[458] Cf. Ibidem, p. 161. Deixa saber Alexy que a jurisprudência do Tribunal Constitucional alemão fala de "uma ponderação total entre a gravidade da intervenção e o peso e a urgência das razões que a justificam" (Ibidem, p. 160).

Direito Fundamental ao Ambiente

deve ser *valorado* o interesse concreto, a cuja satisfação serve a emissão".[459] De acordo com a lei da ponderação, deve-se fazer um exame segundo os graus de importância da satisfação de um princípio e da satisfação/não-satisfação (afetação/não-afetação) do outro princípio. Esses conceitos de grau de satisfação e importância, efetivamente, não podem ser objeto de uma metrificação e assim conduzir a um "cálculo intersubjetivamente obrigatório de resultado". Contudo, eles dizem o que é importante na ponderação, ou seja, "o grau ou a intensidade da não-satisfação ou afetação de um princípio, por um lado, e o grau de importância da satisfação do outro princípio, por outro lado". Dizer que uma afetação muito intensa de um princípio somente se justifica pelo grau igualmente intenso de satisfação do princípio oposto, de fato, não explica quando se está diante de uma afetação muito intensa de um princípio e quando um grau de satisfação de um outro princípio é muito alto. Entretanto, a lei da ponderação diz o que deve ser fundamentado para justificar "o enunciado de preferência condicionada", que apresenta o resultado da ponderação. Trata-se de enunciados sobre os graus de afetação e importância.[460] Para a obtenção da ponderação, Alexy sugere três passos. O primeiro consiste na determinação do grau de não-satisfação de um princípio, é dizer, o grau da intervenção. O segundo passo é a comprovação da importância de satisfação do princípio em sentido contrário. Finalmente, o terceiro passo consiste em estabelecer se a importância da satisfação do princípio em sentido contrário justifica o prejuízo ou a não-realização do outro princípio.[461]

Para responder a críticas como a de Schilink, segundo o qual no exame da proporcionalidade em sentido estrito prevalece a "subjetividade do examinador" de modo que a ponderação não se deixa fundamentar racionalmente,[462] Alexy observa que é possível a formulação de sentenças sobre a intensidade de intervenção e graus da importância racionalmente justificáveis. A partir de duas decisões do Tribunal Constitucional alemão,[463] apresenta um modelo de três graus em que a intensidade da intervenção em um princípio e a intensidade da importância do cumprimento de um outro prin-

---

[459] Citado por HECK, Regras..., p. 77.

[460] Cf. ALEXY, *Teoria de los derechos...*, p. 164. Esclarece Alexy que os argumentos mencionados para a fundamentação desses enunciados não têm o caráter específico de ponderação (Ibidem, p. 164).

[461] Cf. ALEXY, Robert. Constitutional rights, balancing, and rationality. *Ratio Juris,* Oxford, v. 16, n. 2, p. 131-140, jun., 2003, p 136. Ver, também, ALEXY, Direito constitucional..., p. 43.

[462] Citado por ALEXY, Direito constitucional..., p. 43.

[463] A decisão Tabaco serve para ilustrar uma ponderação entre uma intervenção *leve* na liberdade de profissão – consistente na obrigação de colocar advertência nos produtos de tabaco relativos aos perigos à saúde – e um grau de importância *alto* – decorrente dos perigos à saúde causados pelos produtos de tabaco. O grau de importância alto e a intensidade da intervenção leve justificam racionalmente a decisão em favor da prevalência do primeiro. O mesmo se pode dizer a respeito da decisão Titanic, considerando-se que o qualificar de "aleijado" um oficial da reserva – intervenção grave na personalidade – justifica racionalmente o dever de pagar uma indenização de doze mil marcos alemães – intervenção leve na liberdade de opinião [Cf. Ibidem, p. 44].

cípio podem ser indicadas em uma escala de graus "leve", "médio" e "grave". Assim, pode-se determinar de forma racional, com auxílio da ponderação, aquilo que é ordenado, proibido e permitido definitivamente. Para um refinamento dessa formulação, Alexy sugere aplicar a tríade "leve/médio/grave" mais uma vez em cada grau, consubstanciando-se um modelo triádico duplo em que teriam intervenções grave-grave, grave-média e grave-leve; média-grave, média-média, média-leve; leve-grave, leve-média e leve-leve.[464] É necessário acrescentar que uma colisão de princípios pode se dar entre dois ou mais princípios. Quando se tratar de uma colisão entre dois princípios, a "fórmula peso" dessa escalação triádica é suficiente para justificar racionalmente a ponderação. Entretanto, quando entram em jogo mais do que dois princípios, a "fórmula peso ampliada" é a requerida. Nesse caso, como somente uma deve ser a decisão, postos todos os princípios em relação uns com os outros, a solução será dada pela adição cumulativa de peso, não se admitindo o cruzamento substancial dos princípios cumulados. A regra, portanto, é a de que a "heterogeneidade é condição da cumulação aditiva". Segundo Alexy, é muito natural que, quando um princípio tem por objeto *bens coletivos* – por exemplo, a integridade do ambiente – e, um outro princípio tem como objeto *direitos individuais*, a intervenção esteja apoiada em vários princípios que não se cruzem. Mesmo aqui, contudo, não está garantida por si a heterogeneidade, pois em uma relação complexa entre direitos individuais e bens coletivos deve se ter sempre a possibilidade de cruzamentos substanciais.[465]

Isso deixa claro que a ponderação não é um procedimento abstrato e geral em que um bem é obtido à custa de outro. Seu resultado é um enunciado de preferência condicionada que, conforme a lei de colisão, surge de uma regra diferenciada de decisão. Não se trata de uma questão do modo *"tudo ou nada"*, mas de otimização que atende ao princípio da concordância prática[466] de modo que os bens jurídicos protegidos jurídico-constitucionalmente não sejam realizados uns a custa de outros.[467] Portanto, o *"modelo da ponderação como um todo"* proporciona um critério ao vincular a estrutura formal da lei da ponderação com a teoria da argumentação jurídica, que inclui uma teoria da argumentação prática geral.[468]

Assim, se os princípios são mandamentos de otimização relativamente às possibilidades fácticas e jurídicas, é necessário distinguir que a propor-

---

[464] Cf. Ibidem, p. 44.

[465] Para explicitação da "fórmula" de peso e da "fórmula de peso completamente ampliada" dessa escalação triádica, ver ALEXY, A fórmula..., *no prelo*. Para a compreensão do ambiente como bem coletivo, ver item 1.4, Capítulo 1.

[466] Cf. ALEXY, *Teoria de los derechos*..., p. 166.

[467] Cf. HESSE, *Elementos*..., p. 66, número de margem 72.

[468] Cf. ALEXY, op. cit., p. 169.

Direito Fundamental ao Ambiente

cionalidade em sentido restrito resulta do caráter dos princípios como mandamentos a serem otimizados com relação às possibilidades jurídicas, ao passo que a idoneidade e a necessidade decorrem do caráter dos princípios como mandamentos a serem otimizados relativamente às possibilidades fácticas.[469] Quando uma norma de direito fundamental com caráter de princípio entra em colisão com outro princípio oposto, a possibilidade jurídica para a realização da norma fundamental vai depender da sua ponderação com esse outro princípio oposto. Sempre que entram em colisão princípios opostos, está ordenada uma ponderação, isso significando que a proporcionalidade em sentido restrito é "deduzível do caráter de princípio das normas de direito fundamental". O mesmo se deve dizer em relação à necessidade, pois afirmar que "o fim não pode ser obtido de outra maneira que afete menos ao indivíduo" resulta do caráter de princípio das normas de direito fundamental.[470] Assim em relação à idoneidade, pois também ela resulta do caráter de princípio das normas de direito fundamental. O que Alexy chama de "fundamentação jusfundamental" é a fundamentação da proporcionalidade a partir das normas de direitos fundamentais na medida em que possuem o caráter de princípio.[471]

Essa concepção permite bem compreender que os princípios não contêm mandamentos definitivos mas *prima facie*, disso decorrendo a alternativa de se poder falar em posição jurídica definitiva ou posição jurídica *prima facie* ou, ainda, direitos definitivos ou direitos *prima facie*. Princípios como posições jurídicas *prima facie* se deixam entender a partir das restrições de direitos fundamentais. Essas restrições de direitos fundamentais "são normas que restringem posições jusfundamentais *prima facie* que são garantidas pelos princípios".[472] Segundo síntese de Leivas, as posições *prima facie* somente garantirão direito definitivo caso satisfeito o tipo normativo de direito fundamental e se não houver a incidência de cláusula restritiva desse direito. Em caso de incidência de alguma cláusula de restrição do direito fundamental, não se produz o direito definitivo, inde-

---

[469] Cf. ALEXY, *Teoria de los derechos...*, p. 112.

[470] Cf. Ibidem, p. 114.

[471] Cf. Ibidem, p. 115.

[472] Cf. ALEXY, *Teoria de los derechos...*, p. 272. As restrições aos direitos fundamentais vão sempre encontrar fundamento na Constituição, pois se dão por normas constitucionais ou por normas infraconstitucionais produzidas com base em autorização da própria Constituição. As primeiras são ditas "*restrições diretamente constitucionais*" e as segundas, "*restrições indiretamente constitucionais*" (Ibidem, p. 277). Na explicitação de Alexy, uma regra é uma restrição "quando, com sua vigência, "em lugar de uma liberdade jusfundamental *prima facie* ou de um direito jusfundamental *prima facie*, aparece uma não-liberdade definitiva ou um não-direito definitivo de igual conteúdo". Assim, a regra que obriga os motoristas ao uso de capacetes é uma restrição ao direito fundamental porque, face sua vigência, em lugar da liberdade *prima facie* de usar ou não o capacete, aparece a não-liberdade definitiva (Ibidem, p. 274). Por seu lado, um princípio é uma restrição a um direito fundamental quando "é uma razão para que, em lugar de uma liberdade jusfundamental ou um direito fundamental *prima facie*, apareça uma liberdade definitiva ou um não-direito de igual conteúdo" (Ibidem, p. 276).

pendentemente da realização do tipo normativo da norma de direito fundamental.[473] Essa compreensão somente é possível se pressuposta uma teoria externa das restrições aos direitos fundamentais, que é a que faz a distinção entre um direito *prima facie* e um direito definitivo, o último passível de realização judicial. Em um primeiro momento, indaga-se se uma determinada ação ou omissão é conteúdo de um direito *prima facie*. Caso reconhecida a existência de um direito fundamental *prima facie*, no segundo momento, deve-se investigar se o ordenamento jurídico prevê normas que estabeleçam restrições àquele direito fundamental. Encontradas essas normas restritivas, o terceiro momento é o exame da proporcionalidade.[474]

É exatamente isso que ocorre com os direitos fundamentais a prestações em sentido estrito. Como princípios, os direitos fundamentais a prestações contêm obrigações a serem otimizadas conforme as possibilidades fácticas e jurídicas existentes, constituindo-se, então, em mandados de ações universais no sentido de que exigem *prima facie* o cumprimento de "*todas*" as ações que favoreçam sua realização.[475] A estrutura é esta: se a promoção do fim F (*preservação do ambiente*) somente se dá com a realização da medida M (*tratamento de resíduos de uma indústria*), então a utilização da medida M está ordenada. Surge aqui uma contradição, na medida em que seria possível fáctica e juridicamente a execução de todas as ações para a promoção do fim. A solução está, então, na distinção entre um "nível de ação" e um "nível de ponderação". No primeiro nível, efetivamente os princípios de direitos fundamentais a prestações em sentido estrito são mandados universais porque até que seja realizada a ponderação, nenhuma ação de promoção está ordenada definitivamente. É no segundo nível, pela ponderação, que se dá a passagem da obrigação *prima facie* para a obrigação definitiva. Nesse ponto, desenvolveu-se a aplicação da proporcionalidade no sentido da "proibição da não-suficiência" que exige que se alguém está obrigado a uma ação, não pode deixar de alcançá-la em limites pelo menos mínimos. Aqui, igualmente, a proporcionalidade se deixa decompor pela adequação no sentido da proibição de não-suficiência, pela necessidade no sentido da proibição de não-suficiência e pela proporcionalidade em sentido restrito no sentido da proibição de não-suficiência. Com base em Borowski,

---

[473] Cf. LEIVAS, *A estrutura normativa...*, p. 45. Na formulação de Leivas, está empregado o conceito estrito de tipo normativo em que se compreende apenas aquilo que é concedido *prima facie* pelas normas de direito fundamental, sem considerar as restrições. Assim, para que se dêem as conseqüências jurídicas definitivas de direito fundamental, o tipo normativo deve estar satisfeito e a cláusula restritiva não (Ibidem, p. 49).

[474] Cf. Ibidem, p. 47. Diferentemente da teoria externa dos direitos fundamentais, a teoria interna dos direitos fundamentais começa pelos direitos definitivos, não admitindo que o conteúdo do direito seja objeto de restrições externas (Ibidem, p. 46). Na atualidade, prevalece o entendimento de que os direitos fundamentais devem ser entendidos como direitos do indivíduo contra o Estado, segundo a concepção da teoria externa (Ibidem, p. 48).

[475] Cf. LEIVAS, *A estrutura normativa...*, p. 57.

Direito Fundamental ao Ambiente

183

observa Leivas que uma medida estatal é *adequada* no sentido da proibição de não-suficiência se ela é capaz de realizar o objetivo exigido pela norma que obriga o Estado a agir. Se o meio M1 não é adequado para realizar o objetivo exigido pelo princípio P1, então ele está proibido, devendo-se buscar os meios adequados. Por outro lado, uma medida estatal não é *necessária* no sentido da proibição de não-suficiência se a realização do objetivo exigido pela norma de direito fundamental que obriga o Estado a agir pode ser alcançada em igual ou maior medida, porém afetando em menor intensidade os direitos fundamentais colidentes. Se tanto M1 e M2 são adequados, sendo ambos aptos a alcançar em igual medida a realização do princípio P1, mas M2 afeta em menor intensidade a realização do princípio colidente P2, então está proibido M1. Por fim, se o meio M2 é adequado e necessário, então se deve proceder ao exame do grau de intensidade de satisfação do princípio P1, utilizando-se a escala triádica de intensidade já referida. Essa mesma escala deve ser utilizada para verificar o grau de intensidade da afetação que o meio M2 produz no princípio colidente P2. Se essa afetação é grave, e a satisfação do princípio P1 é apenas leve, então M2, muito embora adequado e necessário, está proibido no sentido da proibição de não-suficiência. Deve-se buscar, desse modo, outros meios para a realização do fim exigido pelo princípio P1. Da aplicação da proporcionalidade, resulta isto: *i*) nenhum meio é exigido definitivamente; *ii*) somente um meio satisfaz os requisitos, sendo exigido definitivamente; *iii*) vários meios satisfazem os requisitos. Nas duas primeiras hipóteses, o resultado é definitivo. Na terceira, para se saber a respeito do que é exigido definitivamente, será necessária uma ponderação de segundo nível baseada numa relação entre a intensidade de satisfação e a intensidade do prejuízo aos princípios colidentes. Nesse caso, a definição do definitivamente exigido deve-se preferir a ação estatal com a máxima intensidade de satisfação.[476]

Uma posição fundamental jurídica a prestações em sentido estrito estará definitivamente assegurada se assim muito exigir o princípio do direito fundamental ao ambiente e os princípios da divisão dos poderes e da democracia, bem como os princípios materiais opostos[477] são atingidos em uma medida relativamente reduzida na hipótese de se assegurar essa mesma posição fundamental jurídica no caso concreto. No esquema de ponderação, a existência de uma posição fundamental jurídica definitiva a uma prestação em sentido estrito está condicionada a razões que justifiquem, conforme a situação em concreto, a prevalência do princípio do direito fundamental ao ambiente em relação aos outros princípios como, por exemplo, o da divisão

---

[476] Cf. LEIVAS, *A estrutura normativa...*,. 59-62.
[477] Por exemplo, o princípio da disponibilidade orçamentária.

dos poderes, o da democracia[478] e os próprios principais materiais que ordenam em sentido contrário. Conforme visto, a prevalência de um princípio em uma determinada situação concreta não significa o comprometimento absoluto da valência dos outros princípios, mas apenas um sacrifício pela redução do grau que cada um normalmente produz sobre o ordenamento jurídico. Como deixa saber Alexy, em colisões de princípios como a que ocorre entre o direito individual à fruição da natureza e o bem coletivo da proteção ambiental, não se trata de "despedir um de ambos os princípios do sistema", mas de "otimizar ambos os princípios no sistema", o que se obtém "somente pela fixação de primazias, mais ou menos concretas, definitivas, condicionadas, assim como pela determinação de primazias-*prima facie*".[479]

Em relação às objeções que são normalmente apresentadas ao reconhecimento de direitos definitivos a prestações em sentido estrito, Alexy observa que o modelo que propõe oferece uma base para uma versão mais exata do conteúdo correto da primazia do aspecto objetivo dos direitos fundamentais, especificamente a partir da teoria dos princípios. Conforme esse modelo, um indivíduo tem um direito subjetivo definitivo a prestação em sentido estrito quando o princípio da liberdade fáctica tem um peso maior que os princípios formais e materiais opostos conjuntamente considerados, exatamente como ocorre nas hipóteses dos chamados "direitos mínimos".[480] Faz-se referência a esses direitos mínimos definitivos quando direitos públicos subjetivos a prestações justiciáveis são contrapostos a um conteúdo objetivo excessivo. Observa Alexy que os direitos *prima facie* têm sempre "algo excessivo" em relação aos direitos definitivos que são resultado de uma ponderação. O conceito de excessivo não está ligado à dicotomia subjetivo/objetivo. Aos direitos *prima facie* correspondem deveres *prima facie* no sentido de que o Estado deve atuar para que as liberdades jurídicas dos titulares dos direitos fundamentais sejam igualmente liberdades fácticas. Por essa razão, este plano objetivo não é "*meramente* objetivo senão *também* objetivo".[481] Os deveres *prima facie* do Estado têm, considerados os deveres definitivos, um conteúdo claramente excessivo, isso não significando que não sejam vinculantes. Assim, seria um erro considerar os

---

[478] O princípio democrático recomenda que deve ser mais ampla possível a competência do legislador democraticamente legitimado. Diz, ainda, que se tudo o que é importante para o indivíduo devesse ser determinado pelos direitos fundamentais, ao legislador somente seriam reservadas aquelas questões de pouco significado. Porém, adverte Alexy, o princípio democrático exige justamente que ao legislador seja reservado decidir sobre questões importantes [Cf. ALEXY, *Teoria de los derechos...*, p. 433].

[479] Cf. ALEXY, Robert. Fundamentação jurídica, sistema e coerência. Tradução de Luís Afonso Heck. *No prelo*. Este artigo encontra-se publicado em Staatsphilosophie und Rechtspolitik für Martin Kriele zum 65. Geburtstag, München: Beck Verlag, 1997, S. 95 ff. Herausgegeben von Burkhardt Ziemske, Theo Langheid, Henrich Wilms, Görg Haverkate.

[480] Cf. Ibidem, p. 499.

[481] Cf. ALEXY, *Teoria de los derechos...*, p. 500.

Direito Fundamental ao Ambiente

185

deveres *prima facie* como deveres não-vinculantes ou simples enunciados programáticos pelo só-fato de que não correspondem a deveres definitivos. O fato de que aos deveres *prima facie* não correspondam direitos definitivos não implica que os deveres *prima facie* significam tão-somente enunciados programáticos. Há uma diferença substancial entre deveres *prima facie* e deveres juridicamente não-vinculantes já que os deveres *prima facie* devem ser estabelecidos por meio de ponderações, o que não ocorre com os deveres não-vinculantes. O não-cumprimento de um dever *prima facie* somente é aceitável caso se apresentar racionalmente justificado de modo que um dever *prima facie* pode, não existindo nenhuma razão aceitável para o seu descumprimento, conduzir a um dever definitivo.[482] Por outro lado, o não-cumprimento de um dever não-vinculante jamais pode levar à configuração de um dever definitivo.

Haverá efetivamente "equiparação" entre vinculação jurídica e controle judicial, pois a primeira implica o segundo. Para que a rejeição dessa equiparação possa ser considerada correta, teria que ser entendida como uma referência às peculiaridades de um controle judicial do cumprimento dos deveres *prima facie* do Estado. Segundo Alexy, essas peculiaridades consistiriam em duas coisas. Por um lado, não pode ser objeto de controle judicial o cumprimento de tudo o que exige um dever *prima facie*, mas somente o resultado como dever definitivo à luz dos deveres *prima facie* opostos. Por outro lado, tanto os princípios formais como os materiais têm um papel decisivo, especialmente o relativo à competência do legislador democraticamente legitimado. Essas duas coisas, conclui Alexy, em nada modificam o fato de, à luz dos princípios opostos, a atividade jurisdicional poder controlar se um dever *prima facie* foi satisfeito em medida suficiente.[483] Essa competência jurisdicional termina nos limites do definitivamente devido. Para além desses limites, os princípios são dotados de exigências normativas ao legislador. Um legislador que cumpre princípios de direitos fundamentais para além do âmbito do definitivamente devido cumpre normas de direito fundamental, ainda que para isso não esteja obrigado definitivamente. Nesse caso, o legislador não pode ser obrigado por um Tribunal Constitucional.[484]

Segundo Alexy, enquanto direitos subjetivos, todos os direitos a prestações em sentido estrito apresentam relações trivalentes entre o titular do direito fundamental, o Estado e uma ação positiva do Estado. Cada vez que existe uma relação desse tipo entre o titular de um direito fundamental e o Estado, o titular do direito fundamental tem "competência" para "exigir

---

[482] Cf. ALEXY, *Teoria de los derechos...*, p. 500.
[483] Cf. Ibidem, p. 501.
[484] Cf. Ibidem, p. 501.

judicialmente" o direito.[485] Além dessa estrutura e imponibilidade "perfeita", os direitos a prestações, bem como os direitos de defesa, têm um caráter *prima facie*, isto é, um caráter de princípios. Sobre essa questão, sustenta-se a compatibilidade entre o caráter de princípio e a imponibilidade perfeita tanto no âmbito dos direitos de defesa como em relação aos direitos a prestações. Cabe ser observado que se as normas que conferem direitos *prima facie* são dotadas de cláusulas restritivas, elas detêm o caráter de normas que certamente – sobretudo pelas ponderações – necessitam ser concretizadas, porém conferem direitos definitivos. Se o pressuposto de fato for satisfeito e a cláusula restritiva não for satisfeita, o titular terá um direito definitivo.[486]

Assim, está correto afirmar que as normas dos direitos fundamentais a prestações *podem* configurar posições fundamentais jurídicas definitivas. Também não há desacerto no enunciar que as normas dos direitos fundamentais podem corresponder às posições jurídicas que tradicionalmente são denominadas como direitos subjetivos.

Para que se chegue até a correção desses enunciados, primeiro, é necessário aceitar o pressuposto da distinção das normas jurídicas em regras e princípios. Segundo, deve-se acolher o pressuposto de que os direitos fundamentais e, assim, os direitos fundamentais a prestações em sentido estrito, em determinado ordenamento jurídico, podem ser apresentados como regras ou como princípios. Terceiro, se os direitos fundamentais a prestações em sentido estrito apresentam o caráter de princípio, então eles poderão configurar posições fundamentais jurídicas definitivas ou posições fundamentais jurídicas *prima facie*. Na primeira hipótese, pode-se falar em direito definitivo e, assim, direito subjetivo. Porém, apresentado um direito fundamental a prestações em sentido estrito com o caráter de princípio, será correto dizer-se que ele configura uma posição fundamental jurídica *prima facie* ou um direito *prima facie*. Somente após a superação da colisão com outro princípio oposto, em determinado caso concreto, será possível falar-se em direito definitivo. É nesse ponto que entra em análise a teoria externa das restrições aos direitos fundamentais. Princípios como o da democracia ou o da divisão dos poderes, relativamente aos direitos fundamentais a prestações em sentido estrito e a possibilidade de que eles possam ser objeto de apreciação no âmbito da atividade jurisdicional, atuam precisamente como restrições à transformação de posições fundamentais jurídicas *prima facie* para posições fundamentais jurídicas definitivas. Se são restrições aos direitos fundamentais, em algumas situações não poderão ser superadas,

---

[485] Cf. Ibidem, p. 431. Isso significa dizer que se um titular de um direito fundamental *a* tem um direito frente ao Estado (*e*) a que este realize a ação positiva *h*, então, o Estado tem frente a *a* o dever de realizar *h*.

[486] Cf. ALEXY, *Teoria de los derechos...*, p. 431.

Direito Fundamental ao Ambiente

187

mas em outras poderão sê-lo se assim recomendar a análise da proporcionalidade em sentido restrito. Os direitos fundamentais a prestações em sentido estrito configuram posições fundamentais jurídicas *prima facie*. Submetidos à ponderação com outros princípios, sejam formais como o da democracia, o da divisão dos poderes, do qual decorre a competência do administrador e do legislativo para a proposição e aprovação da legislação orçamentária, sejam materiais como os exigidos por outros direitos fundamentais, serão ou não posições fundamentais jurídicas definitivas, conforme as condições do caso concreto.

Somente a partir de um modelo assim construído será possível responder-se, corretamente, às objeções à realização do direito fundamental ao ambiente a prestações em sentido estrito. Sem embargo, é interessante observar que as decisões da jurisprudência brasileira, favoráveis ao reconhecimento de posições fundamentais jurídicas definitivas a prestações em sentido estrito não fazem referência expressa às bases teóricas do modelo configurado. Ao invés de recorrerem ao modelo de ponderação de princípios e ao sistema de posições fundamentais jurídicas definitivas e *prima facie*, as decisões afastam as objeções relativas à delimitação de competência das funções estatais e à disponibilidade financeira sob o argumento de que elas não podem impedir à satisfação do direito fundamental ao ambiente pela realização de prestações em sentido estrito. Outra particularidade dessas decisões é que a discussão em torno do reconhecimento de posições fundamentais jurídicas definitivas do direito fundamental ao ambiente a prestações em sentido estrito é normalmente localizada no âmbito da denominada discricionariedade administrativa.

Em quatro decisões recolhidas da jurisprudência do Tribunal de Justiça do Rio Grande do Sul, muito embora a ponderação de princípios que se propõe não tenha sido sequer cogitada, reconheceu-se a existência de posição fundamental jurídica definitiva a prestações em sentido estrito, resultando a entidade federativa obrigada a executar prestações materiais fácticas em decorrência do direito fundamental ao ambiente. Em ação civil pública promovida contra o Município de Marau, pelos prejuízos causados ao ambiente em decorrência do depósito de lixo urbano, impôs-se a obrigação de fazer consistente no "monitoramento da área, cobertura adequada e recolhimento dos líquidos drenados", bem como na realização de outras obras "necessárias à recomposição do terreno a um mínimo aceitável".[487] Em ação civil pública promovida contra o Município de São Leopoldo, em atenção aos prejuízos causados ao ambiente pelo depósito diário de aproximadamente oitenta toneladas de lixo em área ambiental de preservação permanente, o Tribunal confirmou sentença de primeira instância que con-

---

[487] Cf. TJRS. Ap. Cív. 596171538. j. 13/05/1998. Disponível em: http://www.tj.rs.gov.br. Acesso em: 10 nov. 2003.

denou a entidade federativa a prestações em sentido estrito, consistentes em: *i*) promover a restauração da região atingida, corrigindo as imperfeições técnicas apontadas pelo órgão ambiental; *ii*) promover a "amenização da declividade dos taludes de lixo existentes e posterior cobertura da terra"; *iii*) executar um sistema de drenagem, acumulação e tratamento de líquidos percolados, evitando o contato com os cursos d'água; e *iv*) "a colocação e compactação de camada suplementar de terra em toda a área com a adoção de medidas mitigatórias dos processos erosivos".[488] Em ação civil pública ajuizada contra o Estado do Rio Grande do Sul e o Município de Porto Alegre para a recuperação da Praia do Gasômetro, o Tribunal impôs à entidade federativa municipal a obrigação de realizar a construção de estações de tratamento de esgoto no prazo de seis anos, ressaltando que isso não significa ingresso da atividade jurisdicional no mérito da ação administrativas, mas adequação do comportamento da administração às necessidades da população e à preservação da saúde pública.[489] No mesmo sentido, em ação civil pública promovida para condenar o Município de Rio Grande à medida de despoluir as "águas salinas nas áreas comprometidas pelos lançamentos dos efluentes pluviais com dejetos cloacais", bem como proceder à "localização e vedação de dutos, encanamentos e valas que destinam esgotos cloacais às redes pluviais", no Balneário do Cassino, mesmo sem examinar as questões normalmente suscitadas ao ensejo da exigibilidade de prestações positivas materiais devidas pelo direito ao ambiente, o Tribunal reconheceu a obrigação de "reparação dos prejuízos causados, consistente na realização de obras voltadas à recuperação da área degradada".[490]

---

[488] Cf. TJRS. Reex. Nec. 598060119. j. 21/10/1998. Disponível em: http://www.tj.rs.gov.br. Acesso em: 10 nov. 2003.

[489] Cf. TJRS. Ap. Cív. 597247642. j. 30/09/1998. Disponível em: http://www.tj.rs.gov.br. Acesso em: 10 nov. 2003.

[490] Cf. TJRS. Ap. Cív. 70000352237. j. 16/03/2000. Disponível em: http://www.tj.rs.gov.br. Acesso em: 10 nov. 2003. Nessa decisão, fez-se referência outra decisão do Tribunal de Justiça do Rio Grande do Sul, na qual se entendeu que "constatada a existência de prejuízos ao meio ambiente causados pelo depósito irregular de lixo em local inapropriado, sem que para tanto providenciasse o Município responsável autorização pelas autoridades ambientais competentes, agindo contrariamente às orientações por elas determinadas, plenamente admissível, além de inevitável, a sua condenação, como agente poluidor, à reparação dos prejuízos causados, consistente na realização de obras voltadas à recuperação da área degradada e pagamento de indenizações dos danos já causados a serem apurados em liquidação" [Cf. TJRS. Ap. Cív. 70000026625. j. 14/10/1999. Disponível em: http://www.tj.rs.gov.br. Acesso em: 10 nov. 2003]. Em decisão que envolve discussão a respeito do direito fundamental da criança e do adolescente, o Tribunal reconheceu a obrigação do Estado do Rio Grande do Sul à prestação em sentido estrito "para concretização dos programas regionalizados de atendimento ao menor infrator, privado de liberdade", observando que isso não significa "afronta ou negação ao poder discricionário da Administração Pública, mas simples exigência do cumprimento da lei", pois "discricionariedade administrativa jamais poderá ser confundida com arbitrariedade e até irresponsabilidade". Assim, entendeu-se que o poder discricionário do Estado, que lhe outorgaria o juízo da decisão sobre o local, conveniência e necessidade da construção de instalações para abrigos de adolescentes infratores, atingidos por medidas privativas de liberdade, não é ilimitado e tem seus parâmetros justamente nos limites da lei. Não há poder discricionário que afronte a lei ou desvirtue sua finalidade que é o bem comum. Afastou-se a

Direito Fundamental ao Ambiente

Da jurisprudência do Tribunal de Justiça de São Paulo, do mesmo modo, podem ser recolhidas decisões que reconhecem a possibilidade de exigibilidade jurisdicional de prestações em sentido estrito para realização do direito fundamental ao ambiente, hipóteses em que foram afastadas as objeções da discricionariedade da administração e da disponibilidade financeira imediata.[491] Em ação civil pública para a construção de um sistema de tratamento de esgotos, o Tribunal entendeu não haver discricionariedade administrativa à entidade federativa municipal para decidir sobre a conveniência e oportunidade para a realização das obras necessárias, acrescendo que o problema da disponibilidade orçamentária pode ser resolvido pela concessão do prazo para a execução das tarefas determinadas.[492] Nesse caso, a decisão rejeitou as objeções da delimitação de competência e dos custos financeiros para o fim de reconhecer posição fundamental jurídica definitiva à exigibilidade jurisdicional de prestações em sentido estrito para a realização do direito fundamental ao ambiente. Em outra ação civil pública, também envolvendo pretensão para a implantação de sistema de tratamento de esgoto, o Tribunal, considerando que se pretendia a proteção da "própria vida da população", entendeu que os atos administrativos, ainda que dotados de discricionariedade, podem e devem ser apreciados pelo Judiciário, devendo-se examinar exatamente sob a "necessidade ou não da intervenção" do poder público.[493] Em ação civil pública que pretendia que a entidade federativa municipal, além da cessação da atividade de depósito de lixo urbano, realizasse obras de recuperação da área ambiental degradada, o Tribunal entendeu ser "inviável a suscitada impossibilidade financeira, já que o problema deve ser tratado como uma das prioridades sociais da administração pública", ressaltando que "em matéria de meio ambiente, veri-

---

alegada violação ao princípio da separação dos poderes sob a argumentação de que a possibilidade de o poder judiciário examinar os atos praticados pelos agentes dos demais poderes é da essência do regime democrático [Cf. TJRS. Ap. Cív. 595133596. j. 18/03/1999. Disponível em: http://www.tj.rs.gov.br. Acesso em 10 nov. 2003].

[491] Cf. MIRRA, *Ação civil...*, p. 375.

[492] Citado por MARTINS JÚNIOR, Wallace Paiva. Despoluição das águas. *Revista dos Tribunais*, São Paulo, n. 720, p. 58-65, out., 1994, p. 64.

[493] Cf. TJSP. Ap. Cív. 246.776-1. j. 22/05/1997, *Jurisprudência do Tribunal de Justiça, Revista do Tribunal de Justiça de São Paulo, LEX*, São Paulo, n. 203, abr. 1998, p. 21. Na decisão, entendeu-se que "a discricionariedade do ato deve ser examinada sob a necessidade ou não da intervenção do poder público. A interpretação ultrapassada de interesse público, ou seja, interesse do Estado, é manifestamente incompleta, já que, em princípio, compete-lhe, acima de tudo, concorrer por todos os meios e modos, no sentido da preservação ecológica local. Este deve preocupar-se sobremaneira com o social, não pode estar voltado para si. Ressalte-se que há interesse pertinente de toda a sociedade do lugar e o órgão jurisdicional está legitimamente impulsionado a realizar tarefa consistente em dirimir controvérsia na direção e na forma previstas pela ordem jurídica municipal, diversa, portanto, de pura deliberação de prática de atos de administração, onde certamente não lhe seria lícito intervir" (p. 21). Nesta decisão, entendeu-se pela "prevalência do interesse da coletividade sobre o alegado exame de conveniência e oportunidade" (p. 20).

ficado o dano e seu agente, a ninguém é permitido se eximir do dever de repará-lo ou indenizá-lo, assim como se abster de provocá-lo".[494]

A jurisprudência do Superior Tribunal de Justiça, igualmente, registra precedente no sentido de que o direito fundamental ao ambiente configura posição fundamental jurídica definitiva a prestações em sentido estrito. Em ação civil pública promovida contra o Município de Goiana, o Tribunal entendeu devida a conduta da entidade federativa municipal consistente na adoção de medidas materiais para a recuperação de área ambiental degradada pelo depósito de lixo, erosão, assoreamento de córregos e mananciais, com base no argumento de que uma vez demonstrado o dano causado ao ambiente e o risco que isso representa para a população, "exige-se do poder público uma posição no sentido de fazer cessar as causas do dano e também de recuperar o que já foi deteriorado". É interessante observar que nessa decisão o argumento de que o assunto discutido se insere no âmbito da conveniência e oportunidade da decisão administrativa é rejeitado com o fundamento de que a questão diz respeito à responsabilidade civil do Estado por omissão, acrescentando-se a possibilidade de maior controle jurisdicional sobre o espaço da discricionariedade administrativa.[495]

O que todas essas decisões evidenciam é que as principais objeções ao reconhecimento de posições fundamentais jurídicas definitivas a prestações em sentido estrito – a delimitação de competência entre as funções estatais e os custos dos direitos – devem ser rejeitadas se assim recomendarem as circunstâncias do caso concreto. Em determinados casos, se muito exigir o direito fundamental ao ambiente, os princípios da divisão dos poderes e da disponibilidade orçamentária devem recuar na medida em que for necessária para a realização do direito fundamental. Ainda que não tenha feito qualquer referência a isso, uma decisão do Tribunal de Justiça do Rio Grande do Sul que não acolheu pretensão deduzida em ação civil pública para a implantação de rede de tratamento de esgoto pela entidade federativa municipal, curiosamente, aplicou o modelo dos princípios aqui formulado. Nessa decisão, o Tribunal entendeu carecer ao poder judiciário a competência para "determinar que o poder público implante redes de abastecimento de água ou de esgoto, o que se submete ao juízo de discricionariedade da administração, *tirante* hipóteses em que o descaso foi manifesto e a situação com isso acarretada se afaste do padrão estadual quanto a tais serviços ou, ainda, em que a poluição acarrete danos mais expressivos, afora aqueles naturalmente decorrentes da sua própria existência".[496] O que a decisão

---

[494] Citado por MIRRA, *Ação civil...*, p. 377.

[495] Cf. STJ. REsp. 429.570/GO. j. 11/03/2003. Disponível em: http://www.stj.gov.br. Acesso em: 11 maio 2004.

[496] Cf. TJRS. Ap. Cív. 596217075. j. 29/04/1998. Disponível em: http://www.tj.rs.gov.br. Acesso em: 10 nov. 2003 (sem itálico no original).

Direito Fundamental ao Ambiente

afirma, então, é que, nessas hipóteses de descaso manifesto, não há discricionariedade, devendo recuar o princípio da divisão dos poderes. A conclusão é que, se o *caso concreto* submetido ao Tribunal apresentasse outras circunstâncias, diversas e mais gravosas ao ambiente em relação às do caso concreto julgado, a decisão seria em outro sentido. Em outra decisão, recolhida do Tribunal de Justiça de São Paulo, reconheceu-se a "prevalência do interesse da coletividade sobre o alegado exame de conveniência e oportunidade da administração" para acolher pretensão deduzida em ação civil pública para a implantação de sistema de tratamento de um rio.[497] Muito embora essa decisão não faça qualquer referência ao modelo da ponderação de princípios, deve-se reconhecer que ela realiza uma ponderação entre o interesse da coletividade que exige a realização da prestação material consistente na execução das obras do sistema de tratamento dos detritos que estão sendo lançados diretamente no curso das águas de um rio e o princípio da delimitação da competência das funções estatais. Na hipótese, conforme o caso concreto, entendeu-se pela prevalência do interesse da coletividade em relação à delimitação da competência em favor da administração municipal. A análise de algumas decisões do Tribunal de Justiça do Rio Grande do Sul serve para evidenciar que o resultado da ponderação de princípios será um ou outro conforme os princípios em colisão. O Tribunal, quando está em jogo a realização do direito fundamental da criança e do adolescente, tem rejeitado as objeções formais normalmente apresentadas ao reconhecimento de posições fundamentais jurídicas definitivas, como bem demonstram as decisões prolatadas em ações civis públicas promovidas para a implementação de programas para atendimento de menores infratores.[498] Entretanto, quando está em jogo outro interesse como, por exemplo, a implementação de um serviço de defensoria pública e assistência judiciária aos necessitados, as decisões são em outro sentido, reconhecendo a prevalência do princípio da divisão dos poderes.[499]

O decisivo é que da configuração do direito fundamental ao ambiente como um todo podem ser extraídas posições fundamentais jurídicas que serão definitivas e *prima facie*, conforme o caso concreto, a partir de uma ponderação de princípios, entre os quais o da separação das funções estatais e o da disponibilidade orçamentária de uma determinada entidade federativa. A conseqüência é a rejeição de qualquer argumento que tenha como pressuposto a precedência incondicionada de um princípio sobre outro, a exemplo do que ocorre com aquele segundo qual o direito fundamental ao

---

[497] Cf. TJSP. Ap. Cív. 246.776-1, j. 22/05/97, Jurisprudência do Tribunal de Justiça, *Revista do Tribunal de Justiça de São Paulo*, *LEX*, n. 23, abr., 1998, p. 20.

[498] Cf. TJRS. Ap. Cív. 595133596, j. 12/03/1997; Disponível em: http://www.tj.rs.gov.br. Acesso em: 10 nov. 2003.

[499] Cf. TJRS. Ap. Civ. 70004823894. j. 25/09/2002. Disponível em: http://www.tj.rs.gov.br. Acesso em: 10 nov. 2003.

ambiente não pode ser satisfeito pela realização de prestações em sentido estrito porque assim determina o princípio da divisão dos poderes. Não há, *a priori*, a precedência do princípio da divisão dos poderes ou do princípio da disponibilidade orçamentária sobre o direito fundamental ao ambiente de modo a excluir, sempre, a configuração de posições fundamentais jurídicas definitivas a prestações em sentido estrito.

No Estado contemporâneo, o princípio da divisão dos poderes deve ser considerado como uma garantia institucional no sentido de organização interna do Estado, destinado a assegurar a realização dos direitos fundamentais, não sendo admissível que possa ser invocado pelos "detendores do poder de administração como fundamento precisamente para negar a preservação de um direito humano fundamental – o direito ao ambiente ecologicamente equilibrado – que se pretende alcançar com a supressão da omissão estatal lesiva".[500] Se o direito fundamental ao ambiente, conforme as circunstâncias de um determinado caso concreto, exige um determinado comportamento administrativo e isso não ocorre, resultando violação ao direito fundamental, a função jurisdicional pode ser chamada a atuar sem que tal configure violação ao princípio da divisão dos poderes. Aliás, a própria norma do art. 102, § 3º, da Constituição, permite que a omissão administrativa seja corrigida pela via da atuação jurisdicional. Deve-se compreender que a função jurisdicional "não cria políticas ambientais, mas apenas impõe aquelas já estabelecidas na Constituição ou na lei", não havendo razão para se argumentar que a decisão judicial que determina o tratamento de efluentes da rede pública de esgotos interfere nas opções de ordem técnica e política da administração.[501]

Se há, na Constituição, normas estabelecendo que o ambiente é bem de uso comum e essencial à sadia qualidade de vida e que todos têm direito ao ambiente, cabendo à coletividade e ao poder público o dever de defendê-lo e preservá-lo para as presentes e futuras gerais, então está configurado o direito fundamental ao ambiente que pode ser apresentado como mandamento a ser otimizado conforme as possibilidades fácticas e jurídicas. Desse modo, se as circunstâncias do caso concreto determinarem a precedência da satisfação do direito fundamental ao ambiente em relação aos princípios da divisão dos poderes ou da disponibilidade financeira, então estará configurada uma posição fundamental jurídica a prestações em sentido estrito, não se podendo cogitar de discricionariedade administrativa, pois "existindo o dever de atuar, não há margem para qualquer consideração de ordem técnica e política".[502] Se um determinado administrador municipal realiza

---

[500] Cf. MIRRA, *Ação civil...*, p. 380.

[501] Cf. MARINONI, *Tutela inibitória*, p. 108. No mesmo sentido, MIRRA, op. cit, p. 381.

[502] Cf. Ibidem, p. 103. Aliás, mesmo nas hipóteses em que a normalização estabelece uma competência discricionária, permitindo ao administrador agir ou não-agir, a sua decisão deve escolher a melhor

o depósito de lixo urbano em área de preservação, causando severa degradação ambiental, o comportamento de recuperar ou não a área afetada não se insere no âmbito da denominada discricionariedade administrativa e tampouco está excluído ao controle penetrante da função jurisdicional. Mesmo na hipótese em que seja admissível a opção administrativa entre agir e não-agir, haverá "possibilidade de apreciação jurisdicional do comportamento efetivamente adotado, seja ele positivo ou negativo, sendo possível sua correção pelo poder judiciário sempre que as circunstâncias do caso concreto permitirem concluir que não foi adotada a melhor solução".[503]

É decisivo compreender que, se as circunstâncias do caso concreto estão a favor da satisfação do direito fundamental ao ambiente pela realização de prestações em sentido estrito, porque assim determina a lei da ponderação, nesse sentido deve ser o comportamento administrativo. Se a hipótese concreta determina a precedência do direito fundamental ao ambiente, o princípio da divisão dos poderes sacrifica-se na medida necessária à realização da prestação em sentido estrito que for requerida pelo direito fundamental.

Desse modo, está correto dizer que os problemas da satisfação do direito fundamental ao ambiente a prestações em sentido estrito se resolvem como uma questão de ponderação de princípios. De um lado, está o direito fundamental ao ambiente que configura um mandamento a ser otimizado na medida das possibilidades fácticas e jurídicas e, de outro lado, os princípios que normalmente lhe são opostos quando se pretende a satisfação daquele direito fundamental pela realização de prestações em sentido estrito – os princípios da divisão das funções estatais e da disponibilidade orçamentária. No modelo que se propõe, não há uma precedência incondicional de um princípio sobre outros, pois os interesses em jogo estão abstratamente no mesmo nível, tudo devendo ser resolvido conforme o peso de cada um diante das circunstâncias do caso concreto. É o caso concreto que vai determinar a relação de precedência condicionada em que um princípio irá prevalecer sobre o outro. Assim, conforme as circunstâncias concretas de uma determinada situação de fato – significativa degradação ambiental de área de preservação causada pelo depósito de lixo urbano que está a exigir imediata recuperação sob pena de contaminação do rio do qual é retirada a água para abastecimento da população de uma cidade – o princípio que determina a realização das obras necessária à recuperação da área degradada terá precedência sobre os princípios opostos. Assim, sob essas condições, será possível falar-se na configuração de posições fundamentais jurídicas

solução possível para atender a finalidade normativa prevista pelo legislador diante do caso concreto, disso resultando que nem aí se pode excluir, *a priori*, a possibilidade de apreciação judicial da decisão administrativa que eventualmente optar pelo não-agir (Ibidem, p. 103).

[503] Cf. Ibidem, p. 105.

definitivas à realização das prestações em sentido estrito necessárias à satisfação do direito fundamental ao ambiente.

É necessário, antes de qualquer providência, verificar-se se a prestação em sentido estrito pretendida é conteúdo de uma posição fundamental jurídica *prima facie* do direito fundamental ao ambiente. Reconhecido isso, o segundo passo é pesquisar no ordenamento jurídico normas restrições ao direito fundamental ao ambiente. Encontradas essas restrições, passa-se ao exame do princípio da proporcionalidade. Desse modo, para se verificar a configuração de uma posição fundamental jurídica definitiva do direito fundamental ao ambiente a uma prestação em sentido estrito, pode-se recorrer ao exame da proporcionalidade que pressupõe uma relação de meio e fim, indagando-se por uma determinada medida em relação a uma determinada finalidade. Para a configuração de uma posição fundamental jurídica definitiva, que pressupõe já a existência de circunstâncias concretas que estabeleçam a prevalência do direito fundamental ao ambiente em relação aos princípios opostos – divisão dos poderes e disponibilidade orçamentária – a realização das prestações em sentido estrito, como, por exemplo, a implantação de um sistema de tratamento dos detritos que estão sendo lançados no rio de abastecimento de água da população de uma cidade, deve ser analisada como sendo: *i*) a medida concreta destinada a atingir a finalidade de realização do direito fundamental ao ambiente por intermédio de prestações em sentido estrito (idoneidade); *ii*) a medida menos restritiva possível dos princípios opostos daqueles possíveis para atingir a finalidade de pretendida (necessidade); e *iii*) a medida tão valiosa a ponto de justificar racionalmente a restrição dos princípios opostos (proporcionalidade em sentido restrito). Se, em uma determinada situação concreta, há duas prestações em sentido estrito que são igualmente úteis para a realização do direito fundamental ao ambiente, o exame da necessidade irá determinar que seja realizada aquela prestação que for menos gravosa aos princípios opostos. Em atenção ao princípio da disponibilidade orçamentária, por exemplo, deve-se escolher aquela prestação em sentido estrito que for menos onerosa para o erário. O exame da proporcionalidade em sentido restrito requer verificar se a prestação em sentido estrito se justifica racionalmente ante o sacrifício dos princípios opostos. Assim, se muito exigir o direito fundamental ao ambiente a realização da prestação em sentido estrito consistente na implantação de um sistema de tratamento de esgoto, estará justificado o sacrifício do princípio da divisão dos poderes e o princípio da disponibilidade financeira, devendo-se reconhecer uma posição fundamental jurídica definitiva.

Desse modo, uma posição fundamental jurídica a uma prestação em sentido estrito deverá ser definitivamente assegurada se assim exigir o princípio do direito fundamental ao ambiente e os princípios opostos, como da divisão dos poderes e da disponibilidade orçamentária, foram sacrificados na medida necessária a se assegurar a prestação em sentido estrito requerida. Desse modo, a configuração de uma posição fundamental jurídica definitiva a uma prestação em sentido estrito está condicionada à existência de razões, no caso concreto, que justifiquem a prevalência do direito fundamental ao ambiente em relação aos outros princípios, conforme o princípio da proporcionalidade.

Conclusão

Esta investigação demonstrou, a partir da constitucionalização do ambiente e da subseqüente normalização infraconstitucional do legislador ordinário, a configuração jurídica do direito fundamental ao ambiente que é a de um todo de direitos subjetivos dispostos em um sistema analítico de posições fundamentais jurídicas. Isso, como comprovado racionalmente, é representado por um feixe de posições fundamentais jurídicas reunidas por uma disposição de direito fundamental em um direito fundamental que vincula juridicamente. Nesse sentido, conforme a norma do direito fundamental ao ambiente assuma o caráter de regra ou de princípio, as posições fundamentais jurídicas são definitivas e *prima facie*.

Considerada a tríplice divisão dessas posições fundamentais jurídicas em direito a algo, liberdade e competência, aqui restou racionalmente demonstrado que o direito fundamental ao ambiente é integrado por um conjunto de posições fundamentais jurídicas definitivas e *prima facie* a algo consubstanciado em prestações em sentido amplo. Com base nessa estrutura, restou comprovado que direito fundamental ao ambiente é um direito que comporta uma tríplice divisão das prestações, configurando direito à proteção, direito à organização e ao procedimento e direito a prestações em sentido estrito.

O direito à proteção, conforme demonstrado, significa a configuração de posições fundamentais jurídicas à realização de ações normativas e/ou fácticas impeditivas de que terceiros se comportem de modo lesivo ao ambiente. À medida que o Estado, por intermédio de normas de Direito penal, de Direito administrativo sancionador e pelo estabelecimento da função ambiental da propriedade, proíbe certas condutas e restringe comportamentos lesivos ao ambiente, protegendo-o contra comportamento de terceiros, resulta claro que essa normalização integra o conjunto de posições fundamentais jurídicas do direito fundamental ao ambiente. Do mesmo modo, o direito fundamental ao ambiente configura posições fundamentais jurídicas definitivas e *prima facie* a fim de que o Estado atue positivamente para criar organizações em sentido estrito e procedimentos em sentido estrito, disso

Direito Fundamental ao Ambiente

resultando que a atuação das organizações estatais e a decisão final dos procedimentos devem ser conforme o direito fundamental ao ambiente. Por fim, esta investigação demonstrou que encontra justificação racional a configuração de posições fundamentais jurídicas definitivas e *prima facie* para que o Estado atue positivamente no sentido de realizar prestações em sentido estrito que têm por objeto ações positivas fácticas. A questão formulada a respeito da possibilidade de configuração de posição fundamental jurídica definitiva à prestação em sentido estrito foi resolvida como uma questão de ponderação de princípios. Conforme as circunstâncias do caso concreto, uma posição fundamental jurídica definitiva a uma prestação em sentido estrito estará configurada se assim recomendar a ponderação do princípio do direito fundamental ao ambiente com o princípio ou os princípios que lhe forem contrapostos, para o que será decisivo o princípio da proporcionalidade, sobretudo, o princípio parcial do princípio da proporcionalidade em sentido restrito.

Referências

ABRAMOVICH, Victor; COURTIS, Christian. *Los derechos sociales como derechos exigibles*. Madrid: Trotta, 2002.

ACKER, Francisco Thomaz Van. Breves considerações sobre a Resolução 237, de 19.12.1997, do Conama, que estabelece critérios para o licenciamento ambiental. *Revista de Direito Ambiental*, São Paulo, n. 8, p. 165-169, out./dez. 1997.

AFONSO DA SILVA, José. *Aplicabilidade das normas constitucionais*. 4. ed. São Paulo: Malheiros, 2000.

——. *Direito ambiental constitucional*. São Paulo: Malheiros, 2002.

——. Fundamentos constitucionais da proteção do meio ambiente. *Revista de Direito Ambiental*, São Paulo, n. 27, p. 51-57, jul./set. 2002.

ALEXY, Robert. Colisão de direitos fundamentais e realização de direitos fundamentais no estado de direito. *Revista da Faculdade de Direito da Universidade Federal do Rio Grande do Sul*, Porto Alegre, n. 17, 1999.

——. *El concepto e la validez del derecho*. 2. ed. Traducción Jorge M. Seña. Madrid: Gedisa, 1997.

——. Constitutional rights, balancing, and rationality. *Ratio Juris,* Oxford, v. 16, n. 2, p. 131-140, jun., 2003.

——. Direito constitucional e direito ordinário. Jurisdição constitucional e jurisdição especializada. Tradução Luís Afonso Heck. *Revista dos Tribunais*, São Paulo, n. 799, p. 33-51, maio 2002.

——. Direitos fundamentais no Estado constitucional democrático. Tradução Luís Afonso Heck. *Revista de Direito Administrativo*, Rio de Janeiro, n. 217, p. 55-66, jul./set. 1999.

——. A fórmula do peso. Tradução Luís Afonso Heck. *No prelo*. Artigo publicado em Gedächtnisschrift für Jürgen Sonnenschein. Joachim Jickeli/Peter Kreutz/Dieter Reuter (Hg.). Berlim 203, S. 771 ff.

——. Fundamentação jurídica, sistema e coerência. Tradução de Luís Afonso Heck. *No prelo*. Artigo publicado em Staatsphilosophie und Rechtspolitik für Martin Kriele zum 65. Geburtstag, München: Beck Verlag, 1997, S. 95 ff. Herausgegeben von Burkhardt Ziemske, Theo Langheid, Henrich Wilms, Görg Haverkate.

——. *Teoría de la argumentación jurídica*. Traducción Manuel Atienza, Isabel Espejo. Madrid: Centro de Estudios Políticos y Constitucionales, 1997.

——. *Teoría de los derechos fundamentales*. Traducción Ernesto Garzón Valdez. Madrid: Centro de Estudios Políticos y Constitucionales, 2001.

——. Vícios no exercício do poder discricionário. *Revista dos Tribunais*, São Paulo, v. 799, p. 1-46, set. 2000.

Direito Fundamental ao Ambiente

ALMEIDA, Fernanda Dias Menezes de. *Competências na Constituição de 1988*. 2. ed. São Paulo: Atlas, 2000.

ALMEIDA, Gregório Assagra de. *Direito processual coletivo brasileiro*. São Paulo: Saraiva, 2003.

ALONSO JÚNIOR, Hamilton. O autolicenciamento ambiental. In: FINK, Daniel Roberto; ALONSO JÚNIOR., Hamilton; DAWALBI, Marcelo. *Aspectos jurídicos do licenciamento ambiental*. São Paulo: Forense Universitária, 2002. p. 51-68,

———. Da competência para o licenciamento ambiental. In: FINK, Daniel Roberto; ALONSO JÚNIOR., Hamilton; DAWALBI, Marcelo. *Aspectos jurídicos do licenciamento ambiental*. São Paulo: Forense Universitária, 2002.

AMARAL, Diogo Freitas do Amaral. Lei de bases do ambiente e lei das associações de defesa do ambiente. In: AMARAL, Diogo Freitas do; ALMEIDA, Marta Tavares de (Coord.). *Direito do ambiente*. Oeiras: Instituto Nacional de Administração, 1994.

ANTUNES, Paulo de Bessa. *Direito ambiental*. Rio de Janeiro: Lumen Juris, 2002.

ÁVILA, Humberto. A distinção entre princípios e regras e a redefinição do dever de proporcionalidade. *Revista de Direito Administrativo*, Rio de Janeiro, n. 215, p. 151-179, jan./mar. 1999.

———. *A teoria dos princípios*. São Paulo: Malheiros, 2003.

BACIGALUPO, Silvina. El problema del sujeto del derecho penal: la responsabilidad de las personas jurídicas. *Revista Ibero-Americana de Direito Penal*, Porto Alegre, n. 1, p. 289-312, set./dez. 2000.

———. *La responsabilidad penal de las personas jurídicas*. Barcelona: Boschi, 2002.

BARROS, Suzana de Toledo. *O princípio da proporcionalidade e o controle de constitucionalidade das leis restritivas de direitos fundamentais*. Brasília: Brasília Jurídica, 2003.

BARROSO, Luís Roberto. A Proteção do meio ambiente na Constituição brasileira. *Cadernos de Direito Constitucional e Ciência Política*, São Paulo, n. 1, p. 115-140, out./dez. 1992.

BATISTA DA SILVA, Ovídio A. *Curso de processo civil*. São Paulo: Revista dos Tribunais, 2003. v.1.

BENDA, Ernest. El estado social de derecho. In: BENDA; MAIHOFER; VOGEL; HESSE; HEYDE. *Manual de derecho constitucional*. 2. ed. Madrid: Marcial Pons, 2001.

BÖCKENFORDE, Ernest-Wolfgang. *Escritos sobre derechos fundamentales*. Traducción Juan Luis Pagés; Ignacio Villaverde Menéndez. Baden-Baden: Nomos, 1993.

BORGES, Roxana Cardoso Brasileiro. *Função ambiental da propriedade rural*. São Paulo: LTr., 1999.

———. Função social da propriedade. *Revista de Direito Ambiental*, São Paulo, n. 9, p. 67-85, jan./mar., 1998.

CALABRESI, Guido; BOBBIT, Philip. *Tragic choices*. New York, London: W. W. Norton, 1978.

CANARIS, Claus-Wilhelm. *Pensamento sistemático e conceito de sistema na ciência do direito*. Tradução de A. Menezes Cordeiro. Lisboa: Gulbenkian. 1996.

CANOTILHO, Joaquim José Gomes. *Acesso à justiça em matéria de ambiente e de consumo:* privatismo, associacionismo e publicismo no direito do ambiente. Disponível em: http://www.diramb.gov.pt. Acesso em 22 out. 2003.

———. *Direito constitucional*. 6. ed. Coimbra: Almedina, 1993.

——. Estado constitucional ecológico e democracia sustentada. In: SARLET, Ingo Wolfang (Org.) *Direitos fundamentais sociais:* estudos de direito constitucional, internacional e comparado. Rio de Janeiro: Renovar, 2003.

——. *Proteção do ambiente e direito de propriedade.* Coimbra: Coimbra, 1995.

——. Rever ou romper com a constituição dirigente? Defesa de um constitucionalismo moralmente reflexivo. *Cadernos de Direito Constitucional e Ciência Política*, São Paulo, n. 15, p. 7-17, abr./jun. 1996.

CAPELLA, Vicente Bellver. *Ecología:* de las razones a los derechos. Granada: Comares, 1994.

CAPPELLI, Sílvia. O estudo de impacto ambiental na realidade brasileira. *Revista do Ministério Público do Rio Grande do Sul*, Porto Alegre, n. 27, p. 45-60, 1992.

CARO CORIA, Dino Carlos. Pressupostos para la delimitación del bien jurídico-penal en los delitos contra el ambiente. *Revista Ibero-Americana de Ciências Penais*, Porto Alegre, n. 1, p. 267-287, set./dez., 2000.

CERNICHIARO, Luiz Vicente; COSTA JUNIOR, Paulo José da. *Direito penal na Constituição.* São Paulo: Revista dos Tribunais, 1991.

CERQUINHO, Maria Cuervo Silva Vaz. Do impacto ambiental. *Revista dos Tribunais*, São Paulo, n. 637, p. 20-40, nov. 1988.

COLAÇO ANTUNES, Luís Filipe. *O procedimento administrativo de avaliação de impacto ambiental.* Coimbra: Almedina, 1998.

COSTA, Flávio Dino de Castro e. Da infração administrativa. In: COSTA NETO, Nicolau Dino de Castro e; BELLO FILHO, Ney de Barros; e COSTA, Flávio Dino de Castro e. *Crimes e infrações administrativas ambientais.* Brasília: Brasília Jurídica, 2000.

DELGADO, José Augusto. Direito ambiental e competência municipal. *Revista Forense*, Rio de Janeiro, n. 317, p. 151-159, jan./mar. 1992.

DERANI, Cristiane. *Direito ambiental econômico.* 2. ed. São Paulo: Max Limonad, 2001.

——. A propriedade na Constituição de 1988 e o conteúdo da "função social". *Revista de Direito Ambiental*, São Paulo, n. 27, p. 58-69, jul./set., 2003.

D'IGNAZIO, Guerino. La protezione della natura nell'ordinamento italiano. In: MEZZETTI, Luca. *I diritti della natura.* Padova: Cedam, 1997.

DINAMARCO, Pedro da Silva. *Ação civil pública.* São Paulo: Saraiva, 2001.

DWORKIN, Ronald. *Los derechos en serio.* Tradução de Marta Gustavino. Barcelona: Ariel, 1999.

FABRE, Cécile. *Social rigths under the constitucion.* Oxford: Clarendon, 2000.

FARIAS, Paulo José Leite. *Competência federativa e proteção ambiental.* Porto Alegre: Fabris, 1999.

FERRANDO, Javier Domper. *El medio ambiente y la intervención administrativa en las actividades clasificadas.* Madrid: Civitas, 1992.

FERRARI, Regina Maria Macedo Nery. *Normas constitucionais programáticas.* São Paulo: Revista dos Tribunais, 2001.

FINK, Daniel Roberto; MACEDO, André Camargo Horta de. Roteiro para licenciamento ambiental e outras considerações. In: FINK, Daniel Roberto; ALONSO JÚNIOR, Hamilton; DAWALBI, Marcelo. *Aspectos jurídicos do licenciamento ambiental.* São Paulo: Forense Universitária, 2002. p. 20-21.

FIORILLO, Celso Antonio Pacheco. *Curso de direito ambiental.* São Paulo: Saraiva, 2000.

FORSTHOFF, Ernest. *Stato di diritto in trasformazione.* Tradução de L. Rriegert e C. Amirante. Milano: Giuffré, 1973.

Direito Fundamental ao Ambiente

FREITAS, Vladimir Passos de Freitas. *Direito administrativo e meio ambiente*. 3. ed. Curitiba: Juruá, 2003.

——; FREITAS, Gilberto Passos de. *Crimes contra a natureza*. São Paulo: Revista dos Tribunais, 2001.

GAPONE, Antoine. *O juiz e a democracia*. Tradução de Maria Luiza de Carvalho. 2. ed. Rio de Janeiro: Revan, 2001.

GARCIA DE ENTERRIA, Eduardo. *La Constitucion como norma e el Tribunal Constitucional*. Madrid: Civitas, 1994.

GONÇALVES LOUREIRO, João Carlos Simões. *O procedimento administrativo entre a eficácia e a garantia dos particulares*. Coimbra: Coimbra, 1995.

GRECO, Leonardo. Competências constitucionais em matéria ambiental. *Revista dos Tribunais*, São Paulo, p. 23-33, jan. 1993.

GRAU, Eros Roberto. Poder Discricionário. *Revista de Direito Público*, São Paulo, n. 93, p. 41-46, jan./mar., 1990.

GUASTINI, Riccardo. *Distinguindo*. Barcelona: Gedisa, 1999.

HART, Herbert L. A. *O conceito de direito*. Tradução de A. Ribeiro Mendes. 2. ed. Lisboa: Gulbenkian, 1994.

HECK, Luís Afonso. O controle normativo no direito constitucional brasileiro. *Revista dos Tribunais*, São Paulo, n. 800, p. 57-64, jul. 2002.

——. *A filosofia do direito de Robert Alexy*: a institucionalização da razão. *No prelo*.

——. Regras, princípios jurídicos e sua estrutura no pensamento de Robert Alexy. In: LEITE, George Salomão. (Org.). *Dos princípios constitucionais*. São Paulo: Malheiros, 2003. p. 52-100.

——. *O Tribunal Constitucional Federal e o desenvolvimento dos princípios constitucionais*. Porto Alegre: Fabris, 1995.

HESSE, Konrad. *Elementos de direito constitucional da República Federal da Alemanha*. Tradução de Luís Afonso Heck. Porto Alegre: Fabris, 1998.

——. *A força normativa da constituição*. Tradução de Gilmar Ferreira Mendes. Porto Alegre: Fabris, 1991.

——. Significado de los derechos fundamentales. In: BENDA; MAIHOFER; VOGEL; HESSE; HEYDE. *Manual de derecho constitucional*. 2. ed. Madrid: Marcial Pons, 2001.

HOLMES Stephen; SUNSTEIN, Cass R., *The cost of rights*. Cambridge: Harward University, 1999.

HORTA, Raul Machado. *Direito constitucional*. 3. ed. Belo Horizonte: Del Rey, 2002.

JELLINEK, Georg. *Sistema dei Diritti Pubblici Subbietivi*. Tradução de Gaetano Vitagliano. Milano: Societá Editrice Libraria, 1912.

KELSEN, Hans. *Jurisdição constitucional*. Tradução de Alexandre Krug, Eduardo Brandão, Maria Ermantina Galvão. São Paulo: Martins Fontes, 2003.

——. *Teoria pura do direito*. Tradução João Batista Machado. São Paulo: Martins Fontes, 2000.

KRELL, Andreas, J. *Discricionariedade administrativa e proteção ambiental*. Porto Alegre: Livraria do Advogado, 2004.

LARENZ, Karl. *Metodologia da ciência do direito*. Tradução de José Lamego. Lisboa: Gulbenkian. 1997.

LEITE, José Rubens Morato. *Dano ambiental:* do individual ao coletivo extrapatrimonial. São Paulo: Revista dos Tribunais, 2000.

LEITE, José Rubens Morato; AYALA, Patrick de Araújo. *Direito ambiental na sociedade de risco*. Rio de Janeiro: Forense Universitária, 2002.

LEIVAS, Paulo Gilberto Cogo. *A estrutura normativa dos direitos fundamentais sociais*. 2002. Dissertação (Mestrado em Direito)-Faculdade de Direito, Universidade Federal do Rio Grande do Sul, Porto Alegre, 2002.

LEME MACHADO, Paulo Afonso. *Direito ambiental brasileiro*. 9. ed. São Paulo: Malheiros, 2001.

——. O município e o direito ambiental. *Revista Forense*, Rio de Janeiro, n. 317, p.189-194, jan./mar. 1992.

LLORENTE, Francisco Rubio. *Derechos fundamentales y principios constitucionales*. Barcelona: Ariel, 1995.

LOEWENSTEIN, Karl. *Teoria de la Constitución*. Traducción Alfredo Gallego Anabitarte. Barcelona: Ariel, 1970.

LUÑO, Antonio Enrique Pérez. *Derechos humanos, estado de derecho y constitución*. 6 ed. Madrid: Tecnos, 1999.

MAGLIA, Stefano; SANTOLOCI, Maurizio. *Il Códice dell'Ambiente*. Piacenza: Casa Editrice la Tribuna, 2000.

MANCUSO, Rodolfo de Camargo. *Ação civil pública*. 7. ed. São Paulo: Revista dos Tribunais, 2001.

——. *Ação popular*. 4. ed. São Paulo: Revista dos Tribunais, 2001.

——. A ação civil pública como instrumento de controle das chamadas políticas públicas. In: MILARÉ, Édis (Coord.). *Ação civil pública*. São Paulo: Revista dos Tribunais, 2002. p. 753-798.

——. *Interesses difusos*. 3. ed. São Paulo: Revista dos Tribunais, 1994.

MARINONI, Luiz Guilherme. *Tutela específica*. São Paulo: Revista dos Tribunais, 2000.

——. *Tutela inibitória*. São Paulo: Revista dos Tribunais, 2003.

——; ARENHART, Sérgio Cruz. *Manual do processo de conhecimento*. 2.ed. São Paulo: Revista dos Tribunais, 2003.

MARTÍN MATEO, Ramon. *Derecho ambiental*. Madrid: Editorial Trivium, 1991. v.1.

——. *Tratado de derecho ambiental*. Madrid: Trivium, 1991. v.1.

MARTINS JÚNIOR., Wallace Paiva. Despoluição das águas. *Revista dos Tribunais*, São Paulo, n. 720, p. 58-65, out., 1994.

MARUM, Jorge Alberto de Oliveira. Meio ambiente e direitos humanos. *Revista de Direito Ambiental*, São Paulo, n. 28, p. 117-138, out./dez. 2002.

MAURER, Hartmut. *Elementos de direito administrativo alemão*. Tradução Luís Afonso Heck. Porto Alegre: Fabris, 2001.

MAZZILI, Hugo Nigro. *A defesa dos interesses difusos em juízo*. 16. ed. São Paulo: Saraiva, 2003.

MEIRELLES, Hely Lopes. *Direito administrativo brasileiro*. São Paulo: Malheiros, 2002.

——. *Mandado de segurança*. 25. ed. São Paulo: Malheiros, 2003.

MEZZETTI, Luca. Costituzione dell'ambiente e protezione della natura nell'ordinamento tedesco. In: MEZZETII, Luca. *I diritti della natura*. Padova: Cedam, 1997. p. 149-176.

MILARÉ, Edis (Coord). *Ação civil pública*. São Paulo: Revista dos Tribunais, 2002.

——. *Direito do ambiente*. São Paulo: Revista dos Tribunais, 2001.

MILARÉ, Edis; BENJAMIM, Antônio Herman. *Estudo prévio de impacto ambiental*. São Paulo: Revista dos Tribunais, 1993.

Direito Fundamental ao Ambiente

MILARÉ, Edis. Legislação ambiental e participação comunitária. *Revista dos Tribunais*, São Paulo, n. 651, p. 24-34, jan. 1990.

——; COSTA JUNIOR, Paulo José. *Direito penal ambiental: comentários à lei 9.605/98*. Campinas: Millenium, 2002.

MIRANDA, Jorge. *Manual de direito constitucional*. 4. ed. Coimbra: Coimbra, 2000. v.2.

MIRRA, Álvaro Luiz Valery. *Ação civil pública e a reparação do dano ao meio ambiente*. São Paulo: Juarez Oliveira, 2002.

——. Fundamentos do direito ambiental no Brasil. *Revista Trimestral de Direito Público*, São Paulo, n. 7, p. 170-197, 1994.

——. *Impacto ambiental*. São Paulo: Juarez de Oliveira, 2002.

——. Princípios fundamentais do direito ambiental. *Revista de Direito Ambiental*, São Paulo, n. 2, p. 50-66, abr./jun., 1996.

——. Um estudo sobre a legitimação para agir no direito processual civil. A legitimação ordinária do autor popular. *Revista dos Tribunais*, São Paulo, n. 618, p. 34-47, abr. 1987.

MONTESQUIEU, Charles de Secondat Baron de. *O Espírito das Leis*. Tradução Cristina Murachco. São Paulo: Martins Fontes, 1993.

MOREIRA NETO, Digo de Figueiredo. Competência concorrente limitada. O problema da conceituação das normas gerais. *Revista de Informação Legislativa*, Brasília, n. 100, p. 127-162, out./dez., 1988.

——. *Direito regulatório*. Rio de Janeiro: Renovar, 2003.

——. (Coord.). *Uma avaliação das tendências contemporâneas do direito administrativo*. Rio de Janeiro: Renovar, 2003.

MUSETTI, Rodrigo Andreotti. Uma reflexão sobre a "ecologia humana" a partir do direito ambiental como um direito fundamental. *Revista de Direito Ambiental*, n. 28, p. 250-251, 2002.

NEGRÃO, Theotonio. *Código de processo civil*. 24. ed. São Paulo: Malheiros, 1993.

NERY JÚNIOR., Nelson. Disposições finais. In: GRINOVER, Ada Pellegrini. *Código brasileiro de defesa do consumidor*. 5. ed. Rio de Janeiro: Forense Universitária, 1998. p. 711-818.

NIETO, Alejandro. *Derecho administrativo sancionador*. Madrid: Tecnos, 1994.

OLIVEIRA, Regis Fernandes de. *Infrações e sanções administrativas*. São Paulo: Revista dos Tribunais, 1985.

OLVERA, Oscar Rodríguez. *Teoría de los derechos sociales en la constitución abierta*. Granada: Comares, 1998.

OSÓRIO, Fábio Medina. *Direito administrativo sancionador*. São Paulo: Revista dos Tribunais, 2000.

——. O conceito de sanção administrativa no direito brasileiro. In: MOREIRA NETO, Diogo de Figueiredo (Coord.). *Uma avaliação das tendências contemporâneas do direito administrativo*. Rio de Janeiro: Renovar, 2003.

OST, François. *A natureza à margem da lei*. Tradução Joana Chaves. Lisboa: Instituto Piaget, 1995.

OTHON SIDOU, J. M. *"Habeas corpus", mandado de segurança, mandado de injunção, "habeas data", ação popular*. 6. ed. Rio de Janeiro: Forense, 2002.

PACCAGNELLA, Luiz Henrique. Função socioambiental da propriedade rural e áreas de preservação permanente e reserva florestal legal. *Revista de Direito Ambiental*, São Paulo, n. 8, p. 5-19, out./dez., 1997.

PASSOS, Lídia Helena Ferreira da Costa. Discricionariedade administrativa e justiça ambiental: novos desafios do poder judiciário nas ações civis públicas. In: MILARÉ, Édis (Coord.). *Ação civil pública*. São Paulo: Revista dos Tribunais, 2002.

PATTI, Salvatore. *La tutela civile dell'ambiente*. Padova: Cedam, 1979.

PECES-BARBA MARTÍNEZ, Gregório. *Curso de derechos fundamentales*. Madrid: Universidad Carlos III de Madrid, Boletín Oficial del Estado, 1999.

PELÁEZ, Francisco J. Contreras. *Derechos sociales: teoría e ideologia*. Madrid: Tecnos 1994.

PEREIRA, César A. Guimarães. Discricionariedade e apreciações técnicas da administração. *Revista de Direito Administrativo*, Rio de Janeiro, n. 231, p. 217-267, jan./mar., 2003.

PFEIFFER, Roberto Augusto Castellanos. A publicidade e o direito ao acesso a informação no licenciamento ambiental. *Revista de Direito Ambiental*, São Paulo, n. 8, p. 20-34 out./dez. 1997.

PORTO, Teresa Manso. La consumación em los delitos contra el médio ambiente: comparación de los modelos colombiano, español y aleman. In: LYNETT, Eduardo Montealegre. (Coord.). *El Funcionalismo en derecho penal*. Bogotá: Universidad Externado de Colombia, 2003.

POSTIGLIONE, Amadeo. Danno ambientale. In: MAGLIA, Stefano; SANTOLOCI, Maurizio. *Codice dell'ambiente*. Piacenza: La Tribuna, 2000.

PRADO, Luiz Regis. *Crimes ambientais contra o ambiente*. São Paulo: Revista dos Tribunais, 2001.

PUIG, Manoel Rebollo. El derecho administrativo sancionador. In: MOREIRA NETO, Diogo de Figueiredo (Coord.). *Uma avaliação das tendências contemporâneas do direito administrativo*. Rio de Janeiro: Renovar, 2003. p. 263-313.

RANGEL, Paulo Castro. *Concertação, programação e direito do ambiente*. Coimbra: Coimbra, 1994.

RAPISARDA, Cristina. *Profili della tutela civile inibitoria*. Padova: Cedam, 1987.

REHBINDER, Eckard. O direito do ambiente na Alemanha. In: AMARAL, Diogo Freitas do; ALMEIDA, Marta Tavares de (Coord.). *Direito do ambiente*. Oeiras: Instituto Nacional de Administração, 1994.

RIO GRANDE DO SUL, Ministério Público. *Coletânea de Legislação Ambiental*. Porto Alegre: Procuradoria-Geral de Justiça, 2003.

———. *Resíduos sólidos*. Porto Alegre: Procuradoria-Geral de Justiça, 2002.

ROTA, Demetrio Loperna. *Los principios del derecho ambiental*. Madrid: Civitas, 1998, p. 40.

SALAVERRÍA, Juan Igartua. *Discricionalidad técnica, motivación y control jurisdicional*. Madrid: Civitas, 1998.

SAMPAIO, José Adércio Leite. Constituição e meio ambiente na perspectiva do direito constitucional comparado. In: SAMPAIO, José Adércio Leite; WOLD, Chris e NARDY, Afrânio. *Princípios de direito ambiental*. Belo Horizonte: Del Rey, 2003. p. 94-95.

SANTOS, Gustavo Ferreira. Direito de propriedade e direito a um meio ambiente ecologicamente equilibrado: colisão de direitos fundamentais? *Revista de Informação Legislativa*, n. 147, p. 15-29, jul./set. 2000.

SARLET, Ingo Wolfgang. (Org.). *Direitos fundamentais sociais:* estudos de direito constitucional internacional e comparado. Rio de Janeiro: Renovar, 2003.

———. *A eficácia dos direitos fundamentais*. Porto Alegre: Livraria do Advogado, 1988.

Direito Fundamental ao Ambiente

SARMENTO, Daniel. *A ponderação de interesses na Constituição Federal*. Rio de Janeiro: Lumen Juris, 2003.

SCHMITT, Carl. *Teoría de la constitución*. Traducción Francisco Ayala. Madrid: Alianza, 1996.

SILVA SÁNCHES, Jesús-María. *Delitos contra el medio ambiente*. Valência: Tirant lo Blanch. 1999.

SIRVINSKAS, Luís Paulo. *Manual de direito ambiental*. São Paulo: Saraiva, 2003.

SOUZA, Rubens Gomes de. Normas gerais de direito financeiro. *Revista Forense*, Rio de Janeiro, v. 155, set./out., 1954.

SOUZA, Rubens Gomes de; ATALIBA, Geraldo; BARROS DE CARVALHO, Paulo de. *Comentários ao Código Tributário Nacional*. 2. ed. São Paulo: Revista dos Tribunais, 1985.

STEINMETZ, Wilson Antônio. *Colisão de direitos fundamentais*. Porto Alegre: Livraria do Advogado, 2001.

SUNSTEIN, Cass. *The partial constitution*. Cambridge: Harward University, 1997.

TALLACCHINI, Mariachiara. *Diritto per la natura*. Torino: G. Giappichelli, 1996.

TEIXEIRA, J. H. Meireles. *Curso de direito constitucional*. Rio de Janeiro: Forense Universitária, 1991.

TERRADILHOS BASACO, Juan. Delitos relativos a la protección del patrimonio histórico y del medio ambiente. In: TERRADILHOS BASACO, Juan (Ed.). *Derecho penal del ambiente*. Madrid: Editorial Trotta, 1997. p. 35-57.

VERDÚ, Pablo Lucas; MURILLO DE LA CUEVA, Pablo Lucas *Manual de derecho político*. Madrid: Tecnos, 2001.

WATANABE, Kazuo. Disposições gerais. In: GRINOVER, Ada Pellegrini. *Código brasileiro de defesa do consumidor*. 5. ed. Rio de Janeiro: Forense Universitária, 1998.

WOLD, Chis. Introdução ao estudo dos princípios de direito internacional do meio ambiente. In: SAMPAIO, José Adércio Leite; WOLD, Chris; NARDY, Afrânio. *Princípios de direito Ambiental*. Belo Horizonte: Del Rey, 2003. p. 5-31.

ZSÖGÖN, Silvia Jaquenod. *El derecho ambiental y sus principios rectores*. Madrid: Dykinson, 1991.

Impressão:
Editora Evangraf
Rua Waldomiro Schapke, 77 - P. Alegre, RS
Fone: (51) 3336.2466 - Fax: (51) 3336.0422
E-mail: evangraf@terra.com.br